台积电的绿色行动
Greening Strategy
高效能绿厂房的实务应用

中央编译出版社
Central Compilation & Translation Press

《台积电的绿色行动》这本书从企划到执行费时两年,经历许多讨论、编写,以及反复修订。这份珍贵的绿厂房知识,完整记录了台积电从零开始的绿建筑之旅,不仅作为对产业与社会的回馈,同时期盼借此凝聚更强大的力量,共同为这块孕育滋养我们的土地尽一份心力。

绿建筑评估系统有其地区性与国际性的区别,本书架构与内容是依据美国绿建筑协会所制定的绿建筑评估系统(2.2及3.0版本)分门别类,提供台湾产业迈向国际化的绿色契机。除此之外,内文中出现的三种标记符号,第一种为图表的说明符号,出现在内文中,如表1-3;第二种为参考文献,在内文中以上标符号出现,如LEED 评量系统[0-3];第三种为公式标记,出现在公式尾端,如……(1-5),区分三种标记供读者参考。另外,本书附录收录常用的网站资源与名词解释,协助绿建筑入门者获取更便捷的信息。

最后,感谢各方先进给予本书内容的指导,特此感谢。

台湾大学	张陆满	教授
台北科技大学	周鼎金	教授
绿建筑协会副理事长	郑期霖	教授
绿建筑能源模拟顾问	李魁鹏	教授
绿建筑建筑设计顾问	潘冀	建筑师
绿建筑功能验证顾问	王献堂	
绿厂房机电设计顾问	王燕群	

推荐序
探寻绿色和永续发展

国务院发展研究中心研究员　吴敬琏

说起台湾积体电路制造股份有限公司（TSMC，业界通称台积电），在人们脑际浮现出来的，是一个规模巨大、技术精湛、盈利丰厚的制造业公司的形象。读了《台积电的绿色行动》和《台积电的绿色力量》两本书才知道，台积电更加可敬可佩之处，在于在不到十年的时间里将自己从一个单纯的制造业公司建设成为一个台积电董事长张忠谋所说的"伟大公司"（A Great Company），一个热心公益、推进永续发展和关注人类未来的绿色企业。

从这两本书可以看到，台积电的绿色之路是沿着以下三条路径进行的：

第一，从绿色建筑到绿色园区。

从2006年张忠谋董事长与台积电高管人员分享《纽约时报》一则关于德州仪器公司（TI）建设绿色厂房的报道为滥觞，台积电人展现了超强的执行力，只用了一年的时间就建设出高效节能的绿色厂房。台积电的绿色厂房建设打破了改善环境与降低成本不可得兼的陈言旧说，不但达到了半导体产业主要污染物全氟碳化物（PFCs）零排放的高标准，而且由于节水节电，大大降低了集成电路芯片的生产成本。

在绿色厂房建设成功的基础上，台积电进一步打造了融合生态、生活和生产为一体的绿色园区，为员工提供了生活和工作的绿色环境，使员工能够在和大自然相近的愉悦环境中生活和工作。

第二，从绿色生产路线到绿色产业链。

台积电在本世纪初开始践行环保路线，把自己建设成为绿色生产企业。到2012年，已经连续12年名列道琼斯（Dow Jones）和瑞士永续资产管理公司（Sustainable Asset Management）为在经济、环保和社会层面上表现最好的公司设立的"道琼斯永续指数"（DJSI）成份股。

不过，台积电并不满足于独善其身，它还利用在行业中的龙头地位和已经积累起来的绿色建设知识和技术，把企业内部的绿色生产扩展到整个供应链，帮助外部的战略伙伴企业，包括上游供应商和下游客户都成为绿色企业。

第三，通过"志工"（志愿者），把员工、企业和社会联结起来，实现从"我绿"（I Green）个人行动到"我们绿"（We Green）社会行动的提升。

2004年台积电在原有的台积电文教基金的基础上正式成立员工自愿参加的台积电志工社。2009年阿里山地区遭到强台风的袭击，造成严重的损失。在亟需社会帮助进行灾后重建工作的情况下，张忠谋夫人张淑芬女士自愿担任台积电志工社社长，迅速展开了阿里山原住民村落重建和产业提升，以及灾区学校重建复课的工作，取得了很大的成效。志工社先后成立了导览志工、社区志工、节能志工、生态志工等团组，通过人才培育、社区营造、艺文推广和企业志工等四项主要项目，为社会服务。现在，志工社有1600名社员。他们既满怀绿色发展热情、又掌握绿色专业技能，成为台积电发挥绿色力量的一支生力军。

就这样，台积电人在人文和环保的考量下，达成了生态、生活和生产的"三生平衡"，创造了企业利润、自然资源和人类社群的"三重盈余"。

讲到台积电人在绿色旅程中做出的业绩，不能不提到他们领导人的理念和追求。我和张忠谋董事长是抗日战争时期重庆南开中学的先后同学。我们的张伯苓校长说过，南开的全部教育"以'公能'二字为依归，目的在培养学生爱国爱群之公德，与夫服务社会的能力"。前几年在台北和张忠谋董事长会面时，我们不约而同地讲起南开教育对我们的影响。虽然我们两人都只在南开念了两年书，但这短短两年的教育却使我们受用终身。张忠谋董事长领导台积电人创下的这些业绩，不正是南开"允公允能"校训的鲜明体现吗？

和台湾的情况相同，人们对于大陆面临的生态环境挑战怀着深切的忧虑。从本世纪初开始，就有愈来愈多的有识之士自愿捐赠，组成社会公益组织，努力改善日趋恶化的生态环境。但是十年以后，他们却发现，大陆生态状况的下行态势并没有因为这类努力而有所扭转，主要原因在于在现有的商业模式下，经济增长的成就是建立在巨大的环境成本之上的。因此，由企业家组成的阿拉善SEE生态协会联合一些民间组织发布了《中国企业绿色契约2012宣言》指出，"与生态环境相友好的经营模式是商业发展的必然趋势，可持续发展是引领我们走向未来的正确方向"，号召"积极探索绿色转型和发展之路，寻求自然和商业共赢的解决方案"。

根据这一《宣言》的要求，不少大陆企业进行了有意义的探索。但是迄今为止，大陆环境恶化的趋势并没有得到扼制，以致人类生存的基本条件，未受污染的土地、淡水和空气都受到了威胁。对比《台积电的绿色行动》和《台积电的绿色力量》所讲述的经验，我深切地感到，我们在许多方面都应当向台积电的朋友学习，来改进我们的绿色努力。

例如，《台积电的绿色力量》讲述了台积电的21项绿色行动，其中包括："追求永续境界的企业使命"，"为永续家园做对的事"，"聚焦有限资源、长期投入'爱'"，"成为专业付出者、用技能给予他人力量"，"启动绿色新关系、成立生态志工"，"从绿建筑走向绿色永续"，"参与全球绿建筑革命"，"导入各项创新技术，大幅节能"，"结合官产学、催生全球第一个绿色工厂"，

"打造生态、生活与生产融为一体的三大绿园区"、"化身科技农夫,跟着环境共同呼吸"、"整合供应商评核制度,建立绿色供应链"、"与供应商一同许下绿色承诺"、"用绿色价值链串起社会责任"等。其中许多行动,都是大陆企业应该也完全能够采取的。

《台积电的绿色行动》这本书集中讲述了台积电在设计和建设高效率厂房方面的经验。例如,他们详细列出了美国绿建筑协会制定的能源与环境设计先导(LEED)的各类评估指标和认证标准。虽然这些论述比较专业,但是它们对于绿色园区的建设者来说,具有重要的实务运用价值。

总之,"永续发展、公平正义、安居乐业的社会",不但是台积电绿色行动者的愿景,也是我们共同的愿景。我热忱地向大陆读者推荐这两本书。矢志探寻"绿色、健康的可持续发展之路,为下一代成就更有生命力的未来"(《中国企业绿色契约2012宣言》)的大陆企业家,也一定能够从这两本书中汲取智慧和力量,把我们的绿色事业更好地推向前进。

二〇一四年五月八日

推荐序
责任无边界

海尔集团董事局主席　首席执行官　张瑞敏

台积电两部以绿色永续经营为主题的力作即将在大陆出版之际，张忠谋先生与夫人张淑芬女士邀我写推荐序。我欣然同意，主要有两个原因：

其一，张忠谋先生是我非常敬重的台湾企业家，我本人曾于2004年和2009年两次造访台湾台积电总部，有幸与张忠谋先生见面交流。他是一位令人钦佩的管理大师，特别是他自美国回台，于55岁创造了一个新的行业，并带领台积电开创了世界晶圆的代工模式，改变了世界半导体的产业生态。这使我想起了斯宾诺莎的一句名言："如果你不想做，会找一个借口，如果想做，会找一个方法。"张忠谋先生这种将不可能变为可能的精神，会让我们在为退缩找借口时自感惭愧。其二，通过与张忠谋先生的交流，我切身感受到台积电和海尔是两家在价值观上很相似的企业。比如本书中台积电多年来践行企业责任，强调力量与行动，对消费者、对伙伴、对供应商、对社会的承诺等。台积电与海尔都将企业的社会责任上升为企业的商业模式，植入到企业自身的发展之中。

按照诺曼·鲍伊提出的"利润悖论"，商业越是故意追求利润，它就越不可能得到利润。21世纪，企业的社会责任正在逐渐演变为对用户、供应商、股东、员工、社会等利益攸关方的多重责任。其目的是为了实现企业和社会共同可持续发展。根据《营销3.0》的观点，当今时代，需要企业关注和解决的重要社会性问题是环境的可持续发展，而很多企业甚至还没有认真考虑过自己的生产和经营对自然环境是否友好。在这方面，台积电多年的努力耕耘尤让人钦佩，通过多年不断地创造和改善企业生产环境及创新产品，使其能够挽救自然环境，形成半导体产业的绿色生态。

在海尔，因应互联网所带来的挑战，我们提出企业无边界，管理无领导，供应链无尺度，将海尔由传统制造业打造成面向全球开放的平台型企业。企业开放无边界，企业的社会责任也不应该有边界。海尔承担企业社会责任就体现在打破所有组织结构性障碍，与用户零距离，建立由用户、员工、供应商以及利益攸关方构成的商业生态圈，其中攸关方的利益最大化是生态圈健康发展的基础。作为面向社会的"平台主"，海尔坚定地承担这一责任，也藉此与海尔的"人单合一"商业模式有效结合。

本套图书通过介绍这几年来台积电践行企业社会责任，将"绿色思维"嵌入到企业发展中，在环境保护与社会永续上所采取的行动和成果，提出了21个关键行动打造永续竞争力，无论是普通社会大众，还是建筑专业人士、教授和学子，都能从此书中受益。

推荐序

一片草叶并不比星星的旅程渺小

阿里巴巴集团董事局主席　马云

"五一"假期阅读了台积电的两册新书，心里感觉很温暖，也很受启发。

张忠谋董事长是我非常敬佩的企业界前辈，他在台积电创立之初就发心建筑一家伟大的公司（to be a great company），也真正实现了这一愿景。在这两册书中我看到了台积电人的另一面，这是他们对自身、社会、环境，对永续发展的哲学思考，也是一家企业思维和行动的自我进化历程。

台积电人将绿色思维镶嵌入企业发展的起心动念，从创始人，到员工，到客户和合作伙伴，直到唤起社会更多人共同参与……这一步一脚印的落实，在本书中以翔实的故事和深入的思考得以呈现，这也给每一家希望把"永续发展"理念落到实处的公司提供了有价值的借鉴。

如书中提到："追求永续境界的企业，会不断思考如何创造组织利润、自然资源和人类社群的三重盈余；追求永续境界的企业公民也是人道主义的实践者，会重视社会需要，致力照顾员工与其家庭，关怀社会弱势，并采取绿色行动。"

如何让企业员工自发采取绿色行动并从中感受到价值呢？张董事长的夫人张淑芬女士亲自担任台积电志工社社长，与同仁们走入社会各角落，为看似毫无关系的人默默付出。

我非常认同张淑芬女士的理念："每个人都有自己的专长，只要付出一点时间，善行凝聚，便能成就一件有价值的事。"

正如书中所说，"在全球化的浪潮下，一家能屹立于国际舞台的企业，必定也是一位好的世界公民"。而"好的世界公民"必定始于每一个员工的心灵。"当一个组织能从上到下，由策略到行动都能具备绿色思维时，众多水分子就会汇聚成流，形成绿色动能，创造从永续价值为出发点的成长路径。"

新书的阅读令我认识了张先生夫妇及台积电人的足迹，并感受到其中的温暖。我相信这份有诚意的分享，恰恰是台积电庞大事业和漫长历程中最珍贵的经验与思考，也令我更加坚定阿里巴巴所选择的社会责任道路——唤醒更多人参与社会公益。

正如诗人惠特曼所说，"一片草叶并不比星星的旅程渺小"。人人参与，世界才变得更好。

台积电的绿色行动
Greening Strategy

高效能绿厂房的实务应用

目录			
	推荐序	**探寻绿色和永续发展**	6
		吴敬琏	
	推荐序	**责任无边界**	9
		张瑞敏	
	推荐序	**一片草叶并不比星星的旅程渺小**	10
		马云	
	序	**分享就会有力量**	13
		张淑芬	
	初衷	**绿的感动**	17
		Green Inspiration	
	前言	**美国与台湾绿建筑评估系统**	27
		LEED vs. EEWH	

1 基地永续发展 — 43
Sustainable Sites, SS

2 用水效能 — 87
Water Efficiency, WE

3 能源与大气环境 — 105
Energy and Atmosphere, EA

4 建材与资源利用 — 171
Materials and Resources, MR

5 室内环境品质 — 189
Indoor Environmental Quality, IEQ

6 创新设计 — 223
Innovation in Design, ID

7 绿色行者 — 239
Green Advocates

附录　案例得分表 — 268
　　　常用网站 — 270
　　　名词解释 — 274
　　　参考文献 — 284

序

分享就会有力量

台积电志工社社长　张淑芬

最近几年，常有些书请我写推荐序，但为一本与台积电有关的书写书序，还是头一回。

2009年，因为参与莫拉克风灾的灾后重建工作，因缘际会地，我接手了台积电志工社社长。我发现"对社会付出与贡献"一直是许多台积电同仁在工作之余最想做的事情，于是我因着这个同样的心念与热情，带领他们更深刻地走入社会的不同角落，并以一个外人的眼光来思考，如何将公司内的专业与社会做更好的结合；然后，我希望我们同仁对社会的付出与关怀能够散布开来，发挥更大的力量，带动更多人一同参与。

这套书也是由"分享"这样一个简单的概念应运而生。我不是工程专家，也不懂建筑专业知识，但我知道，台积电努力多时所得到的经验与心得是个"宝"。如果这些信息分享出去，能直接或间接地对环境保护或社会永续有帮助，就值得我们去做。就这样，《台积电的绿色力量》与《台积电的绿色行动》两本书在2013年初成书了，并且在出版后的短短一年内销售突破万本，远超出我们的期待。

虽然出书对我来说，已不算新鲜事，但这本书让我有机会再次把与公司同仁一同实践理想的过程重温一遍，包括了书里的每一个关键行动。那画面历历在目，感觉分外熟悉，叫人珍惜。

这两本书在台湾出版且畅销后，我与公司的团队便着手计划，将我们的经验分享至中国大陆，让产业发展正蓬勃的中国大陆也能有参考，在工厂兴建之初，即在硬件设施上植入与环境共生共存的永续基因。

当然，我希望这套书不只是个记录而已。我最希望的，还是看书的读者能被这些行动感动，进而更尊重大自然，与珍惜大自然孕育出的每个生命；我也希望企业、专业人士或学子，能在这套书中得到有用的知识，对你/你们的专业有实质帮助，进而有更多企业与专业人士投身环境保护与社会永续的行列。如此一来，我们的"分享"就更显得意义无穷了！

初衷

绿的感动
Green Inspiration

巨大如瀑布的立体花园，
从七米高的墙面倾泻而下，
穿过玻璃帷幕的阳光，
洒落在植生墙下的咖啡桌上。
午后小憩片刻，
竟让人有和花花草草同步进行光合作用的感觉。

场景移至户外，
种着台湾原生种植物——风箱树的生态跳岛上，
黑白相间的白鹡鸰，
蹦蹦跳跳地穿过清澈的人工砾石溪流，
低头寻觅着食物。

以上充满阳光绿意的画面，不是精品旅馆的时尚大厅、也非学校的生态教学园区，而是出现在竹科台积电晶圆十二厂的员工休息区与生态池。台积电南科十四厂与竹科十二厂，分别于2008年和2009年取得美国绿建筑协会LEED黄金级认证，以及台湾绿建筑EEWH最高荣誉的钻石级认证。不仅是台湾领先取得双认证的绿厂房，也是美国境外首度通过认证的半导体绿厂房。

分享　从一张剪报开始

台积电为何兴建绿厂房，并积极导入美国绿建筑LEED系统认证，这一切是从分享一张剪报开始。

2006年年初，张忠谋董事长与台积电高阶主管分享一则有关绿建筑的小剪报，内容报道德州仪器公司（Texas Instruments, TI）在德州建厂的绿色梦。在德州仪器公司，绿建筑成为降低成本、拯救"美国制造"的创新利器。根据当时的估算，相较于传统的晶圆厂，新设计的绿厂房可以降低30%的单位造价，同时减少20%的用电量和减少35%的用水量。然而，促成德州仪器公司绿色梦背后的动力，却是几乎不可能达到的预算目标。

印度哲人克里希那穆提（Jiddu Krishnamurti）曾说，倘若在你的意识中发生了某种全面性的革命，那么这场革命就会波及所有人类的意识。半年后，南科十四厂第三期厂房工程开工前夕，新厂工程处处长庄子寿看到国际半导体技术制造产业联盟（International SEMATECH Manufacturing Initiative, ISMI）的年会资料，里头详细介绍德州仪器公司兴建中的绿厂房。福至心灵地，他突然想起了那张剪报，决定放下手边工作，亲自到美国一趟。

"当时德仪的绿厂房已接近完工阶段，却因为景气不明确而放慢工程的脚步。几位工程人员带我参观办公室与部分洁净室厂房，大方分享他们的节能经验。"这趟旅行，庄子寿对德仪建厂团队在绿建筑上的耕耘留下深刻印象，也深切体认到绿厂房很快将成为半导体产业的主流价值，必须加快脚步跟上，否则就等着被产业淘汰出局了。"这是相当务实的议题，当永续发展已经是全球的核心价值，绿厂房不会只是个环保议题，它会成为企业竞争的门槛之一。"

从十几年前兴建第三、四厂房开始至今，台积电已习惯将新厂房设计放在一二十年时空的思考坐标上。每一座厂房，从规划、设计、兴建、验收到满载量产需要三至五年的时间，从国外的经验来看，厂房的生命周期在三十年以上。所以，唯有能提供健康环境又兼具经济效益的厂房设计，才能坚守对环境的承诺、保持竞争优势，进而维系员工、客户、企业与社会的永续发展。

承诺　全面做到 PFCs 零排放

"盖绿厂房，除了延长建筑的生命周期，也关乎台积电衷心惦记的一个承诺。"兴建厂房前，必先设定目标，包括工厂的技术能力、成本、时程以及工安目标，都有清晰的依循标准，然而唯一的变量就是因应大环境改变的环保标准，其中的焦点就在于降低温室效应气体全氟化物（Perfluorocarbons, PFCs）排放。

台积电早在2001年便承诺，2010年的PFCs排放量必须减至1997和1999年平均值的90%。回顾1999年的台积电，当时只有晶圆一厂、二厂、三厂与五厂；2000年之后陆续增加了六厂、八厂和两个超大型晶圆厂：十二厂、十四厂。这意味着，不仅既有的厂房都得想办法减少PFCs排放量，所有的新厂更必须达到零排放的标准。因此，台积电在2005年已立下决心——所有的新厂必须以"PFCs零排放"为设计目标，毫无妥协空间。

对于台积电的管理团队来说，PFCs排放量管制对业务有直接影响，很自然列为首要目标。绿建筑虽没有立即强制性，然而一幢建筑物的影响力绝不仅限于建筑本体，更可以引领改变、带领创新，赋予企业丰沛的生命力。"什么样的厂房最符合公司永续发展的需要？"兴建绿厂房对台积电来说，不只是梦想，而是务实的建构起一个有用的管理工具与有效的规范系统。一套好的制度，可以让建筑物本身以及厂房内部的能源消耗问题得到最根本、最完善的管理，等于是"从源头上就开始做对的事"。

源头　导入美国与台湾绿建筑双认证

在厂房设计与绿建筑认证的选择上，台积电同时导入美国和台湾绿建筑认证系统的原因是：台湾绿建筑有其在地适用性的优势，EEWH强调生物多样性、绿化量，以及基地保水。美国绿建筑重视的是建筑物的能源模拟与功能验证，LEED对于整幢建筑物的使用行为有着详细规范，能有效率的深化绿色管理。此外，基于实际面考虑，台积电的业务市场遍布全球，LEED是一个全球开放性的认证平台，国际认同度高、评估系统完善，兼顾全球重要绿建筑指标，更有助于提升企业正面形象与国际竞争力。

要做绿厂房，并导入一般人不熟悉的美国绿建筑系统，台积电内部也有一些不同的声音。高阶主管最担心的是团队的工作量是否吃得消，一旦承诺就必须做到；厂房工程进度若受到影响，每延误一天，损失将以数百万美元计，后果十分严重。几经讨论，执行团队仍坚持导入新制度以强化源头管理，把握改变建筑与运转管理模式的契机。

归零　与顾问群组织读书会

回溯最初兴建绿厂房的挑战与困难，2006年，台积电除了组织内部专责团队，也立即寻求外部绿建筑专家以及顾问的支持。一开始遇到的最大问题是——全台湾没有任何单位有过申办美国绿建筑认证的经验，连顾问群也不知道该如何着手。

对团队来说，这好比蓄势待发的新生小子，期待拿到武林秘笈大展身手、顺利闯关，却面临期待落空。于是，团队只得归零重新整合手边的资源，建立如同读书会的每周工作会议，与专家顾问一同深入详细研究LEED内涵，扎扎实实做好基本功课。

而深入研究后才发现，LEED的评量系统依照建筑物类别有不同的认证标准，并非一成不变的按照规定一步一步就可以执行。LEED采用评分计算，每个评分点数（credit）都有三至四个选项，不同选项就有不同作法，必须在数个选项中，找出最适合也最有利的做法，而光是决定选项就要非常投入、谨慎评估。

外籍顾问凯斯．威廉斯博士（Dr. Kath Williams），也是美国绿建筑协会前副会长，在过程中特别提醒，解读LEED的每一项评分点数都要呼应绿建筑的内在意涵与精神，而不是在文字与技术表面上打转。于是邀请机电、水资源背景的专业人士加入绿厂房团队，在半导体厂应用面的现况上判定是否符合绿建筑的精神,如未能吻合,则借助工程团队的能力进行脑力激荡,并提出可行性方案。

2006年的一个周末,外籍顾问凯斯•威廉斯博士专程来台,在台北空调技师协会与团队进行第一次会面。针对LEED的评分点数,台积电绿建筑团队逐条说明研读心得与应用于半导体厂房之作法,使威廉斯博士可以在极短的时间内,深度检视每一项作法是否符合LEED精神,并给予适当的建议,加以调整。

精准 赶在工程发包前完成绿厂房规范

除了彻底了解LEED认证系统,台积电绿建筑团队还面临与时间赛跑的压力。兴建一座晶圆厂的厂房和厂务设施就必须投入近百亿台币的资金,工程发包数量多达数十个,要盖出与过去不一样的绿厂房,一定得先订出绿色施工规范,让承包商按文件标准进行。可是,每个厂房的工期是依照承诺客户交货的日期而定,不可能为了绿建筑而延误。这意味着,在工程发包前规范文件出不来、错过了时间点,盖出来的就不是绿厂房。

所幸,赶在最后发包前,绿建筑施工规范顺利出炉,整个团队像吃了定心丸,也成为日后顺利推展绿建筑的关键。

尽管万事起头难,当跨越挑战后,如同打通任督二脉,即可事半功倍的开展。台积电南科晶圆十四厂率先取得LEED认证,团队投入的工作人时总数高达13,913小时。事后,绿建筑团队着手撰写适用于晶圆厂的绿厂房规范,让后续新建厂房不必再从头摸索,使得台积电再获得第二幢绿厂房——竹科晶圆十二厂,投入的人时大幅缩减为六千多小时,节省了一半以上的时间。

整合 环境与厂房管理的整体解决方案

台积电认为,绿建筑最让人心动的地方,是建构起一套完整的环境与厂房管理系统,从设计、施工到使用,把所有零零散散的节能元素与方法,有效的整合在一起,就管理上来说,如同撒下天罗地网,没有一个会漏掉。

自十四厂与十二厂取得绿建筑认证后，台积电即积极主动站上第一线分享，除了参加全球研讨会，举办台积电绿色论坛，以往基于商业机密甚少开放的厂房也敞开大门。至今，绿厂房已累积超过六千参访人次，目的就是希望更多企业投入绿建筑行列。

台积电认为，单一幢绿建筑对环境改善效益是有限的。回溯近代的企业发展史，增加产能不再是建造生产厂房的唯一目标，企业更看重的是企业本身以及社会环境整体的永续发展，一座绿厂房所带来的经济效益及社会影响力，将远超过前一个世代的贡献。根据统计，台湾的气温百年上升1.4度，近十年已上升了1.6度，暖化速度是全球平均值的两倍，在维护环境永续的责任上已稍嫌落后，现在更应是急起直追的时候。

以台湾的工程水平以及人员的素质，绿厂房建造技术将不是问题。德国吕内堡大学教授布朗嘉特（Michael Braungart）在2008年来到台湾参加天下杂志企业社会责任颁奖典礼时，曾造访台积电，参观绿厂房的设计与成果。他说："这绝对是世界级的。"并期许台积电可以把这样的实质作法，推进至各产业与社区中。

愿景　台湾制造等同绿色产品

面对企业的社会责任，台积电期许龙头企业担起领头羊的角色，有愈多公司投入，绿建筑的成本自然降低，小型公司也乐于跟进，当所有的产业都齐心参与时，绿建筑将成为一个社会运动。

有人说："浪漫，就是相信小可以改变大，在还看不到路的时候，便直心行去。"从一幢绿厂房穿透的视野不只是停留在一个点，更大的意义在于线与面的延伸。从一幢绿厂房、一个绿园区，逐渐扩展到绿都市与绿色宝岛；台积电衷心期待，未来台湾制造（MIT）的内涵等同于绿色产品。这个绿色的机会，对台湾整体产业的发展，乃至整个地球的永续环境，正是最好的选择。

期盼有一天，在各地的科学园区看到群蝶飞舞，展现生意盎然的绿色园区，每幢厂房的能源效益达到最佳设计值，成为一座开放性的生态园区，让人乐于亲近；台积电相信，当那一天来临时，"台湾绝对会变得更让人感动"！

晶圆十四厂与十二厂绿厂房认证时间表

2005年12月	台积电绿厂房思维兴起
2006年 6月	成立绿建筑团队，钻研绿建筑规范
2006年12月	完成绿厂房规划、设计、发包兴建
2008年 3月	进行美国LEED绿建筑功能验证
2008年 8月	晶圆十四厂第三期厂房获得台湾首座LEED新建筑黄金级认证
2008年12月	晶圆十四厂第三期厂房获得EEWH钻石级认证
2009年 8月	晶圆十二厂第四期厂房获得EEWH钻石级认证
2009年12月	晶圆十二厂第四期厂房获得LEED新建筑黄金级认证
2011年 5月	晶圆十二厂第四期办公大楼获得EEWH钻石级认证
2012年 1月	晶圆十二厂第四期办公大楼获得LEED新建筑黄金级认证，晶圆十四厂第四期厂房获得LEED新建筑黄金级认证
2012年 7月	晶圆十四厂第三期办公大楼获得LEED新建筑黄金级认证
2012年 9月	晶圆十二厂第一、二期厂房获得LEED既有建筑白金级认证，晶圆十四厂第四期厂房获得EEWH钻石级认证
2012年11月	总部大楼获得LEED既有建筑黄金级认证

前言

美国与台湾绿建筑评估系统
LEED vs. EEWH

随着永续环境的意识崛起，世界各地纷纷建立绿建筑评估系统。最早的评量机制是由英国所制定的BREEAM系统，尔后，美国LEED、跨国性评量系统SBTOOL、台湾EEWH，以及日本CASBEE等系统陆续成立。这些评量系统不仅各有其特色，涵盖领域也略有不同。（见表0-1）

台湾积体电路制造股份有限公司（以下简称台积电）早在2005年投入绿色厂房的探讨与研究，经由专职团队评估后，选定全世界发展最快、广泛认同的美国绿建筑协会制订的能源与环境设计先导（Leadership in Energy and Environmental Design，简称LEED），以及"内政部"制订的生态（Ecology）、节能（Energy saving）、减废（Waste reduction）、健康（Health）绿建筑评估系统，简称EEWH，作为新建厂房的基本标准。2008年，台积电位于南部科学工业园区的晶圆十四厂第三期厂房，获得美国LEED黄金级与台湾EEWH钻石级双绿建筑认证，来年，新竹科学园区的晶圆十二厂第四期厂房，也获得同样的殊荣。过去这几年，台积电除了持续耕耘新建厂房符合绿建筑标准，更陆续提供各界绿厂房的实务交流，截至目前，已有超过一百个团体、六千多名参访人士前来观摩。

在提倡永续环保的前提下，台积电责无旁贷投入绿建筑作为新建厂房的基本标准，针对较不熟悉的美国LEED绿建筑评估系统——新建筑物与大型改建类别，分享台积电申办LEED（2.2及3.0版）过程的实务经验，提供业界参考应用。借此期许共同创造台湾"绿色制造"的国际形象，善尽企业社会责任。这份专业知识的交流分享，出自于台积电与产业共荣的真心。

表 0-1　主要绿建筑评估系统比较 [0-1, 0-2, 0-3, 0-4]

类别	评估项目	BREEAM	LEED	SBTOOL	EEWH	CASBEE
永续基地开发	场址的选择	√	√	√	√	√
	生态保育	√		√	√	√
	生物多样性				√	√
	减缓生态破坏	√		√	√	√
	基地对环境的冲击	√		√	√	√
	基地安全	√				√
	暴雨径流防治		√	√		
	户外照明		√			
	便捷的大众运输系统	√	√			
	完整的行人与脚踏车设施	√	√			
	污染土地再开发		√	√		
	热岛效应		√	√	√	√
	绿化量计算				√	√
能源	能源效益管理	√	√	√	√	√
	负载计量管理	√		√		
	采用零碳或低碳技术（再生能源）	√	√	√	√	√
	建筑物功能验证	√				
	最低能源效率		√		√	√
水资源	生活用水与景观浇灌用水减量	√	√	√	√	
	水回收与再利用	√	√	√	√	
材料与资源	选用低环境冲击的建材	√	√	√	√	√
	建材回收再利用	√	√	√	√	√
	建材循环再利用	√	√	√	√	√
	使用再生建材	√	√	√		
	设置废弃物回收区	√	√	√		
	施工废弃物管理	√	√	√	√	
	污水分类与防止			√		
室内环境品质	昼光引进	√	√	√		√
	进驻人员的热舒适满意度	√	√			√
	噪音防治	√		√	√	
	室内空气品质	√	√	√		√
	室内照明	√	√	√	√	√
	环境烟害控制		√			√
	外气空气品质监控		√	√		
	提高通风换气量		√			
	施工期间与人员进驻前空气品质管理		√	√	√	
	低逸散材料使用		√	√	√	
	室内化学品及污染源控制		√	√	√	
	照明系统与空调舒适度可控制性		√	√		√
	一般区域可直视户外		√	√		
	建筑物耐久性与可靠性				√	√
外在环境与管理	减少冷媒使用与泄漏		√			√
	降低氮氧化物排放					√
	河道污染防治	√				
	温室气体减排			√		√
	空间的使用效率			√		
社会与经济涵盖面	设置无障碍空间			√		√
	隐私权的考虑			√		
	建筑物生命周期费用的降低					
文化与社会观感面	建筑物外观与外在景观			√		√
	与现有建筑物的融合程度			√		√
创新	奖励专业认证人士参与	√	√			
	导入创新技术与新建筑工法	√	√		√	
	额外奖励制度	√	√			

美国绿建筑评估系统　LEED Rating System

1993年，美国绿建筑协会（U. S. Green Building Council, USGBC）成立，为一独立性的非营利事业组织。现有学校、专业机构与建筑业代表近18,000名会员，旨在推动资源与能源的效率化、打造健康与有价值的建筑物。1998年，协会公布第一版《能源与环境设计先导》评量系统（全名LEED Rating System），采自愿性认证，提供评估绿色建筑物的指标平台。该系统引用美国冷冻空调协会（American Society of Heating, Refrigerating and Air-Conditioning Engineers, ASHRAE）、绿色标章（Green Seal）、森林管理协会（Forest Stewardship Council, FSC）等既有标准，融入绿色建筑的设计、建造与营运，以鼓励永续发展的建筑物。

发展至今，LEED已是目前全球最广泛使用的绿建筑认证系统之一。依据建筑物的类型，美国绿建筑协会提供九种认证类别：

LEED-NC（New Construction and Major Renovation，新建筑物与大型改建类别）：新建筑物或大范围增改建案的认证申请。

LEED-EB O&M（Existing Building：Operations & Maintenance，既有建筑类别）：既有建筑或既有建筑局部改善的认证申请。

LEED-CI（Commercial Interiors，商业内装类别）：新建或既有办公建筑内的承租户，进行室内装修改善的认证申请。

LEED-CS（Core & Shell development，建筑结构体类别）：以建筑结构体以及机电、消防等主系统设备，但不包含承租户之内装与机电设备的认证申请。

LEED-Schools（Schools，校园类别）：以幼儿园至高中的新建或大型改建的学术用途建筑物为主，其余的校园建筑物，如行政大楼、宿舍等，除可选择申请本规范之外，也可采用LEED-NC作为申请的认证规范。

LEED-Retail（Retail，零售商店类别）：泛指不同性质或营业时间的场所，细分为LEED-Retail NC与LEED-Retail CI两类，包括银行、餐厅、服饰店、量贩店等。

LEED-Healthcare（Healthcare，医疗院所类别）：提供优良卓越的医疗环境设施，包括门诊、住院与长期照护处所。

LEED-Homes（Homes，一般住宅类别）：单一基地上，三层楼以下的独栋或双拼住宅的认证申请，目前仅适用于美国地区。

LEED-ND（Neighborhood Development，社区开发类别）：新建集合住宅、商业或混合开发案的认证申请，评估范围包括街廓邻里、生活机能、公共设施等，但不包括建筑物。

本书所介绍的LEED新建筑物与大型改建类别，其系统认证版次从1998年发行的1.0版、2000年2.0版、2002年的2.1版、2005年发行的2.2版发展到最新的2009年3.0版本，认证等级分为合格级、银级、黄金级和白金级。

台积电投入美国绿建筑认证申请之时，适用的版本为2.2版[0-5]。2.2版本包含六大评估项目"基地永续发展"、"水资源效率"、"能源与大气"、"建材与资源"、"室内环境品质"与"创新设计"，最高总分为69分。评比标准依序为：26～32分的合格级、33～38分的银级、39～51分的黄金级和52～69分的白金级。特别注意的是，评估项目中含有七项必要条件（prerequisite），所有必要条件均需合格通过，否则无法取得认证资格。2009年4月最新3.0版本[0-6]公告，为奖励节能减碳措施、提高节水效率，将"基地永续发展"、"水资源效率"、"能源与大气"的分数比重增加，最高总分调整为110分；40～49分为合格级、50～59分为银级、60～79分为黄金级、80～110分为白金级。此外，3.0版新增"区域奖励"项目，所指的区域原限美国本土，其他地区并不适用。但为鼓励节水与节能的效益，修订用水效率之景观浇灌用水的减量、创新的废水回收及省水新技术、生活用水减量及能源与大气之能源效率优化、加强建筑物之功能验证，以及系统量测与验证等评分项目的加权分数，以4分为限。

表 0-2　LEED 2.2 版与 3.0 版评分点数比较

项目／版本	LEED 2.2版	LEED 3.0版
基地永续发展（Sustainable Sites）	14 点	26 点
用水效率（Water Efficiency）	5 点	10 点
能源与大气（Energy and Atmosphere）	17 点	35 点
建材与资源（Materials and Resources）	13 点	14 点
室内环境品质（Indoor Environmental Quality）	15 点	15 点
创新设计（Innovation and Design Process）	5 点	6 点
合计	69 点	106 点
区域奖励（Regional Priority）	无	4 点
合计	69 点	110 点

以往，LEED认证作业由美国绿建筑协会执行，2009年1月以后，则委托独立的"绿建筑认证机构"（The Green Building Certification Institute, GBCI）进行，其中包括LEED认证专家（LEED AP）的认证作业。认证过程可分为下列四个步骤：

1　**注册阶段**

首先，申请评估的专案需通过网站www.leedonline.com进行账号注册，账号启用后，即可申请成立新专案。新专案填写资料包含建筑类型和认证类别，接受注册同意书的条件后，开始填写专案基本资料与建筑物所有人的相关信息，并选择此专案是否可以公开。在缴交注册费用后，即完成专案登记。注册费用分为会员900美元与非会员1,200美元，必须于25天内完成缴费，可选择邮寄支票或信用卡付款。虽然，注册过程中，系统会提供该认证的规范资料，以及自评点数表（scorecard）供下载使用，但内容不够完整，建议另外购买《绿建筑指引手册》（LEED Reference Guide）使用。特别注意的是，LEED online系统会将注册人员自动设定为"专案管理者"。专案管理者负责提供专案的主要信息、组织专案团队、指派各项评分点数的资料上传权限，以及资料送审的最终决定权。

2　审查阶段

美国绿建筑协会鼓励专案在设计阶段进行送审——也就是在规划建物之始，即导入绿建筑理念。审查阶段分为设计与施工两部分，提送资料可分开进行或同时提交。一般来说，资料提交"绿建筑认证机构"（GBCI）后，审查委员根据提交的文件，审阅各项评分点数。初审期间约为25个工作天，针对有疑问的部分以电子邮件方式寄送给专案管理者要求进一步说明，专案管理者必须于25个工作天内回复，并以一次为限，再审期间为15个工作天。审查期间，取得得分的项目会立即显示于LEED Online网站上，专案团队可不定期于网站查询。

根据台积电经验，审查结果更新大多在每周五，审查团队为不公开组织，此组织约略来自18个专业节能或绿建筑领域的私人企业、顾问。审查委员会涵盖各类型的申请案，并不局限单一类别的申请案。一个专案的审查委员人数大致为6名，随着申请专案浮现的议题愈多，审查委员则有可能随之增加。另外，对于第一次LEED申请者，台积电建议先至美国绿建筑协会的评分点数释义（Credit Interpretation Request, CIR）网页，参考过去案例的评分点数补充说明。若需要向审查委员提出新的问题解释，则需缴交200美元释义费用。

3　申诉阶段

审查结果公布后，专案管理者必须在25个工作天内，针对有异议的评分点数，申请复审。由"绿建筑认证机构"指派新的审查委员，进行申诉专案的重新核定，并于25个工作天内完成回复，每一项评分点数的申诉费用为500美元，较复杂之点数（EAP1, EAP2, EAC1, EQP1）则为800美元。过去，美国绿建筑协会的审查案件多为商业建筑类别，工业厂房的案件寥寥可数，加上多数审查委员对于亚热带地区的气候条件也较不熟悉，沟通上需要将环境条件做清楚说明。举例来说，台积电晶圆厂内并未设置生活热水系统，让身居寒带欧美国家的审查委员们难以想象，因而在能源与大气项目经常发生认知的落差。倘若专案团队对于审查结果无异议，也必须于25个工作天内在LEED Online网站上接受审查结果。

4　认证结果

"绿建筑认证机构"定期在网站上公布专案得分与认证等级。专案管理者接受后,即展开绿建筑证书与标章制作,约一个月时间可收到。协会严格限制标章应摆放在认证建筑物内。此外,申请者需特别留意,取得认证后还需完成在线问卷调查,专案才会显示完成字样。认证收费依照建筑物楼地板面积计费。

表 0-3 LEED 认证收费一览表

LEED 2009 新建筑物与大型改建类别	少于50,000平方英尺	50,000~500,000平方英尺	高于500,000平方英尺	申诉费用
	固定费用	每一平方英尺费用	固定费用	单一评分项目
设计阶段审查				
美国绿建筑协会会员	USD2,000	USD0.04／平方英尺	USD20,000	USD500~800
非会员	USD2,250	USD0.045／平方英尺	USD22,500	USD500~800
加速审查费用				USD5,000
完工阶段审查				
美国绿建筑协会会员	USD500	USD0.010／平方英尺	USD5,000	USD500~800
非会员	USD750	USD0.015／平方英尺	USD7,500	USD500~800
加速审查费用				USD5,000
综合审查：设计与完工阶段				
美国绿建筑协会会员	USD2,250	USD0.045／平方英尺	USD22,250	USD500~800
非会员	USD2,750	USD0.055／平方英尺	USD27,500	USD500~800
加速审查费用每件				每件USD10,000

注：2009年公告之收费标准；1英尺＝0.3048米。

LEED 发展现况

在美国,LEED已成为主要的绿建筑评量规范,政府公共建筑渐渐都以LEED作为绿建筑标准,以符合永续环保。据美国绿建筑协会统计,截至2012年8月底,美国五十州共计有42,208栋商业建筑物登记LEED系统进行认证,通过认证达12,945栋。除美国外,全球已有超过90个国家或地区、6,674栋商业建筑物,申请美国绿建筑协会注册,共计1,182栋建筑物通过LEED认证。截至2012年8月为止,台湾已有14座建筑物取得LEED黄金级标章：台积电晶圆十四厂第三期厂房、十四厂第三期办公大楼、台积电总部大楼（为既有建筑类别）、友达中科L8A厂、台积电晶圆十二厂第四期厂房、十二厂第四期办公大楼、晶圆十四厂第四期厂房、联电晶圆十二A三／四期、高通龙潭厂、新志升总部大楼（以上为新建物类别）、花旗集团台北总部、花旗银行商业部门、花旗银行北高雄分行、谊昌空调办公大楼、花旗银行商业部门土城分行（以上为商业内装类别）；以及4座白金级标章：友达中科

L8B厂、成大绿色魔法学校（以上为新建物类别）、台北101大楼及台积电晶圆十二厂第一、二期厂房（以上为既有建筑类别）；两座合格级标章：星展集团总部大楼、杰太日烟台北办公室；一座银级标章：花旗银行松江分行。此外，美国绿建筑协会也在16个国家推广LEED系统，结合全球视野与在地条件，协助建立适时、适地的绿建筑评估系统。

随着全球申请LEED案件的增加，审查时间较过去冗长。就台积电的经验而言，从送审到获得认证，晶圆十四厂第三期厂房花了四个月的时间，晶圆十二厂第四期厂房则耗时六个月才取得认证。

台湾绿建筑评估系统EEWH

1999年，"内政部"建筑研究所制定了绿建筑评估系统，作为台湾绿建筑的审核标准。以"绿化量"、"基地保水"、"日常节能"、"二氧化碳减量"、"废弃物减量"、"水资源"、"污水及垃圾改善"等七大指标，作为绿建筑的评估项目。2003年又加入"生物多样性"、"室内环境"两个指标，成为台湾绿建筑评估系统的主轴。希望从生态、节能、减废、健康四大领域展开九大指标评估。

台湾绿建筑标章认证作业自2010年起改以指定评定专业机构方式办理，将核发标章之技术评定与行政认可作业分阶段处理，技术评定目前是由"内政部"依"绿建筑标章评定专业机构申请指定作业要点"，公告指定之绿建筑标章评定专业机构"财团法人台湾建筑中心"办理，分为候选绿建筑证书及绿建筑标章两项[0-7]。候选绿建筑证书是针对取得建造执照，尚在规划设计或施工阶段，只要提供规划阶段的文件，进行书面审查，经评定通过之建筑物，因建筑物尚未完成，因此先给予候选绿建筑证书，等于预先宣告这栋建筑"准"绿建筑的资格；绿建筑标章系指已完工，取得使用执照或为既有合法建筑物，并经书面评定及现地勘查，通过绿建筑委员认可而取得之标章。依"行政院"核定之推动方案规定，工程总造价在新台币五千万以上的公有新建建筑物应先取得候选绿建筑证书，始得申报开工；并于取得绿建筑标章后，始得办理结算验收。对于民间机构的建筑物则没有强制规定，但有容积奖励措施以鼓励绿建筑之参与、推广。

申请案件必须在上述九项指标中，至少通过四项指标，并且包括"日常节能"及"水资源"二项门槛指标在内，才能取得认证。认证等级共分为合格级（12分≦~<26分）、铜级（26分≦~<34分）、银级（34分≦~<42分）、黄金级（42分≦~<53分）、53分以上的钻石级等五级。满分为100分。以下将依据"内政部"建筑研究所（2010）绿建筑解说与评估手册2009年版，就各项指标的规划评估一一说明。

指标 1 ｜ 生物多样性

台湾绿建筑评估系统将生物多样性列为基础指标，重要性可见一斑。除了提升基地开发的绿地生态品质、营造多样化的绿色环境外，更攸关人类基本需求的提供。举例来说，种植原生种植物不仅提高植物的存活率，同时减少浇灌用水的需求；生态复层的多层次绿化设计，混合种植乔木、灌木、草花密植区，强调绿地的立体延伸性，吸引更多鸟类昆虫生物栖息，构建出自然的生态绿网，营造动、植物共生的环境；另外，室外照明也有严格的规范，以减少向上投光的照明设计、避免对邻地的光害污染，营造适合夜间生物栖息、觅食、繁殖的多样化环境。不过，一公顷以上的基地规模才适用这项指标，指标内容包括下列六大类别：生态绿网、小生物栖地、植物多样性、土壤生态、照明光害、生物移动障碍。

1　生态绿网

生态绿网的精神在于将零散的绿地整合串联，兼顾生物活动的需求空间。

绿地面积计算：常使用农药的农田、果园不得列入计算，但无毒或采有机农作的农地可纳入绿地面积。

周边绿网连接：基地绿化必须链接周边的绿地系统，且未被长距离之人工设施或道路所阻断。

区内绿网连贯：基地内绿地连贯性良好，且未被长距离之人工设施或道路所阻断。

立体绿网：计算建筑物两层以上立体绿化的面积密度。

生物廊道：设计具导引、安全、隐蔽功能的路径，提供生物穿越人工道路的安全廊道。

2　小生物栖地

泛指一切由微生物至高等动物组成的生活环境。在不干扰人类生活运作的情况下，尽可能在基地内的绿地保有多样化的小生物活动空间。包括：

水域生物栖地：溪流、埤塘或水池，有着平缓、多孔隙、多变化的自然护岸；在水中密集种植水生植物，并且有人畜隔离、植生茂密的生态小岛。

绿块生物栖地：分为混合密林与杂生灌木草原。前者是由多层次、多种类、高密度的乔灌木、地被植物混种的密林；后者指由当地杂生草原、野花、小灌木丛生的自然绿地。

多孔隙生物栖地：包含生态边坡、围墙，以及能形成小生物链的自然栖地。前者指的是多孔隙材料运用堆砌手法，保留细碎空间、有植物攀爬的边坡与围墙，或以镂空绿围篱形成的围墙；后者则是在隐蔽不被干扰的绿地中，堆置枯木、乱石、瓦砾或空心砖等生物栖地。

3 植物多样性

借由培育植物物种制造气候、空间的多样性,来创造多样化生物栖地条件。一般检视项目有乔木、灌木多样化与原生或诱鸟诱虫植物的比例,还有以大小乔木、灌木、花草密植混种的复层混种绿化的采用比例。

4 土壤生态

土壤生态包含四个部分,分述如下。此项评估结果以现场认定为准。

表土保护:适用于山坡地、农地、林地与保育地的开发。对原有表土层50厘米土壤予以适当堆置、养护,待完工后,表土运用于基地景观绿化。

有机园艺、自然农法:全面禁用农药、化肥、杀虫剂、除草剂,采用堆肥、有机肥料栽培,或采无农药、无施肥的自然农法。

厨余堆肥:以现场杀菌发酵的专业处理设备及产品作为认定标准。

落叶堆肥:以现场绞碎、覆土、通气、发酵、翻堆浇水设施作为认定标准。

5 照明光害

不必要或不当的照明光源扩散至天空或邻地,不但会造成能源浪费,动植物日夜生态的时序也变得混乱。

路灯眩光:户外路灯最好选择向下照射或者加装遮光罩,防止光源直射基地以外或天空之范围。

邻地投光、闪光:除了作为信号、指引、警示用途之外,应减少使用闪光灯、跑马灯、霓虹灯、激光灯、探照灯、闪烁LED灯,避免造成光害。

建物顶层投光:常见的建筑物顶层立面或大型广告看板,其照明应采用向下投光的灯具。

6 生物移动障碍

基地内设置连续绿带,提供生物迁徙的适当通道,减少栖息生物的移动障碍。大面积的人工铺面,如广场与停车场、10米宽以上之道路沿线二侧,设计景观绿带;20米宽以上的道路需在中央分隔岛设置绿带。

指标2 | 绿化量

绿化,是公认吸收大气中二氧化碳最有效的方法,在暖化议题持续升温的今天,更显刻不容缓。

本指标与"生物多样性"指标密不可分；前者要求绿化量的足够，后者强调绿地生态的品质。台湾目前采用的是全球首创、以二氧化碳固定量作为管制绿化总量的方法，将所有植栽以相同的二氧化碳固定量来换算，更能真正鼓励落实植物多样化。计算标准如表0-4：

表 0-4 各类植栽单位面积二氧化碳固定量

栽植类型		二氧化碳固定量 Gi（kg/m²）	覆土深度
生态复层	大小乔木、灌木、花草密植混种区（乔木间距3.5米以下）	1,200	1.0米以上
乔木	阔叶大乔木	900	
	阔叶小乔木、针叶乔木、疏叶乔木	600	
	棕榈类	400	
灌木（每平方米至少栽植4株以上）		300	0.5米以上
多年生蔓藤		100	
草花花圃、自然野草地、水生植物、草坪		20	0.3米以上

特别一提，这项指标对于原生植物绿化、复层绿化等生态设计，就屋顶、阳台、建筑立面的绿化，以及直径30厘米以上或树龄20年以上的老树都有奖励加分。

指标 3 ｜ 基地保水

所谓"保水性"指的是建筑基地涵养水分及贮集雨水的能力，之后逐渐渗透至土壤底层。目的在于营造生物多样性环境、缓和都市热岛效应、降低公共排水的设施容量、减少都市水路淤塞的发生。在做基地保水规划前，应先了解当地土壤渗透能力。若基地位于地下水位小于1米的低湿基地时，可免除此项评估。做法上依基地所在的土质，主要分成以下两类：

直接渗透设计： 当基地位于透水良好的粉土或砂质土层时适用。包括留设绿地、被覆地、草沟，使雨水直接渗入土壤，采用透水铺面、设置贮集渗透空地、渗透排水管设计、渗透阴井设计、渗透侧沟设计。

贮集渗透设计： 当基地位于透水不良的黏土层土质时适用。做法包括，在人工地盘或不透水黏土层上设计绿地土壤雨水截留功能，利用土壤孔隙的含水性来截留雨水、设计景观贮集渗透水池或地下砾石贮集渗透。

指标 4 | 日常节能

日常节能技术牵涉热流与机电原理专业，是九大指标中最复杂困难的。主要的三大节能方向分别为建筑外壳、空调系统与照明系统，其中又以最耗电的空调与照明为重点，以上三项节能评估均需通过，此指标才算合格。

外壳节能： 建筑外壳设计的良窳，可使空调耗能量相差四五倍之多。加上建筑物的寿命远比其他工业设备长，节能效果的影响更是深远。在建物设计之初，必须比现行"建筑技术规则"的节能标准高20%。在外壳节能方面的建议做法有：建物深度设计在14米以下；办公类型建筑开窗率最好控制在35%以下；若有天窗设计，须采用低日射透光率的节能玻璃；加强屋顶隔热措施等。依照建筑物种类有不同的评分方式，如办公、百货商场、旅馆、医院等类，需采用建筑外壳耗能量ENVLOAD计算，学校及大型空间类则使用窗面平均日射取得率（Average Window Solar Gain, AWSG）计算，住宿类以等价开窗率Req计算，其他类以屋顶热传透率Uar计算。以上的计算方式，皆依"内政部"营建署发布的"绿建筑基准专章建筑物节约能源设计技术规范"进行。

空调节能： 建筑空间应依空调使用模式实施区域划分，依据实际热负荷预测值选用适当、适量的空调系统及高效率热源机器。空调主机不可超量设计，一般大楼每冷冻吨可供应7坪以上的空间使用，依空调重要性而选择备载容量，备载容量以不超过25%为限，不宜太高。高效率冷冻主机或冷气机，需符合"经济部"能源局公告的冰水主机性能系数（COP）标准或能源效率比值（EER），采用主机台数控制系统、冰/冷热水变流量（VWV）、空调可变风量（VAV）、外气空调、全热回收、储冰系统等节能设备、建筑能源管理系统（BEMS）及再生能源等节能技术。大型空间及其他中央空调型的建筑物，得以"空调节能计划书"审查。至于采窗型或分离式空调系统的建筑物，可免除空调节能项目的评估。

照明节能： 灯具选择以提高效率、照明功率为首要条件，包括光源、安定器的效率、自动控制功能的设置、防眩光隔栅的选用。作业空间依据照明功率密度基准进行规划设计，以办公室为例，需低于11.8W／m^2、会议室小于13.9W／m^2、停车场小于2.2W／m^2。

指标 5 | 二氧化碳减量

一般建筑物所使用的砖石、瓦、钢筋、混凝土与玻璃等,几乎都是高污染、高耗能的产物。减少这些建材的使用量,对减少二氧化碳的排放有一定帮助。对此,应往结构合理化、建筑轻量化、耐久化与使用再生环保建材等四大方向努力。本指标以计算建筑物的形状系数、轻量化系数、非金属建材使用率、耐久化系数算出绿构造系数（CCO_2）,作为评估指标。

指标 6 | 废弃物减量

全面性控管四大营建污染源,包括工程不平衡土方、施工废弃物、拆除废弃物和施工空气污染,用意在减少建筑施工引起的空气污染程度。前两者偏重废弃物运输过程所造成的环境污染量,后两者关注施工期间及日后拆除的环境污染量。

指标 7 | 室内环境

从健康、环保的角度来评估室内人居环境,以及室内环境对地球造成的污染负荷,鼓励采用天然环保绿建材,以减少污染,增进人员健康。评估方向包括下列四点:

音环境：重视外墙、窗、楼板的隔音及气密性能。
光环境：强调自然采光,评估玻璃种类对可见光的透光性,减少采用高反射玻璃;在人工照明方面,防止眩光公害,设置防眩光隔栅、灯罩。
通风换气环境：鼓励自然通风,计算出可自然通风的面积比例;在外气引入方面,则依居室面积评估中央空调引入的外气比例。
室内建材装修：尽量减少室内装修量,同时尽可能使用认证的绿建材,降低甲醛及挥发性物质对人体影响。评估面向可分为整体装修量：依天花板、墙面装潢面积多寡,分为基本装修、少量、中等、大量装修等四等级给分；表面装修建材：奖励室内天花板、墙壁、地板、黏着剂、填缝剂、木材表面涂料、隔热材等采用绿建材，以金属管、陶管取代PVC水电瓦斯管，并依使用面积的数量或金额多少给予评分。

指标 8 ｜ 水资源

利用雨水与生活用水的循环再利用，并在设计上采用省水器具，达到开源节流的节水目的。省水器具的选用包含卫生器具及水栓。使用习惯上，尽量减少浴盆改采淋浴，设置雨水、中水回收设施再利用于浇灌或冲厕。

指标 9 ｜ 污水及垃圾改善

此项指标着重系统与空间改善，尤其重视卫生管理与景观美化。污水指标需做到专管专排，涵盖范围区分为一般生活杂排水、洗衣杂排水、厨房杂排水与浴室杂排水。厨房杂排水需另设置油脂截流器，并定期保养清洗。垃圾改善指标着重垃圾不落地、设置专属的储存空间、厨余集中回收、现场落叶堆肥处理、绿美化垃圾集中场、密闭式垃圾箱与固定专用的焚烧金纸设备。

台湾绿建筑标章的审查作业系将核发标章的技术评定与行政认可作业分阶段方式处理，需由申请人检具申请书及经"内政部"指定为绿建筑标章评定专业机构（现已公告指定有"财团法人台湾建筑中心"）出具的评定书，再向"内政部"办理绿建筑标章或候选绿建筑证书的认可申请。依"内政部"发布的"绿建筑标章申请审核认可及使用作业要点"规定，有关绿建筑标章的技术评定作业，绿建筑标章评定专业机构应于申请案件挂件后50日内完成；候选绿建筑证书的技术评定作业应于申请案件挂件后22日内完成。前两项技术评定作业时间不含补正及展延时间，补正及展延时间不得超过60日。另外，有关"内政部"核发标章的行政认可作业，如无需补正，应可于10日内完成核发作业。

表 0-5 认证收费说明表

依建筑总楼地板面积收费标准 （单位：平方米）	候选证书或 标章一般评定费	标章现场查核费
<5,000	3万元	3万元
5,001～20,000	5万元	
20,001～40,000	7万元	
>40,000	9万元	

注：元的单位为新台币，全书同。

1

基地永续发展
Sustainable Sites, SS

指标		项目	LEED 3.0 版
			26分
必要指标1	SS P1	营建基地的污染防治	必要条件
指标 1	SS C1	基地场址的选择	5
指标 2	SS C2	开发密度与社区链接性	5
指标 3	SS C3	污染土地再开发	1
指标4	SS C4.1	替代性交通 – 公共运输	6
	SS C4.2	替代性交通 – 淋浴更衣空间与脚踏车停车位	1
	SS C4.3	替代性交通 – 环保车位设立	3
	SS C4.4	替代性交通 – 停车位数量	2
指标 5	SS C5.1	基地开发 – 保护或恢复原生动植物栖息地	1
	SS C5.2	基地开发 – 空地最大化	1
指标 6	SS C6.1	减缓暴雨径流的设计 – 水量的控制	1
	SS C6.2	减缓暴雨径流的设计 – 水质的控制	1
指标 7	SS C7.1	降低热岛效应 – 非屋顶区域	1
	SS C7.2	降低热岛效应 – 屋顶区域	1
指标 8	SS C8	降低光害污染	1

基地的选择与开发对环境的冲击攸关重大，一旦对环境造成伤害，单是修复就得花费很多年的时间。在基地永续发展项目里，着重下列几大面向，也依此为核心，发展出十五个评分项目，作为基地永续发展的精神。

- 选择合适的基地场址，避免开发素地。
- 建立低碳且便利的交通运输网络，减少自行开车的机会。
- 设计永续景观，减少浇灌与土壤侵蚀。
- 保护周遭生物栖息地，增加生物多样性。
- 控制暴雨径流，避免污染河川。
- 降低热岛效应，减少能源使用量。
- 减低光害污染，不影响夜间生物活动。

必要指标1 ｜ 营建基地的污染防治（SS, P1）

LEED-NC基地永续发展第一项必要指标为营建基地的污染防治。在美国，依照国家环境保护署（EPA）对营建施工之暴雨径流废水消减要求，基地面积大于1英亩（0.4公顷）须符合此项规范[1-1]，申请LEED认证则是所有专案均需达到此项规定，并于设计阶段提出土壤侵蚀和沉积控制计划，对于临时性与永久性的植草、护土、土堤、泥沙隔栅、沉淀池等进行先期规划。对于美国境外的申请专案，则依据专案所在地的环保法规作为主要规范。

在台湾，基地开发前，需先提出"营建工地径流废水污染削减计划书"，提交当地环保主管机关审核，通过后始得动工。施工期间，必须依此计划书进行区域内的径流废水改善，减少施工时对环境的污染、工地泥沙对水路的淤积，并且不定期检测排放水质，以符合环保要求。"营建工地径流废水污染削减计划书"内容应包含：

1 **工程概述**
   包括专案开发的目的、场址与范围、工程内容。工程内容又可细分为计划规模、分期开发、施工期程。

2 **环境背景说明**
   包括基地所在地的气象信息、承受水体、水文、地形、地质、土壤、土地利用、水土保持，与施工前后的排水系统。

3 **预防及管理措施**
   包括：
   污染控制目标。工地管理、废弃物贮存、减少扰动区面积、减少径流冲刷污染量、管路及坡地保护、工地周界控制措施、工地内冲蚀污染控制。
   污染控制方法及设施。说明污染来源及污水处理方式。由于工地施工时可能对环境造成污染，必须对土壤侵蚀、排水沟污泥淤积、工地扬尘等现象进行预防准备措施。因此，需详细拟定：
   ①土壤侵蚀的保护：利用临时或永久植生，如快速生长的草籽或栽种草地、灌木、树木等以避免土壤流失，以及放置干草、木屑、卵石等表土覆盖措施，防止雨水及风沙侵蚀。
   ②保持道路雨水排水沟畅通：工地内应设置截水沟，导引径流废水至沉砂池，用格栅滤网将径流废水予以过滤沉积后，再排放至道路雨水排水沟。

③防止尘土飞扬的措施:包含设置洗车台,清洗车辆底部及轮胎,避免污泥带至施工区域外;定时以水车洒水清洗路面,废土载运车辆上方须覆盖防尘网等。

人员训练计划。举办训练课程,倡导设备操作维护及保养要项,洗车台由专责人员操控并做检查,出场车辆经冲洗干净后,始得出场。

污染控制监测。依计划进行定期的现场检查、维护保养、对下包商的管理、操作记录的保存、污染计划检阅与修正。

4　维护管理计划

建构软硬件设施管理办法,每两周一次的定期检查,由工地主任根据现场施作人员状况,编组排班并定期检视设施,若有损坏立即加以修复。定期清除沉砂池中泥沙,以维持设施应有功能。另外,于施工活动前进行倡导,施作过程并由监工担负起督导责任。

5　紧急应变计划

工地于施工期间,若遇到预期外的因素导致紧急事件发生,为使伤害减至最低,事前拟定妥善的应变计划、提供处理流程及遵循模式,以便于事故发生后的最短时间内动员相关人员,做最适当的善后工作,以降低伤害及损失。

6　检附资料

包括:

业主相关证件。包含专案负责人的身份证复印件、营利事业登记证复印件、核可建照证明文件等。

相关图面及资料。开发范围图、工区排水系统示意图、地质钻探资料、遮雨/挡雨/导雨设施配置图、洗车台规划等。

其他相关表单。工区污染控制维护管理检查记录表、径流废水设施保养检查表等相关表单,以及设施负责人的联络电话。

〈文接第51页〉

[范例]

台积电的做法是，在规划时即提出"营建工地径流废水污染削减计划"，说明污染控制方法以及执行方式、维护检点（如下表），作为管理依据。

表1-1 基本资料摘要

1.管制编号（本栏由主管机关填写）								
2.开发名称						3.开发行为代码		
4.开发地址或地号								
5.大门位置之坐标	东向				北向			
6.开发单位名称								
7.负责人姓名				8.职称		9.身份证号		
10.负责单位地址						11.联系电话		
12.现场维护管理人员姓名				13.职称		14.现场联系电话		
15.工地开发范围及面积								
16.承受水体名称	实际排放水体				17.承受水体代码			
18.施工期程	依预估施工时程							
19.环保经费	依实际支出记录							
20.相关证明文件	☑负责人身分证正反面复印件（附件一） ☐其他证书 ☑目的事业主管机关核发之证明文件复印件（附件二） ☐工程计划书（与径流废水污染削减有关之工程） ☑开发范围图（包含工地既有水流流况图及遮雨、挡雨及导雨设施与沉砂池配置图） ☑径流废水排入私有水体或灌溉渠道之同意文件　（☐未排入无需检具） ☐其他							
21.开发单位盖章					22.负责人签名及盖章			
23.申请日期	年　　　月　　　日							

表 1-2 污染控制方法及污染控制措施摘要

1.管制编号（本栏由主管机关填写）									

2.污染削减措施相关说明及维护频率			
项目	相关设施采取情形		维护频率
遮雨设施	☐开挖面使用水泥和沥青铺设 ☑以帆布遮盖 ☐设置挡雨棚 ☐使用密闭容器或堆置于密闭场所 ☐其他 _____		___1___ 次／月 ___12___ 次／年
	☐无须设置，原因		
挡雨设施	☑设置挡雨堤 ☐设置挡水墙 ☑堆置砂包 ☐垫高堆置场所 ☐其他 _____		___1___ 次／月 ___12___ 次／年
	☐无须设置，原因		
导雨设施	☐暂时性涵管 ☐吊沟、吊管等坡地排水设施 ☑排水沟 ☐其他 _____		___1___ 次／月 ___12___ 次／年

3.沉砂池材质、容积及清除频率、方式与最终去处							
编号	材质	长／直径（米）	宽（米）	深（米）	容量（立方米）	清除频率及方式	最终去处
1	☐钢筋混凝土（RC） ☐塑料 ☑其他不透水材质： <u>喷砂浆厚约5-15cm</u>	10	5	2.2	110	___1___ 次／月 _____ 次／年 ☐槽车 ☐卡车 ☑自行回收	土石方 资源堆置场
2	☐钢筋混凝土（RC） ☐塑料 ☐其他不透水材质：					_____ 次／月 _____ 次／年 ☐槽车 ☐卡车 ☐自行回收	

注1：方形槽体需填写长、宽、深及容量之尺寸，圆型槽体只需填写直径、深度及容量之尺寸。
注2：沉砂池字段不足者，请自行增加字段使用或自行影印使用。

表 1-3 污染控制方法及污染控制措施摘要

1.管制编号（本栏由主管机关填写）					
2. 预估污染去除率	☑ 　　80　　%				
3. 污染控制措施之总施工期程（起迄年月日）		开始　年　月　日　　结束　年　月　日			
4. 污染控制方法	5. 污染控制措施内容			6. 请勾选欲采用之内容	7. 维护及施工期程（起迄年月日）
a.非结构性预防管理措施	排水作业时的污染控制			√	
	铺面作业时的污染控制			√	
	结构物施工与油漆时的污染控制			√	
	物料运送与储存时的污染控制			√	
	物料使用时的污染控制			√	
	泄漏与溢流时的防止与控制			√	
	一般性营建废弃物管理			√	
	有害废弃物管理			√	
	污染土壤之管理			√	
	废水泥管理			√	
	卫生污水管理			√	
	车辆与机具的清洗			√	
	燃料管理			√	
	车辆与机具保养时的污染控制			√	
	员工训练			√	
b.控制施工工地侵蚀及泥沙的预防管理措施	工地规划			√	
	植生稳定法			√	
	物理稳定法	地工织物和地垫		√	
		飞尘控制		√	
		暂时性涵管		√	
		施工便道之稳定		√	
		工地进出口道路与洗车台		√	
	雨水导流法	土堤			
		暂时性排水沟与浅沟		√	
		坡地排水			
	流速降低法	出水口保护工法			
		节制坝			
		坡面粗糙化或阶梯化			
		消能槽			
	泥砂控制	砂栏			
		栏砂池			
		临时性沉砂池		√	
		砂包栏			
		雨水进水口保护			
c.其他					

表 1-4 污染控制方法及污染控制措施之污染物去除效率一览表（高●，中◎，低○）

污染控制方法	污染控制措施内容		沉淀物	营养盐	毒性物质	油质	漂浮物	其他建筑废弃物
a. 非结构性预防管理措施	排水作业时的污染控制		●	○	◎	○	○	○
	铺面作业时的污染控制		◎	○	◎	◎	○	○
	结构物施工与油漆时的污染控制		○	○	◎	◎	●	●
	物料运送与储存时的污染控制		◎	◎	◎	◎	◎	◎
	物料使用时的污染控制		○	◎	◎	◎	○	○
	泄漏与溢流时的防止与控制		○	○	◎	◎	○	○
	一般性营建废弃物管理		◎	○	○	○	●	●
	有害废弃物管理		○	○	◎	○	○	○
	污染土壤的管理		◎	○	●	○	○	○
	废水泥管理		○	○	○	○	○	◎
	卫生污水管理		●	●	◎	○	◎	◎
	车辆与机具的清洗		○	○	◎	◎	○	○
	燃料管理		○	○	◎	◎	○	○
	车辆与机具保养时的污染控制		○	○	◎	◎	○	○
	员工训练		－	－	－	－	－	－
b. 控制施工工地侵蚀及泥沙的预防管理措施	工地规划		－	－	－	－	－	－
	植生稳定法		●	○	○	○	○	○
	物理稳定法	地工织物和地垫	●	○	○	○	○	○
		飞尘控制	●	○	◎	◎	○	○
		暂时性涵管	●	○	○	○	○	○
		施工便道的稳定	●	○	○	○	○	○
		工地进出口道路与洗车台	●	○	○	○	○	○
	雨水导流法	土堤	●	○	◎	◎	○	◎
		暂时性排水沟与浅沟	●	○	○	○	○	○
		坡地排水	●	○	○	○	○	○
	流速降低法	出水口保护工法	●	○	○	○	○	○
		节制坝	●	○	○	○	○	○
		坡面粗糙化或阶梯化	●	○	○	○	○	○
		消能槽	●	○	○	○	○	○
	泥砂控制	砂栏	●	○	○	○	○	○
		栏砂池	●	◎	◎	○	○	○
		临时性沉砂池	●	○	○	○	○	○
		砂包栏	●	○	○	○	○	○
		雨水进水口保护	●	○	○	○	◎	○

指标 1 ｜ 基地场址的选择（SS, C1）

基地场址的选择应以不破坏原始生态、减少对自然环境的开发，LEED可依据基地所在区域的法令条例，进行审核。台湾依照"非都市土地使用管制规则"、"水土保持法"、"公园法"、"野生动物保育法"、"环境影响评估法"等相关法规，选择的地点不得位于以下区域：

水源保护区（海、湖、河、溪、支流等）；
原住民保留区；
山坡地。

台积电选择的基地皆坐落在已开发的科学园区。科学园区的土地由政府征收、完成环境影响评估、整地开发与基础建设。承租厂商提出基地承租申请后，经主管机关核可，即取得基地使用权，故在基地选择（SS, C1）上符合此评分点数的要求。

指标 2 ｜ 开发密度与社区链接性（SS, C2）

开发密度与社区链接性这项指标的目的，在于降低对周遭绿地与自然资源的破坏。除了大量保留原生种植物的生长环境，营造丰富的动植物生态外，同时限制人们自行开车的需求，以降低二氧化碳排放量，减少额外道路、停车场与周边设施的设置。LEED鼓励基地设于已开发地区，保留未开发区域，此项评分点数可依下列选项，两者择一，获得点数。

选项一，基地坐落在已开发地区，需计算周围的平均开发密度，最低标准为每英亩60,000平方英尺以上。

1. 首先，计算"社区密度半径"

$$\text{社区密度半径}_{(英尺)} = 3 \times \sqrt{\text{基地面积}_{(英亩)} \times 43{,}560_{(平方英尺/英亩)}} \quad \text{................(1-1)}$$

2. 在基地图上，以基地中心为圆心，以上述计算的"社区密度半径"为半径，画一圆。

3. 将包含于圆周内或与圆周相交的各块基地，累计其总楼地板面积、基地面积、列表计算，最低开发密度每英亩（1英亩＝0.404686公顷，全书同）须达60,000平方英尺，即可取得点数。

选项二，基地0.5英里（805米）半径范围内，需符合每英亩基地面积大于10个住宅单位，且具备10项社区设施，才可符合评分点数的要求。

1. 在基地图上，以建筑物主入口为圆心，0.5英里为半径，画出包含的社区范围区域。（或以数栋主入口分别为圆心、画出组合包含区域）在涵盖区域内，标示住宅区所在位置，并检讨住宅密度，每英亩基地面积需大于10个住宅单位。

2. 在社区范围内，须具备10项社区设施，并标示这些社区设施于图面上，包含下列设施：银行、教堂、便利商店、托儿所、干洗店、消防队、美容院、五金店、洗衣店、图书馆、医院、老人照护、公园、药局、邮局、餐厅、学校、超市、戏院、社区中心、健身房、美术馆。多家餐厅可重复计算两次。以上设施应有步道与本案建筑物相连，不会被围墙、高速公路等阻隔。

〈文接第54页〉

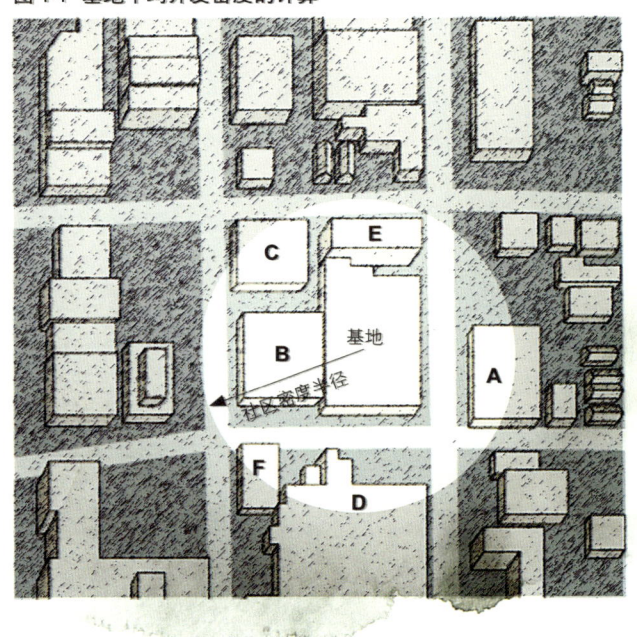

图 1-1 基地平均开发密度的计算

表 1-5 社区密度半径内的总楼地板面积统计表

社区密度半径的建筑物	楼地板面积（平方英尺）	基地面积（英亩）
基地	39,000	2.10
A	42,000	0.55
B	78,000	1.60
C	120,000	0.40
D	180,000	3.40
E	35,000	0.38
F	33,000	0.25
总楼地板面积（平方英尺）	527,000	
总基地面积（英亩）	8.68	
平均密度（平方英尺/英亩）	60,714.3	

[范例]

前述选项一的各基地信息不易取得,以选项二进行较为容易,但基地附近须有相当数量的住宅。以建筑物入口为圆心画一半径0.5英里的圆,计算各项社区设施(基地内自行设置的设施亦可),超过10项即可。接着计算住宅密度,先算出在此圆内的住宅区面积,再算出总住宅户数,相除即得出住宅密度。若住宅密度≧10个住宅单位／基地面积(英亩),即可符合该条件。

图 1-2 社区设施

以台积电十二厂四期为例,规定范围内设置有书店、便利商店、邮件收发处、餐厅、牙医诊所、提款机、理发厅、银行、消防队、健身房等10项社区设施。

住宅密度计算,在规定范围内的住宅数量及面积统计:

住宅数量 = 70
该区域面积 = A区 + B区 = 8,890m² = 2.2英亩
住宅密度 = 70／2.2 = 31.8个住宅单位／基地面积(英亩)**≧10个**,符合评分点数的要求。

图 1-3 住宅密度计算方式

指标 3 | 污染土地再开发（SS, C3）

为减少未开发土地的利用，LEED 积极奖励受污染土地经过合法处理后，再做开发使用。运用地质改良或地面废弃物清理等技术，可将受污染的土地重新恢复生机。依照法令执行，污染土地需先备妥土地开发前污染检测报告（确认土地被污染）、提出"土壤及地下水污染整治计划"，以及整治后的污染检测报告等资料供主管机关审核同意后，始可进行开发。台积电基地位于科学园区内，无土地污染的情况，因此，无法取得此项评分点数。

指标 4 | 替代性交通（SS, C4.1 ~ C4.4）

LEED 相当重视二氧化碳减量，因此，对于选择基地场址时，建议在机能完整的区域，并且拥有便利的公共交通网络、鼓励使用脚踏车及低耗能的交通工具，以减少开车所引起的空气污染问题与过度的停车场需求。公共交通网络指标有两个选项：

选项一，在 0.5 英里（805米）步行距离内有通勤火车站、轻轨电车或地铁。
选项二，在 0.25 英里（402.5米）为半径的范围，设有两个以上的巴士站。LEED 所指的巴士站，可以包含公共巴士、巡回巴士及私人企业交通车。

〈文接第58页〉

54　台积电的绿色行动 Greening Strategy

[范例]

台积电作法采取选项二,以基地入口为中心、0.25英里(402.5米)为半径,所构成的区域。此区域内,包含有台积电设置的厂区巡回巴士站与员工上下班的交通车乘车处。另外,申请文件亦标示范围内的公交车路线图、公车站位置与数量。以十二厂四期绿建筑专案为例,在选项二规定的范围内,便设有三个公共巴士站。新竹科学园区提供便捷的园区免费巡回巴士,路线从园区联结市区主要的交通枢纽。另外,新竹科学园区内的科技生活馆设有长途客运转运站,提供四通八达的交通网络。

此外,奖励员工骑乘脚踏车,提供一定比例的脚踏车停车位与淋浴更衣设施,供使用者免费使用,减少开车造成的二氧化碳排放。设置原则为计算建筑物内工作尖峰时刻的人数,以商业及公共建筑类别为例,需提供5%尖峰人数的脚踏车车位数(但一般住宅则需提供15%尖峰人数)。

图 1-4 选项二之图示

以上图为例,先取基地半径402米画圆,标示出公交车路线图、公车站位置与数量,需至少有两个巴士站才符合。

商业及公共建筑的脚踏车位数量 = 建筑物尖峰人数 × 5%
一般住宅的脚踏车位数量 = 建筑物尖峰人数 × 15%

计算设置脚踏车位数量及淋浴间数量,可依下列步骤依序得出:
步骤一,确认建筑物内进驻人员的工作形式与人数。若有不同班别形式,如日班、小夜班、大夜班等,除计算日常人员总数外(日常人员包括全时工作者、兼差工作者、访客、学生、客户……),交接班重叠时的人数也须纳入计算。

步骤二,换算成八小时的全时相当人数(Full-time Equivalent, FTE)

全时相当人数 = 全栋建筑物人员上班时数 / 8

步骤三,计算脚踏车位数量

最低数量 = 全时相当人数 × 0.05(一般住宅则为全时相当人数 × 0.15)

步骤四,计算淋浴间数量

最低数量 = 全时相当人数 × 0.005

最后,提供一份配置图说明脚踏车停车、淋浴间位置,以及距离入口的说明。为鼓励骑乘脚踏车,车位应距离建筑物入口200码(183米)内,并设置脚踏车架;同时,须于建筑物内或距建筑物入口200码(183米)内设置淋浴间,方便人员使用。

表 1-6 作业场所全时相当人数 FTE 计算

作业形态		人数	每天工作时数	总工作小时 人数*工作小时	FTE人数 每人8小时
工作人员		150	12	1,800	225.00
部门1	工程师1	16	6	96	12.00
	工程师2	8	1	8	1.00
部门2	工程师1	549	4	2,196	274.50
	工程师2	29	1	29	3.63
总计FTE人数		516			
下一班工作人员人数		150			
下一班工程师人数		24			
尖峰时刻建筑物总人数		516 + 150 + 24 = 690人			

表 1-7 建物 A 全时相当人数 FTE 计算

作业形态		人数	每天工作时数	总工作小时 人数*工作小时	FTE人数 每人8小时
一般员工		2,200	8	17,600	2,200.00
部门1	工程师1	16	6	96	12.00
	工程师2	8	7	56	7.00
部门2	工程师1	1,098	4	4,392	549.00
	工程师2	57	7	399	49.88
总计FTE人数		2,817			
下一班员工人数		24			
尖峰时刻建筑物总人数		2,817 + 24 = 2,841人			

建物A尖峰时刻人数达 2,841人、工厂690人，因此需设置至少（2,841＋690）×0.05＝177个脚踏车停车位。设置数量219个，大于规定所需数量177个。淋浴间需设置17个，建筑物于健身房设置21个淋浴更衣间，符合评分点数的要求。

图 1-5 脚踏车停放区

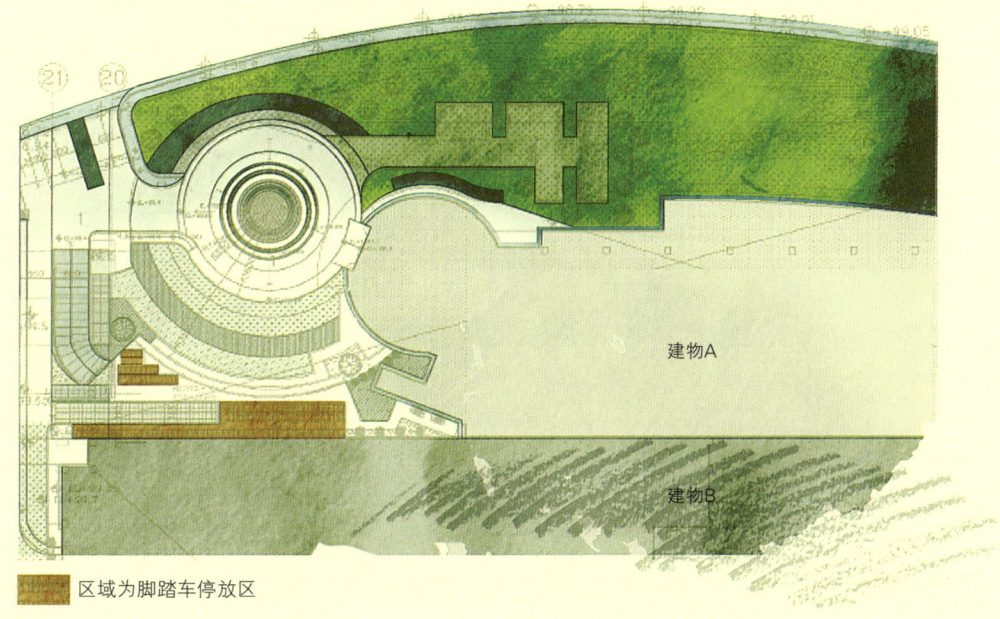

图 1-6 淋浴间位置图

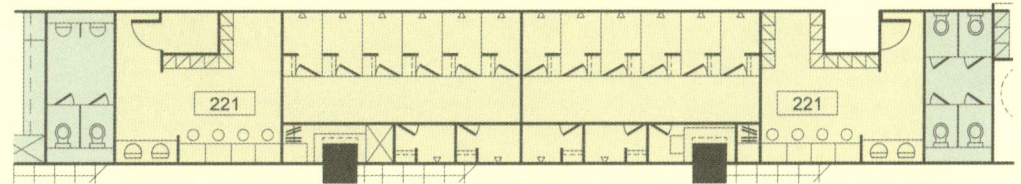

第一章——基地永续发展 Sustainable Sites, SS

LEED鼓励使用低碳排放、低油耗的省油环保车。基地内提供相当比例的环保专用停车位，鼓励人员购买环保、节能车辆，减少二氧化碳的排放，避免造成环境污染。环保停车位的设置数量应占全部车位数的5%，或者全时相当人数的3%；设置位置需靠近主要入口或电梯厅，送审资料连同设置平面图之说明一并提供。环保节能车辆之认定可查询"行政院环境保护署"绿色车辆指南网，网址为http://car.itri.org.tw/GreenCar/GreenCar.aspx，或美国能源效率经济委员会（American Council for an Energy Efficient Economy，ACEEE）公布的信息，网址为www.greencar.com。

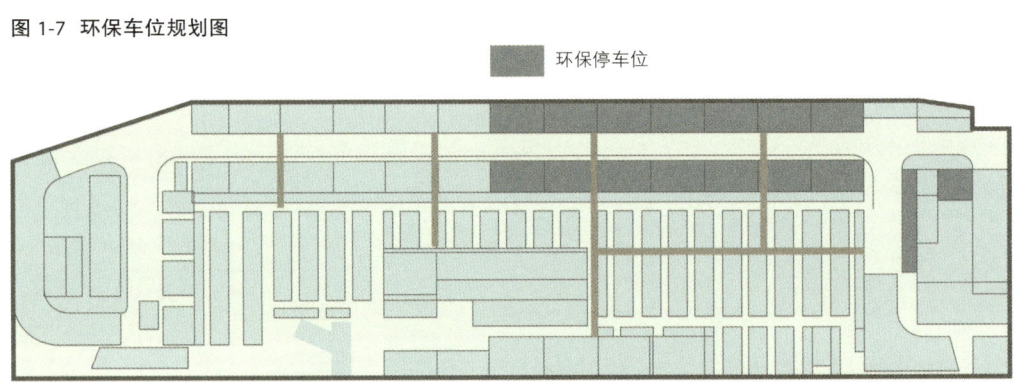

图 1-7 环保车位规划图

LEED鼓励搭乘公共运输工具，降低自行开车上下班的使用率，因此，基地设置的停车位必须低于法定要求。如要获得此项指标，须符合下列选项之一：

选项一，设置的停车位须小于法定数量，法定车位的计算依各地主管机关规定；
选项二，提供之停车位数量小于全时相当人数的5%；
选项三，基地内不设置停车位。

台积电为提供员工上下班的便利性、减少对园区交通的干扰，各厂均设置一定数量停车位。南部科学园区在开发时，距离高速公路出口较远，因此，园区管理局鼓励进驻厂商广设停车位。

十四厂绿建筑专案采用选项一，设置的停车位须小于法定数量，符合此项指标；但新竹十二厂绿建筑专案，依据新竹科学园区管理局规定于每112.5m²居室面积须设置一个停车位[1-2]，故无法符合。

新竹科学园区：法定车位数＝楼地板面积／112.5 m²
中部科学园区：法定车位数＝楼地板面积／112.5 m²
南部科学园区：法定车位数＝楼地板面积／75m²（75～112.5）

指标 5 ｜ 基地开发（SS, C5.1 – C5.2）

基地开发的原则，需兼顾保护或恢复原生动植物栖息地，提供最大比例的开放性绿地种植原生种植物。原生种植物最大的特色，在于能适应当地气候条件、维护的需求较低、浇灌用水量较少。依据基地类别分为下列两种：

新开发的区域。维持最低开发行为，限制建筑物周围12米、人行道、中庭及停车场周围3米、主车道周围4.5米及透水设施周围7.5米内，为可开发区域，其余区域保留原有绿地，减少对生态栖地的干扰。

已开发的区域。规划50%以上的法定空地或20%以上的基地面积，种植原生植物；适合当地气候生长的树种也可视为复原受扰动的面积。

科学园区对于园区内的绿地面积有其法规要求，其他地区则依据"非都市土地使用管制规则"或各地土地使用分区管制规则办理。新竹科学园区依照"土地使用分区管制计划"规定，建蔽率为60%（建蔽率指建筑物面积占基地面积的比例），开发后建筑基地的绿覆率不得小于法定空地的50%[1-2,1-3]。

新竹科学园区绿覆率

法定绿覆面积 ≥ 法定空地（基地总面积 × 40%）× 50% ＝ 基地总面积 × 20% ………(1-2)

南部科学园区依照"土地使用分区暨都市设计管制计划"规定，建蔽率为50%，开发后建筑基地的绿覆率不得小于法定空地的50%[1-4]。

南部科学园区绿覆率

法定绿覆面积 ≥ 法定空地（基地总面积 × 50%）× 50% ＝ 基地总面积 × 25% ………(1-3)

中部科学园区依照"土地使用分区暨都市设计管制计划"规定,建蔽率为60%,开发后建筑基地的绿覆率,不得小于法定空地的50%[1-5]。

中部科学园区绿覆率

法定绿覆面积 ≥ 法定空地(基地总面积 × 40%)× 50% = 基地总面积 × 20% ....(1-4)

科学园区对于基地开发的绿覆率规范,与LEED要求不谋而合。此外,若已取得开发密度与社区链接性(SS, C2)的评分点数,且建筑物的屋顶进行绿化,绿化面积可列入此项绿覆率的面积计算。

除此之外,为了增加基地周边的生物多样性,提供足够的动植物生长与活动空间,基地开发时应秉持"空地最大化及连续性"原则,提供最大比例的开放性绿地。屋顶绿化、人行步道、湿地或水池面积均可纳入计算,但基地坡度须小于1:4(垂直:水平),并进行绿化。下面提供三种做法以资参考:

选项一:减少基地开发面积(含建筑基地、信道、停车位等),提供基地超过当地法规要求的25%开放空间进行绿化。
选项二:当地法规无规范区域时(如军事基地等),需提供与建筑面积相等的绿化空间。
选项三:当法规未明定开放空间比例时,则以基地面积的20%作为绿地面积基准。

依据"新竹科学园区土地使用分区管制计划"规定,建蔽率为60%,若要符合此项要求,新竹科学园区保留绿化空地应大于当地法令规定空地的1.25倍,即基地面积×40%×1.25(倍)=50%(基地面积)。"南部科学园区土地使用分区暨都市设计管制要点"的规定,建蔽率50%,若要符合此项要求,南部科学园区保留设置绿化空地的面积,应大于当地法令规定空地的1.25倍,即基地面积×50%×1.25(倍)=62.5%(基地面积)。

台湾地狭人稠,工业用地取得不易,一般都将建筑面积使用至最大化,以达到最佳经济效益,故新建厂房不容易取得此项评分点数,不过,若能在屋顶、阳台大幅增加绿化面积,较容易获得此项评分点数。

〈文接第63页〉

[范例]

台积电十二厂四期为例,基地位于已开发区,如图1-8所示,相关面积说明如下:

基地面积(A)79,000m²

建筑面积(B)47,000m²

法定空地(C)= A-B = 79,000-47,000 = 32,000m²

绿化面积(D)= 基地绿化面积 + 屋顶绿化面积 = 20,000m²

原生种植物种植百分比(E,如下页表1-8)100%

法定绿覆面积(F)= A×40%×50% = 15,800 m²

列出各项面积后,计算如后:

检核一:复原的绿化面积比 =(D×E)/ C = 62.5% > 50%

检核二:基地绿化面积(D)大于法定绿覆面积(F),符合此评分点数的要求。

图1-8 基地绿化区域

表 1-8 基地种植的原生种植物说明　　　　　　　　　　　　　　　　　　　　　　　　　◇原生种　■适应性植物

中乔木	小乔木	灌木	地被	草	水生植物
■小叶榄仁	◇山樱花	◇厚叶石斑木	◇台湾马兰	◇台北草	◇碱草
◇水黄皮	■紫薇	■黄金金露华	■大吊竹草	◇狗牙根	◇野姜花
◇光腊树	◇山茶花	◇大叶杜鹃	◇肾蕨		◇台湾萍蓬草
◇台湾乌心石	◇黄槿	■紫雪茄花	■蔓花生		◇睡莲
◇樟树	◇台湾海桐	◇春不老	◇四季草花		■荸荠
◇枫香	◇水杉	◇小叶赤楠	◇射干		■三俭草
◇苦楝	◇流苏	■日本女真			◇大安水蓑衣
◇茄冬	◇竹柏	◇野牡丹			
◇台湾栾树		◇台湾山桂花			
◇土肉桂		■大王仙丹			
◇乌桕		◇山黄栀			
◇青枫		◇小叶黄杨			
◇榄仁		■黄边虎尾兰			
		◇福建茶			
		■变叶木			
		◇含笑花			
		◇桃金娘			

台积电于基地内的建筑物A将屋顶绿化，以符合此指标。

基地面积（A）79,000m^2

建筑面积（B）47,000m^2

空地面积（C）= A-B = 79,000-47,000 = 32,000m^2

绿地面积（D）= 绿化面积 + 屋顶绿化面积 = 20,000m^2

法定绿覆面积（F）= A × 40% × 50% = 15,800m^2

增加的绿地面积百分比 =（D-F）/ F = 26.6% > 25%，符合此评分点数要求。

指标 6 | 减缓暴雨径流的设计（SS, C6.1 – C6.2）

过度的都市开发、水泥建筑的建置，导致地表的透水铺面大量减少、土壤含水量降低。当暴雨来临，土地无法迅速吸收雨水，增加洪水发生的概率，并且夹带大量泥沙至公共排水沟渠，造成水路阻塞。为确保基地开发时，地表暴雨吸收量的影响降到最低，须在基地内设置相当容量的处理设施，有效吸纳控制径流废水的水量与水质。

不透水铺面系指入渗水量为零的地表，大部分人工构造物均为不透水铺面，如混凝土地面、沥青路面、不透水的地砖等。此部分的要求分为暴雨径流水量与水质的控制。

在水量控制方面，选项一，若基地地表的不透水率小于或等于50%（大部分为未开发区域），实施暴雨管理手法后，必须使开发后基地的一年及两年期的24小时暴雨尖峰径流率及径流水量，均小于开发前的数据。常见的暴雨管理手法包括减少使用不透水铺面材料以增加地表渗透率、减少建筑物覆盖率、大量设置透水铺面、规划大面积滞洪池、建筑物屋顶进行绿化等，以增加基地对雨水的吸纳量。美国LEED要求相关设施均须设置于基地内部才可以计算，基地外部设施需提出合理解释，确保暴雨会流至该处进行处理。

选项二，倘若基地既有铺面不透水率大于50%（大部分为已开发区域），实施暴雨管理机制后，开发后基地的两年期的24小时暴雨尖峰径流量，须较开发前减少25%。首先，我们先分别计算一年及两年期的24小时暴雨径流量，计算公式为：

$$\text{径流量} Q \text{（立方米/秒）} = C \times I \times A / 360 \quad \text{(1-5)}$$

C 径流系数（无单位，其值越大表示土壤渗透能力较小及地面坡度较大，一般数值:屋顶为 1.0，道路为0.95，绿地为0.6～0.7，请参考表1–9）
I 降雨强度（单位时间内降雨量，毫米／小时）
A 集水区面积（公顷）

表 1-9 径流系数 C 值参考表

集水区状况	陡峻山地	山岭区	丘陵或森林地	平坦耕地	非农业使用地
无开发计划区之径流系数	0.75～0.90	0.70～0.80	0.50～0.75	0.45～0.60	0.75～0.95
开发整地后之径流系数	0.95	0.90	0.90	0.85	0.95～1.00

其中，降雨强度的计算为：$I = \dfrac{a}{(t+b)^c}$ ....(1-6)

- I　降雨强度（毫米／小时）
- t　降雨延时或集流时间（分），指径流从集水区最远一点到达一定地点所需时间。其中 t＝L／v
- L　漫地流流动长度（米）。在开发坡面不得大于100米，集水区不得大于300米。
- v　漫地流流速（一般采用0.3～0.6米／秒）。地表为草生地或植被状况良好，漫地流流速以0.3米／秒计；地表为部分开发或植被不全面，漫地流流速以0.4米／秒；地表为已开发土地或PC面覆盖，漫地流流速以0.5～0.6米／秒计。

a、b、c 均无单位，依地区、重现期有所不同，查表1–10可得

"经济部"水资源局及相关学术单位，目前仅有二年以上的重现期参数可供参考，并无一年的数据，因此我们以外插法修正一年之各项参数。

表 1-10　台湾降雨强度相关参数[1-6]

地点	参数＼重现期	2年	5年	10年	25年	50年	100年	200年
新竹	a	1,532.22	2,289.58	2,901	3,785.5	4,512.25	5,280.7	6,104.41
	b	59.09	71.32	79.67	89.81	96.85	103.32	109.42
	c	0.7303	0.7375	0.7448	0.7549	0.7622	0.769	0.7756
	t（降雨延时min）	1,440.00	1,440.00	1,440.00	1,440.00	1,440.00	1,440.00	1,440.00
	I（毫米／小时）	7.35	10.35	12.38	14.93	16.81	18.65	20.48
台中	a	1,242.02	1,552.27	2,045.83	3,267.72	5,118.64	8,824.96	17,328.61
	b	37.58	45.2	58.12	84.44	113.95	154.25	210.05
	c	0.6974	0.6701	0.6741	0.6989	0.7326	0.7801	0.8448
	t（降雨延时min）	1,440.00	1,440.00	1,440.00	1,440.00	1,440.00	1,440.00	1,440.00
	I（毫米／小时）	7.65	11.63	14.80	19.48	23.50	28.02	33.16
台南	a	1,439.21	1,455.01	1,376.34	1,268.75	1,197.45	1,135.26	1,078.93
	b	48.68	43.27	35.76	25.8	18.85	12.46	6.5
	c	0.692	0.6462	0.6156	0.5811	0.5587	0.5387	0.5204
	t（降雨延时min）	1,440.00	1,440.00	1,440.00	1,440.00	1,440.00	1,440.00	1,440.00
	I（毫米／小时）	9.17	12.99	15.41	18.35	20.44	22.47	24.45

计算基地内所需容纳的暴雨量公式如下：

$$V = \frac{Rd \times Rv \times A}{12} \quad\quad\quad\quad\quad\quad\quad\quad\quad\quad\quad\quad\quad\quad\quad\quad\quad\quad\quad\quad\quad\quad\quad\quad (1\text{-}7)$$

V　　所需容纳的暴雨量（立方英尺）
Rd　每次平均降雨量（英寸，1英寸 = 0.0254米，全书同）
Rv　径流容积参数，Rv = 0.05 +（0.009）× IMP，IMP = 基地集雨区不透水百分比
A　　基地集雨面积

径流率 = 径流量 / V

加总基地内设置的储水设施可为雨水储留槽、水沟沟渠、滞洪池等，统计可容纳的储水量，与24小时暴雨径流量相比较，评估径流量是否符合LEED要求。

设置雨水收集设施，储存雨水再利用，取代自来水，提供浇灌、厕所冲水，可同时达到此目的。依照"内政部""建筑物雨水贮留利用设计技术规范"要求，新建筑物须设置雨水储留槽，实际设置容积必须大于法定要求容积[1-7]。雨水储留槽的法定容积计算公式为：

$$V = R \times A \times P \times N \quad\quad\quad\quad\quad\quad\quad\quad\quad\quad\quad\quad\quad\quad\quad\quad\quad\quad\quad\quad\quad\quad\quad\quad (1\text{-}8)$$

V　雨水储留槽容积（立方米）
R　所在区域的日平均雨量（竹科6.31mm，中科3.85mm，南科4.58mm）
A　集雨面积（平方米），以屋顶面积计算
P　日降雨概率（竹科0.37，中科0.26，南科0.25）
N　储水天数（竹科8.12，中科11.69，南科11.94）

有关基地内保水设施的送审文件应包括基地内透水铺面、绿屋顶、室外水池、透水管等贮雨量的说明并再利用的功能；基地内各集水区域与水沟、公共排水沟连接，及排至滞洪池的路线图。〈文接第68页〉

[范例]

提供基地开发前与开发后的水流方向；基地暴雨收集及水沟设施图（包含排水细部设计图）；基地铺面设计及景观图（包含绿屋顶设计、雨水回收槽位置与吸纳容量）。

竹科台积电基地原先为茶园，大部分为未开发区域，其铺面不透水率小于50%，需计算开发后基地的一年与二年尖峰径流率及水量；统计出开发前与开发后的暴雨量差距。需符合前述的要求标准，以减低水路的污染与暴雨侵蚀。

表 1-11 一年之暴雨径流计算

		径流系数 C	降雨强度 I_1（毫米/小时）	降雨强度 I_1（m/s）	面积 m^2	面积 ft^2	所占面积百分比	每秒径流量 Q_{pk}（cms）	每秒径流量 Q_{pk}（cfs）	24小时径流量 Q_{pk} cf-24hr.
1						开发前				
a	透水区域	0.45	5.22	1.45E-06	78,772	847,889	100%	0.051	1.815	156,817
2						开发后				
a	建物区域	0.95	5.22	1.45E-06	47,100	506,977	59.79%	0.065	2.291	197,949
b	马路柏油区	0.95	5.22	1.45E-06	9,062	97,542	11.50%	0.012	0.441	38,085
c	植栽区	0.20	5.22	1.45E-06	15,862	170,736	20.14%	0.005	0.162	14,034
d	草皮覆盖区	0.70	5.22	1.45E-06	3,290	35,413	4.18%	0.003	0.118	10,188
e	人行铺道	0.85	5.22	1.45E-06	3,458	37,221	4.39%	0.004	0.151	13,003
暴雨径流量								0.090	3.163	273,260

表 1-12 二年之暴雨径流计算

		径流系数 C	降雨强度 I_2（毫米/小时）	降雨强度 I_2（m/s）	面积 m^2	面积 ft^2	所占面积百分比	每秒径流量 Q_{pk}（cms）	每秒径流量 Q_{pk}（cfs）	24小时径流量 Q_{pk} cf-24hr.
1						开发前				
a	透水区域	0.45	7.35	2.04E-06	78,772	847,889	100%	0.072	2.556	220,806
2						开发后				
a	建物区域	0.95	7.35	2.04E-06	47,100	506,977	59.79%	0.091	3.226	278,721
b	马路柏油区	0.95	7.35	2.04E-06	9,062	97,542	11.50%	0.018	0.621	53,626
c	植栽区	0.20	7.35	2.04E-06	15,862	170,736	20.14%	0.006	0.229	19,761
d	草皮覆盖区	0.70	7.35	2.04E-06	3,290	35,413	4.18%	0.005	0.166	14,346
e	人行铺道	0.85	7.35	2.04E-06	3,458	37,221	4.39%	0.006	0.212	18,309
暴雨径流量								0.126	4.453	384,763

表 1-13　一年与二年之暴雨径流参数汇整

	一年24小时暴雨径流	二年24小时暴雨径流
开发前之暴雨径流率（cfs）	1,815	2,556
开发前之暴雨径流量（cfs）	156,817	220,806
开发后之暴雨径流率（cfs）	3,163	4,453
开发后之暴雨径流量（cfs）	273,260	384,763

基地内设置雨水储留槽27,000 ft^3，但因二年24小时最大的暴雨径流量需达到384,763 ft^3，本案例基地所需容纳的暴雨量仍不足163,957 ft^3，暴雨径流率为4,453 cfs，但开发后的暴雨径流率仍大于开发前，故无法符合此项要求。

在水质的控制方面，目的在于减少泥沙、施工车辆油污、废弃物等污染物被大雨冲入河川，对水体及水路造成污染与破坏，使水中生物受害、危及物种生存。施工区域的排水沟须能减缓水流、减低水流速度、导入滞洪池及沉砂池内，将泥沙沉降在基地内。

具体做法为实施暴雨管理计划，设置基地内保水设施，容纳并处理90%的年降雨量，并须去除80%总悬浮固体物（Total Suspended Solids, TSS）。暴雨管理计划应包含：分析水流分布状况、减缓侵蚀流量及流速的方法、去除污染物方式，以及采用简易方式进行沉降，例如设置截水沟、沉砂池（固体污染物＋减缓流速＋沉淀泥沙）、滞洪池、阴井设计等处理设备[1-8, 1-9]。

基地开发初期即设计临时性的保水措施、导水沟、简易滞洪池等，将基地内的施工废水及暴雨收集、沉降，再利用于施工车辆离开厂区的清洗、道路清洁与景观浇灌。永久性设计可采用非结构性或结构性的贮留方式，减缓暴雨流出基地的污染物。非结构性的设施包括植生水塘、分区切割的不透水铺面，以及高比例的透水铺面等。结构性的设施乃是利用外加工法，提供暴雨吸纳量以减少污染物的排放，减轻对环境的冲击，包括雨水储槽、水沟人孔、滞洪池等。非结构性的设施则不需太多的工程及维护，设置成本较低。结构性的设施适合在基地腹地小、硬铺面比例高的区域，可以在较短时间内，收集暴雨、迅速沉降泥沙，再排放至公共沟渠。

厂房工地最大的污染来源为泥沙，滞洪池及沉沙池的设置为最简易且可行的最佳设计方式。但因美国LEED要求需将工地暴雨中的总悬浮固体物去除80%后放流，才可获得此项得分，若以最小成本考虑，暴雨在基地内的滞留时间及设置容量就须特别考虑，以符合要求[1-10, 1-11]。接着，台积电介绍几种常用去除总悬浮固体物的处理方法，提供新建厂房设计参考。

入渗池、入渗沟渠：总悬浮固体物去除率在50%～100%，利用雨水入渗率来减少地表雨水径流量并过滤水中悬浮物。

透水铺面：总悬浮固体物去除率在60%～90%，透水铺面的去除效率与渗透率及储存体积有关，设计时必须慎重考虑。

砂滤：总悬浮固体物去除率在60%～90%，利用充填的滤料过滤，以去除雨水中的沉积物及其他污染物。

干式滞洪池：去除率在50%～90%，平常为干涸状态，下雨时容纳大部分水量，好天气时再慢慢使用于景观浇灌或放流至基地外。

湿式滞洪池：去除率在50%～90%，经年在池内保持一定水量，如同池塘或小湖泊，下雨时吸纳更多水量，可提供不同的自然景观，并与动植物共生。

表 1-14 暴雨处理机制的去除总悬浮固体物效率

处理机制	总固体物（TS）去除率	总悬浮固体物（TSS）去除率
入渗池	75%	50~100%
入渗沟渠	75%	50~100%
绿带	65%	40~90%
湿地	60%	20~40%
多孔性铺面	90%	60~90%
开放式格状铺面	90%	60~90%
砂滤池	80%	60~90%
进水水质	35%	10~35%
砂滤后之进水水质	80%	70~90%
干式滞洪池	45%	50~90%
湿式滞洪池	65%	50~90%

图 1-10 入渗池

- 道路排水孔
- 流入管
- 溢流道
- 溢洪管

图 1-11 入渗沟

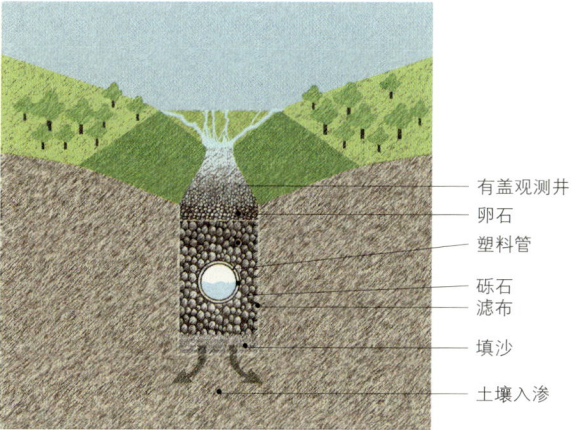

- 有盖观测井
- 卵石
- 塑料管
- 砾石
- 滤布
- 填沙
- 土壤入渗

第一章——基地永续发展 Sustainable Sites, SS

图 1-12　干式滞洪池 [1-11]

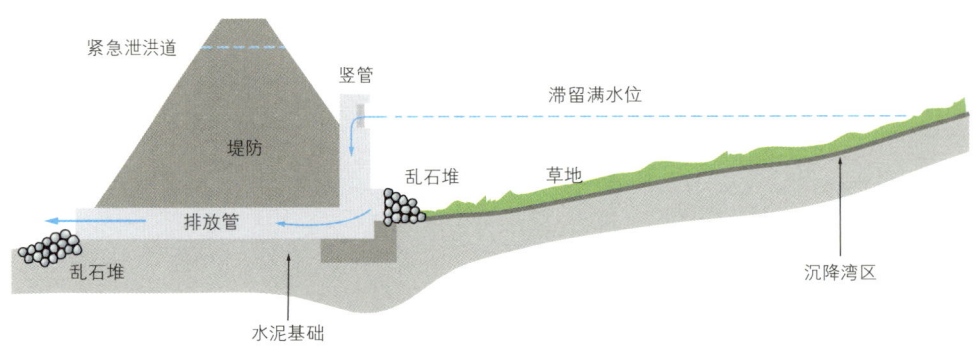

图 1-13　湿式滞洪池 [1-12]

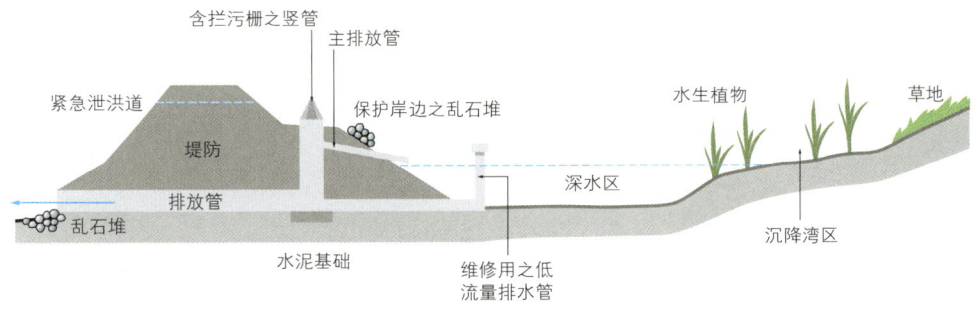

指标 7 ｜降低热岛效应（SS, C7.1 – C7.2）

热岛效应乃都市地区异常的温度上升，主要原因大多来自于高密度的人工建物所蓄积的太阳辐射热能，以及建筑物的空调设备排出的废热，造成都市散热降温不易、平均温度较郊区高的现象。热岛效应不仅对生态造成影响，也导致物种消失、增加暴雨径流的发生率，为满足室内的舒适环境，更加重建筑空调负荷量，造成恶性循环，严重影响人类与物种的生态平衡。

基地开发前,须考虑降低热岛效应的规划,减少对周遭环境的冲击。例如,预留大区域的绿化遮阴、减少硬铺面面积。LEED将热岛效应的项目分为非屋顶与屋顶(主建物与非建物)两类。非屋顶区域的应用手法,有以下两种:

选项一、基地之硬质敷地(hardscape)包含马路、人行道、庭院及停车场等,须有50%以上的绿化遮阴,下列项目可纳入遮阴区域面积计算(水平投影面积)。

1. 基地原生乔木及五年树龄以上的新植乔木,可作为遮阴的投影面积。
2. 附属遮阳及杂项遮阳的设施设置太阳光电发电系统,可提供遮阴及再生电力使用。
3. 建筑及结构附属设施的外遮阳材质,其太阳反射系数(Solar Reflectance Index, SRI)大于29。
4. 硬质敷地材质,其太阳反射系数大于29。
5. 采用50%以上透水率的铺面。

计算基地上所有非屋顶的硬质敷地面积(T)作为分母,累计上述五项的投影面积(Q)为分子,Q须大于T/2。SRI为材料反射太阳热量的数值,一般而言,数值愈高,表示材料在太阳照射下的表面温度愈低,蓄积热量愈少。

图 1-14 热岛效应图

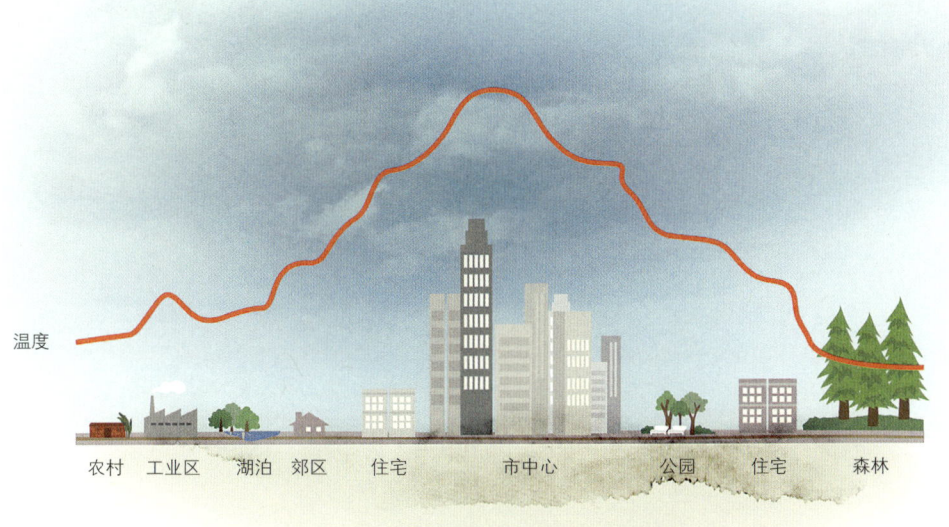

选项二、提供50%以上的结构性遮阴停车位,如地下室、平台下、顶篷下、室内等停车位。

遮阴的屋顶材质,须采用太阳反射系数大于29的材质、绿化设计或安装太阳光电发电面板。遮阴车位的百分比,是将遮阴区域的停车数量除以基地的停车位数量,计算其百分比,若大于50%,即取得此项评分点数。

表 1-15 常见铺面材质的太阳反射系数

材质	放射率	反射率	太阳反射系数
新的灰色水泥	0.9	0.35	35
旧的灰色水泥（未清洗的表面）	0.9	0.2	19
新的白色水泥	0.9	0.7	86
旧的白色水泥（未清洗的表面）	0.9	0.4	45
新铺的柏油	0.9	0.05	0

图 1-15 透水铺面

〈文接第74页〉

[范例]

台积电绿厂房采用选项二，员工停车空间全面地下化，故结构性遮阴停车位近百分之百。下图说明停车区域的规划图面及对应位置。

图 1-16 停车区域的规划图及对应位置

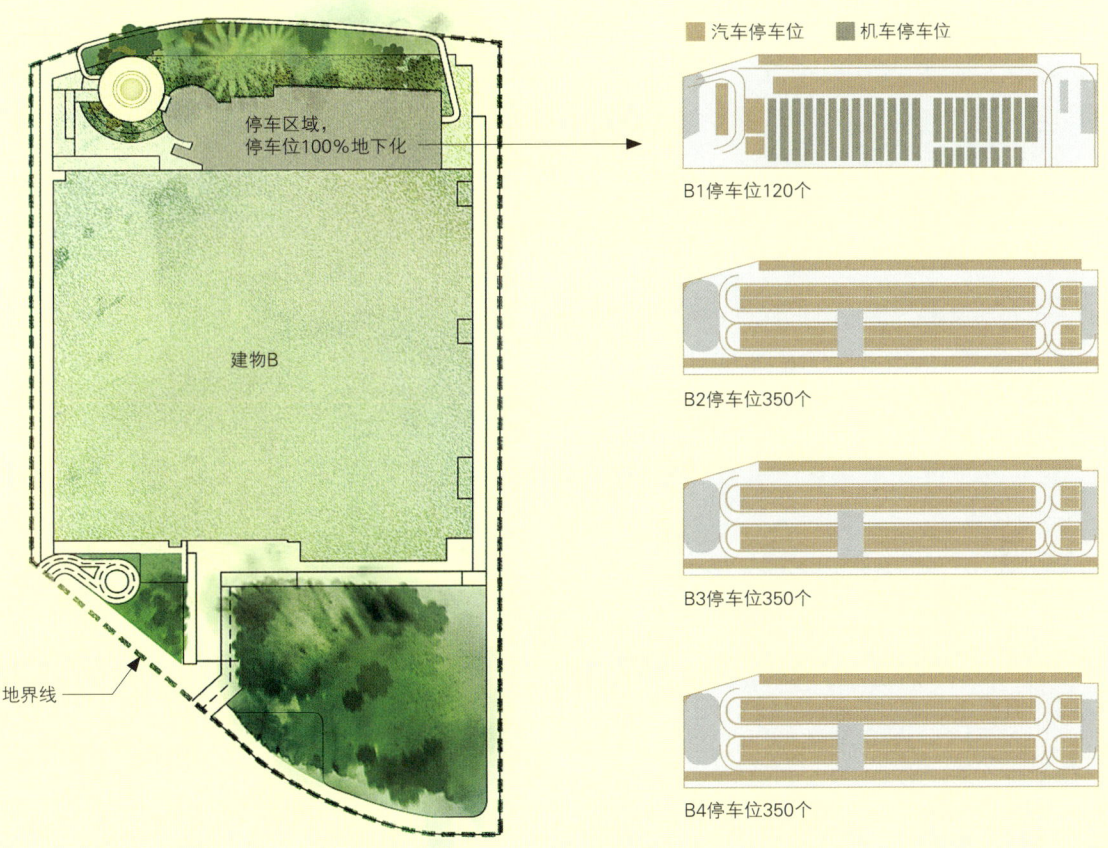

第一章──基地永续发展 Sustainable Sites, SS　73

屋顶区域的应用手法，有以下三种选项，可有效降低热岛效应。

选项一、75%以上的屋顶面积，采用高太阳反射系数的材质。 依照屋顶斜度的差异，材质的选择亦有不同，斜度愈大，材质的太阳反射系数可愈小。低斜度（≤2∶12）时，太阳反射系数需大于78；高斜度（＞2∶12）时，太阳反射系数需大于29。若屋顶材质的太阳反射系数低于以上的标准，LEED接受申请者增加采用面积，并依照下列公式计算是否符合标准：

$$\frac{实际采用 SRI 的屋顶面积}{总屋顶面积} \times \frac{实际采用的 SRI 值}{LEED 标准 SRI 值} \geqq 75\% \quad\quad (1\text{-}9)$$

选项二、设置50%以上的绿屋顶面积。 虽然，厂房设置绿屋顶的初设成本较高，却能大幅降低运转时期的能源消耗，减少开支。依照美国环保署针对加州及佛罗里达州十栋建筑物的调查，绿化的屋顶可有效节省建筑物20%～70%的能源花费。

选项三、混合上述二项的屋顶做法，计算如（1-10）式，总屋顶面积可扣除特定面积。 （包含装设于屋顶的机械设备、太阳能板及附属物面积）LEED在这个选项上，鼓励设置更多的绿屋顶的面积：

$$\frac{符合 LEED\ SRI 之屋顶面积}{0.75} \times \frac{绿屋顶面积}{0.5} \geqq 总屋顶面积 - 特定面积 \quad\quad (1\text{-}10)$$

若屋顶形式为低斜度、高斜度及绿屋顶混合方式，且SRI值不符合LEED标准，可依以下公式计算是否符合要求。

表 1-16

屋顶形式	斜率	SRI
低斜度	≤2∶12	78
陡斜度	＞2∶12	29

$$\frac{低斜度 SRI 之面积}{78 \times \dfrac{0.75}{实际采用之 SRI 值}} + \frac{高斜度 SRI 之面积}{29 \times \dfrac{0.75}{实际采用之 SRI 值}} + \frac{绿屋顶面积}{0.5} \geqq 总屋顶面积 - 特定面积 \quad\quad (1\text{-}11)$$

交付文件时，须提出详细的热岛效应防范做法，包含高反射面砖应用比例、绿屋顶面积计算及其安装详图以兹证明。

〈文接第77页〉

[范例]

台积电绿厂房采用选项一,设置白色金属屋凸以及高反射面砖屋顶。

图 1-17

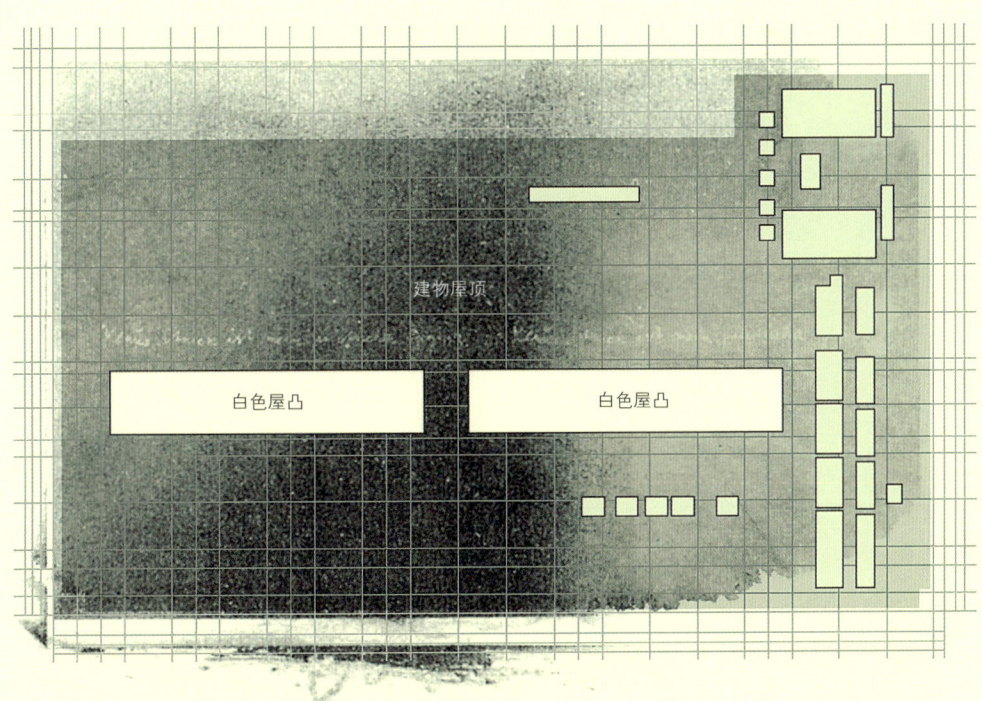

建物屋顶总面积＝19,000m²

白色金属屋凸面积＝2,000m²（SRI＝90）

高反射面砖面积＝15,000m²（SRI＝82）

设备基座面积＝1,500m²

符合高太阳反射系数的屋顶安装比例＝（15,000＋2,000）／19,000＝89.5%

表 1-17

制造SRI值品名	反射系数	辐射系数	SRI 值	屋顶斜度
白色水泥砖	0.73	0.9	90	低斜度
白色金属屋凸	0.67	0.9	82	低斜度

图 1-18　屋顶高反射面砖与绿屋顶安装图

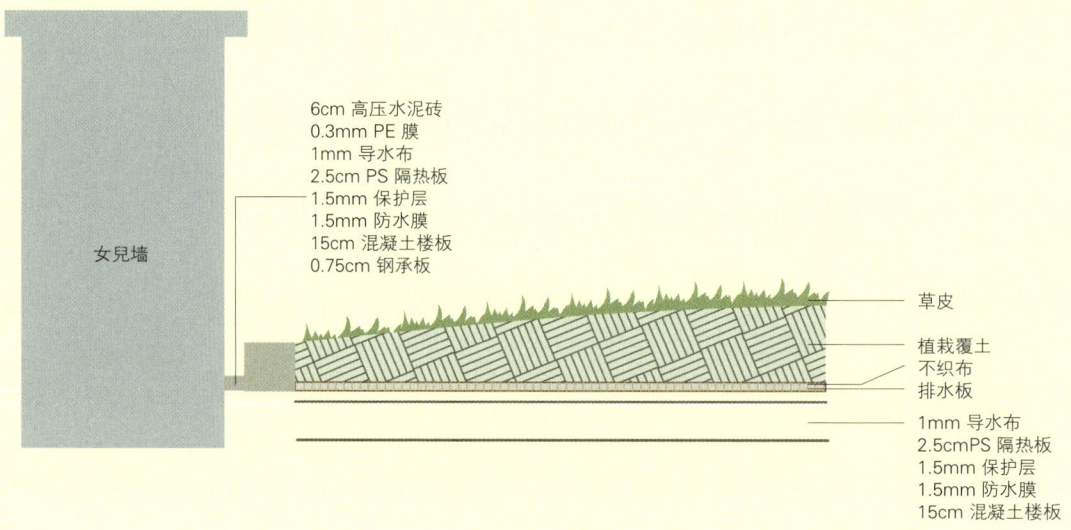

图 1-19　白色金属屋凸详图

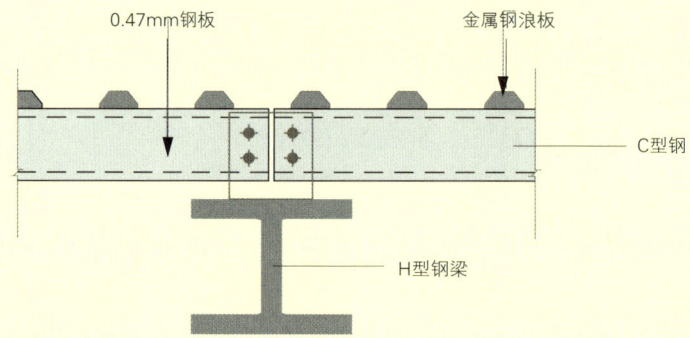

指标 8 ｜ 降低光害污染（SS, C8）

为减低建筑物内外部照明光害对动植物在夜间活动的干扰，在选择及安装灯具时，可参考下列说明。

室内照明部分，为减少灯光外泄，可采自动控制，或设置自动窗帘，于夜间十一点至隔天早上五点动作，将室内所有非紧急照明灯具关闭，或者关闭50%以上灯具。户外照明部分，仅在必要的安全区域设置照明灯具，外围区域的照度设计应小于美国冷冻空调协会ASHRAE 90.1规范[1-13]。专案并需符合北美照明工程协会（Illuminating Engineering Society of North America，IESNA）RP 33的区域定义及遵循户外照度的规范[1-14]。

暗照度区LZ1：国家公园、野生动物保护区之开发区域。户外照明最大设计照度在地界线需小于0.1 lux／m^2，所有灯具方向均须垂直向下，光线不得溢散至天空。

低照度区LZ2：住宅区。户外照明最大设计照度在地界线需小于1.1 lux／m^2，超过90度的光线（射向天空）不得大于2%。

中等照度区LZ3：商业区／工业区／高密度住宅区。户外照明最大设计照度在地界线需小于2.2 lux／m^2，距离地界线外4.6m处照度不得超过0.1 lux／m^2，溢散超过灯具90度的光线不得大于5%。

高照度区LZ4：主要市中心、娱乐区。户外照明最大设计照度在地界线需小于6.5 lux／m^2，距离地界线外4.6m处照度不得超过0.1 lux／m^2，溢散超过灯具90度的光线不得大于10%。

室内照明设计则可采取下列两种选项：

选项一、所有室内非紧急使用之灯具可借由软件程控，在下班时关闭50%以上的灯具，控制方式可使用定时器、物体传感器或程控器，亦可搭配手动的启停以操控下班后的照明时间。

选项二、适用于24小时运作的办公室。所有与户外相通的窗户必须有自动控制的遮蔽设施，可借由软件程控，在晚上十一点至隔天早上五点动作，以减少灯光外泄，遮蔽设施的材质其穿透率需小于10%。

表 1-18 ASHRAE 90.1 依建筑物形式的照明用电密度规范

建筑物形式	照明用电密度 W／m²
会议中心	12.92
法院	12.92
餐厅—酒吧／休闲区	13.99
餐厅—自助餐厅／快餐	15.07
餐厅—家庭	17.22
运动中心	10.76
体育馆	11.84
照护中心／诊所	10.76
医院	12.92
饭店	10.76
图书馆	13.99
工厂	13.99
电影院	12.92
集合住宅	7.53
博物馆	11.84
办公室	10.76

表 1-19 ASHRAE 90.1 依建筑物使用空间的照明用电密度规范

一般空间	照明用电密度 W／m²
密闭的办公室	11.84
开放式办公室	11.84
会议／讨论／多种用途	13.99
教室／演讲／训练	15.07
监狱	13.99
大厅	13.99
饭店	11.84
表演剧场	35.52
电影院	11.84

表 1-20 LEED 户外照明用电密度规范

外围区域的照度规范	露天停车场	
	停车场	1.61W／m²
	地面	
	人行道小于3m	3.28W／每米长
	人行道大于或等于3m、广场、特别使用之场地	2.15W／m²
	外部楼梯	10.76W／m²
	建筑物出入口	
	主要	98.4W／米（门的面宽）
	其他	65.6W／米（门的面宽）
	顶蓬与屋凸	
	顶蓬	13.46W／m²
建物外围设施照度规范	建筑物立面	每一面墙2.15W／m²或16.4W／（每米长）
	自动提款机	每一地点270W，每增一个ATM再加90W
	警卫室	露天区域13.46W／m²

图 1-20 灯具设置示意图

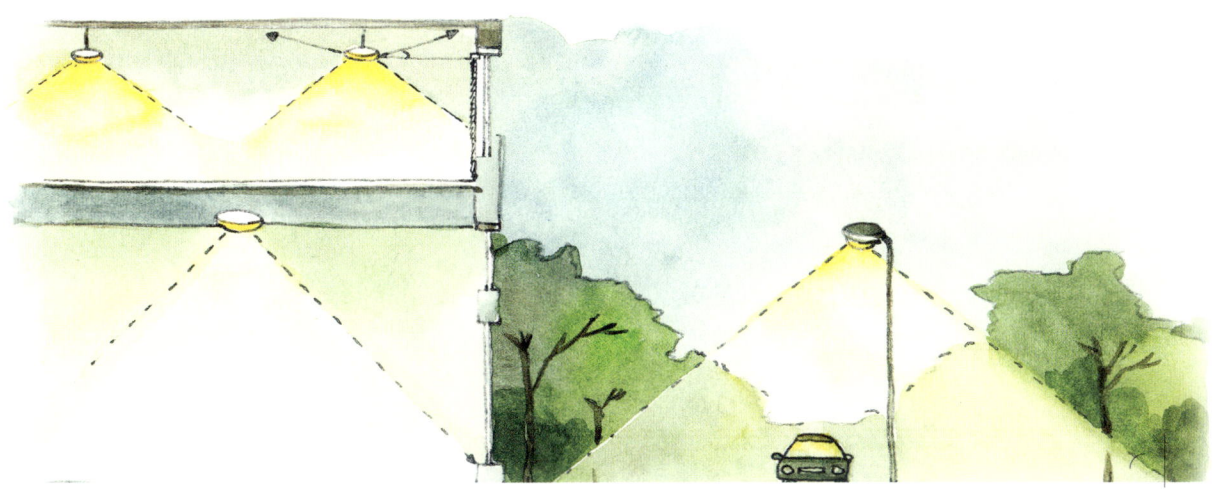

地界线

申请时需提供的相关资料有室内楼层灯具配置图、户外景观灯具规划图、室内外的电脑照度模拟分析,以及室内外灯具控制图及逻辑说明。

[范例]

表列专案使用的室内外灯具种类、形式、数量，主要灯具的资料包含配光曲线、灯管流明数、效率等，并提供室内外的照明配置图、照度模拟分析。若系统有自动控制，须提供控制图与逻辑说明，以利夜间将不必要的灯具关闭。

表 1-21 灯具形式与种类

项目	形式说明	制造商及型号	灯管规格	备注
1	截光的路灯（cut-off）	HPS 灯具 WF-TM1A3557 / SON-T 150W, 277V	SON-T 150W	6米路灯
2	景观灯	地坪灯, ER-137,PLC 26W, 277V,H:70CM	PLC 26W	脚踏车停车区庭园灯
3	景观灯	人行道灯具 ER-136,PLC 26W, 277V,H:50CM	PLC 26W	庭园灯
4	崁入式PLC灯具	阶梯侧灯 ER-AF4053,PLC 26W, 277V	PLC 26W	走道侧灯
5	悬吊下照式灯具	MBS145 / 150TD, MHN-TD150W,277V	MHN-TD150W	雨庇灯具
6	风光型LED路灯	TAR-N-C12-36	36W 高功率 LED	4.5米 LED灯
7	T-Bar式 T8 荧光灯	GELM300 TR / 338EB 2×38W	Polylux×Lr BLS / E / 2×36W / T8	无尘室灯具
8	T-Bar式 T8 荧光灯	GELM300 TR / 338EB 4×38W	Polylux×Lr BLS / E / 4×38W / T8	无尘室灯具
9	T-Bar式 T5 荧光灯	EBAT-258 EB / 235EB	Polylux×Lr BLS / E / 2×35W / T5	非无尘室及机房灯具
10	T-Bar式 T5 荧光灯	EBAT-258 EB / 235EB	Polylux×Lr BLS / E / 2×58W / T5	非无尘室及机房灯具

LEED对户外照明灯具设计相当注重，每一区域需符合照明用电密度的要求，如表1-22。台积电绿厂房因基地位于科学园区内，为中等照度区LZ3，选择的所有灯具照向天空的总流明数，必须小于总灯具流明数的5%，此数据须由灯具型录或询问厂商取得，如表1-23。

表 1-22 照明用电密度计算

位置	单位	面积（m^2）	专案实际照明用电密度（LPD）	ASHRAE 规范之照明用电密度（LPD）	LEED规范之照明用电密度（LPD）
南侧景观区域	W/m^2	3,840	0.63	2.15	1.075
东侧大于3米通道	W/m^2	3,313	0.41	2.15	1.075
西侧大于3米通道	W/m^2	1,436	0.76	2.15	1.075
北侧景观区域	W/m^2	5,603	0.15	2.15	1.075

表 1-23 照向天空流明数计算

灯具形式	安装的灯具数量	每盏灯具的灯管流明数	最低点算起大于90度的灯具流明数	总灯具流明数	大于90度的总灯具流明数
4.5米风光型LED路灯	3	2,280	0	6,840	0
6米150瓦路灯	18	16,500	0	297,000	0
26瓦70厘米高景观灯	52	1,800	1	93,600	52
26瓦50厘米高景观灯	16	1,800	2	28,800	32
悬吊下照式灯具	11	12,900	1	141,900	11
总计				568,140	95
照向天空流明数之百分比　0.02% < 5%					

图 1-21 照明灯具形式型录及配光曲线图

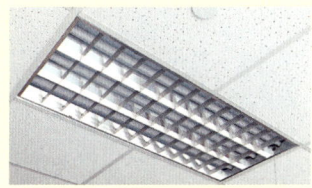
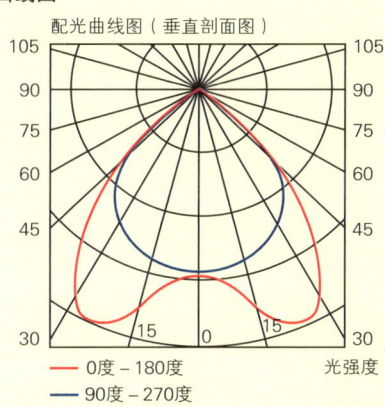
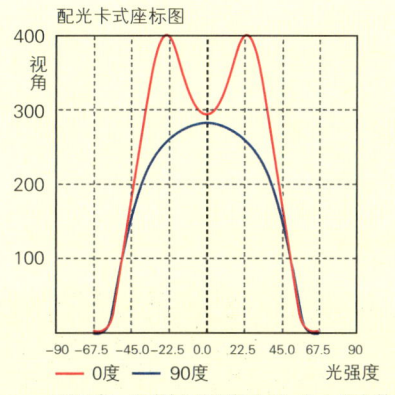

光强度：光束每1000流明（lm）之烛光数（cd）

图 1-22 室内照度模拟结果

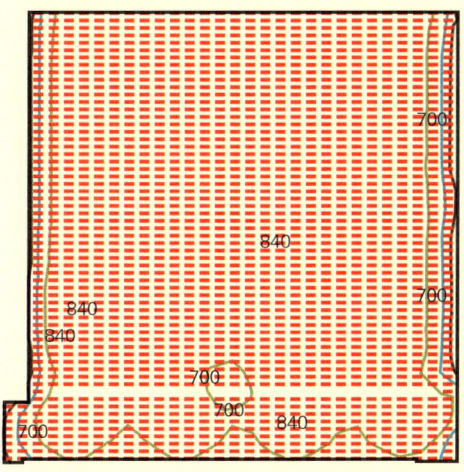

第一章——基地永续发展　Sustainable Sites, SS

图 1-23　灯光控制逻辑图

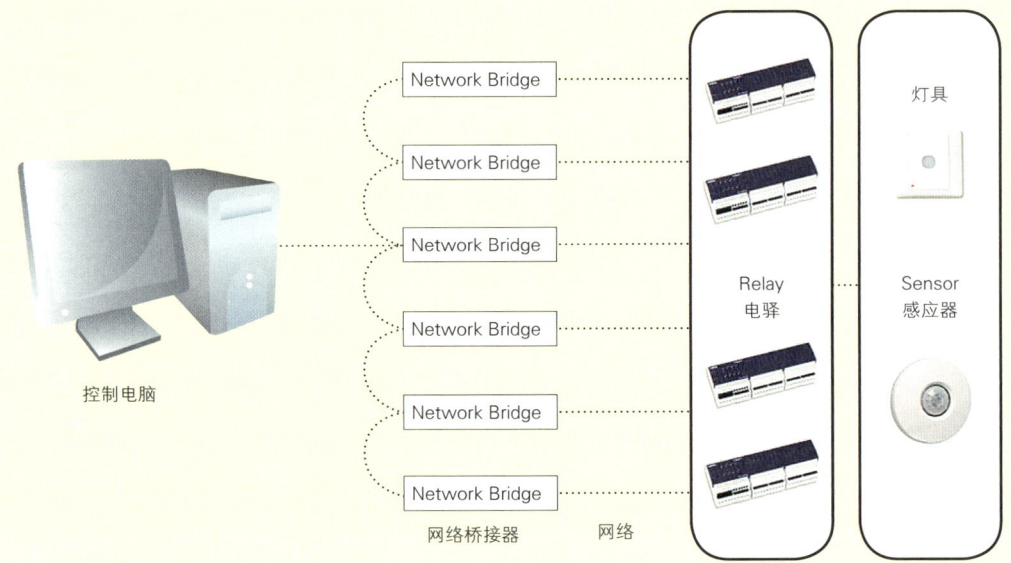

图 1-24　户外照度模拟结果

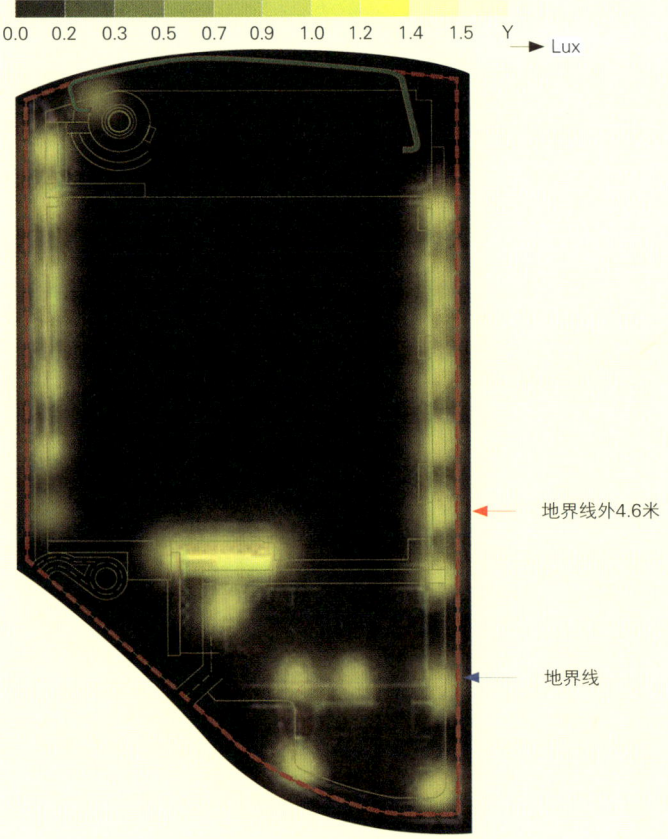

2

用水效能
Water Efficiency, WE

指标		项目	LEED 3.0 版
			10分
必要指标1	WE P1	生活用水减量20%	必要条件
指标 1	WE C1.1	景观浇灌用水 – 减量50%	2~4
	WE C1.2	景观浇灌用水 – 不使用自来水或不浇灌	
指标 2	WE C2	创新的废水回收及省水新技术	2
指标 3	WE C3.1	生活用水减量 – 30%	2~4
	WE C3.2	生活用水减量 – 35%	
	WE C3.3	生活用水减量 – 40%	

根据联合国教科文组织的统计，台湾是全球排名第十八的缺水地区，水资源极度缺乏。尽管年平均雨量达2,500毫米以上，远高于全球平均值2.5倍，雨水看似充沛但大都集中在夏季，加上河川短窄、地形陡峭，蓄水量不足，长期面临缺水危机。

高科技产业是台湾重要的经济发展支柱，半导体产业在制程上需使用大量纯水进行清洗步骤，因此，晶圆厂房在用水设计上，除了检讨用水量的合理性之外，必须提高用水效率、回收废水再利用、减少对自来水用量的依赖，作为用水效能的主要目标。一幢有节水观念的厂房或建筑物，不但能减少用水量、提高回收水的再利用比率，甚至具备新水源（New Water）的开发能力。

在用水效能的评估方面，LEED鼓励通过新科技及节水器材，开源节流双管齐下，减少生活用水的消耗；一般而言，正确选用节水器材都能达到低成本、高成效。另外，雨水、中水的回收再利用，特别对耗水量大的厂房或建筑物来说，帮助更大，也是重要的节水手法。LEED的用水效能评估涵盖了景观浇灌用水、创新的废水回收及省水新技术，以及生活用水三大面向，并将"生活用水减量20%"订为必要指标，以减少水资源浪费。

建筑物生活用水是以美国能源部在1992年及2005年发布的能源政策法案中"办公室用水标准"[2-1, 2-2]为准则，来计算建筑物安装的卫生器具如马桶、小便斗、厕所水龙头的用水量是否低于基准值20%以上。

必要指标1 ｜ 生活用水减量（WE, P 1）

为达到20%自来水减量的目标，首先，要先将每日用水量算出。第一步就是将建筑物的人员进驻人数计算出来。进驻建筑物的全时相当人数（FTE），包含全时工作者、兼差工作者、访客及住户。计算步骤如下：

步骤一，将全时工作者的人数乘以时数，得出总时数为$A \times B$；兼差工作者的人员数乘以时数，得出总时数$C \times D$；访客的人员数乘以时数，得出总时数$E \times F$；住户的人员数乘以时数，得出总时数$G \times H$。将$(A \times B + C \times D + E \times F + G \times H) / 8$，即为全时相当人数。

表 2-1 全时相当人数计算表

	全时工作者	兼差工作者	访客	住户
人员数	A	C	E	G
停留时数	B	D	F	H
总时数	=A×B	=C×D	=E×F	=G×H
全时相当人数	=（A×B+C×D+E×F+G×H）/8			

步骤二，将全时相当人数区分为男性与女性，再由LEED定义之不同性别的如厕使用习惯，找出每人使用次数，如下页表所示：

表 2-2 洗手间使用次数表

器具形式		全时相当人数	访客	销售员	住家
		每天使用次数			
马桶	女性	3	0.5	0.2	5
	男性	1	0.1	0.1	5
男性小便斗		2	0.4	0.1	—
厕所水龙头		3	0.5	0.2	—
莲蓬头300秒间隔（住家480秒）		0.1	0	0	1
厨房洗涤槽	15秒间隔	1	0	0	—
	60秒间隔（住家）	—	—	—	4

步骤三，依照人数、使用行为、用水器具的耗水量（参考下表的"日常用水器具的基准用水量"），就可以计算出每日用水量。计算时，必须以夏天七月份的用水量为准。再与LEED基准值做比较，得出省水百分比。如果有采用回收水或雨水冲厕，可再扣除这些用水量。

表 2-3 日常用水器具的基准耗水量

项目	商业用				住宅用			
	马桶	小便斗	厕所水龙头	餐馆的洗菜喷雾阀件	马桶	厕所水龙头	厨房水龙头	淋浴莲蓬头
基准用水量	每次冲水1.6加仑	每次冲水1加仑	医院及旅馆房间：在60psi下每分钟2.2加仑 其他地方：在60psi下每分钟0.5加仑 有装水表的水龙头：每次0.25加仑	流量小于1.6gpm	每次冲水1.6加仑	在60psi下每分钟2.2加仑	在60psi下每分钟2.2加仑	在80psi下每分钟2.5加仑

注：1加仑≈3.785公升，全书同

表 2-4 各类用水器具的耗水量

冲洗器具	流量（GPF）
传统水龙头	1.6
单次冲水的重力型高效率马桶	1.28
单次冲水的压力式高效率马桶	1.0
两段式冲水的高效率马桶	1.6
泡沫冲水的高效率马桶	0.05
传统小便斗	1.0
高效率小便斗	0.5

表 2-5 LEED基准 - 各类用水器具使用次数及冲水量

器具形式	性别	每人每日使用次数	冲水量（GPF）
传统式水龙头	男性	1	1.6
传统式水龙头	女性	3	1.6
传统式冲水马桶	男性	2	1.6
传统式冲水马桶	女性	3	1.6
传统式小便斗	男性	2	1
免冲水小便斗	男性	2	0

LEED对于生活用水的使用对象，多指一般住家或商业办公室，针对制程用水量较大的厂房则未有明确规范。台积电相当重视节水效益，在制程用水、空调冷凝水、雨水的回收上都有显著的成效，除了思考如何节省生活用水与景观浇灌用水之外，工厂制程用水的回收最大化更是一大挑战。〈文接第94页〉

[范例]

此评估项目的申请流程是，先算出全时相当人数、基准案例冲厕用水量，以及专案冲厕用水量。台积电全数使用空调冷凝水作为冲厕用水，所以节水百分比为100%。最后，须附上所使用的浴厕产品型录以兹证明。

表 2-6　全时相当人数 FTE 计算

作业形态		人数	每天工作时数	总工作小时 人数*工作小时	FTE人数 每人8小时
工作人员		150	12	1,800	225.00
部门1	工程师1	16	6	96	12.00
	工程师2	8	1	8	1.00
部门2	工程师1	549	4	2,196	274.50
	工程师2	29	1	29	3.63
总计FTE人数					516

区分出建筑物使用者的男女比例，各为女性283，男性233人。

表 2-7　LEED 基准 - 冲厕用水量（依照 EPAct 1992 年及 2005 年）

器具形式	性别	人数	冲水量（GPF）	使用的百分比	每人每日使用次数	年用水量（Gal / year）
传统式冲水马桶	女性	283	1.6	100%	3	495,816
传统式冲水马桶	男性	233	1.6	100%	1	136,072
传统式小便斗	男性	233	1	100%	2	170,090

基准案例冲厕用水量　　　　801,978 加仑/年

表 2-8　专案 - 冲厕用水量（依照购买的器具用水量）

器具形式	性别	人数	冲水量（GPF）	人数占比	每人每日使用次数	年用水量（Gal / year）
二段式冲水马桶, 大水量	女性	283	1.6	33%	3	163,619
二段式冲水马桶, 小水量	女性	283	0.8	67%	3	166,098
二段式冲水马桶, 大水量	男性	233	1.6	100%	1	136,072
低流量小便斗	男性	233	0.8	100%	2	136,072

专案冲厕用水量　　　　601,862 加仑/年

在计算所有日常用水量时，应包含冲厕及水龙头、淋浴用水。用前述方式先算出基准案例的冲厕用水量、水龙头用水量，再算出专案的冲厕及水龙头用水量，即可算出节水百分比。

表 2-9 LEED 基准 - 冲厕用水量计算（每人每日使用次数为固定值）

器具形式	性别	人数	冲水量（GPF）	人数占比	每人每日使用次数	年用水量（Gal/year）
传统式冲水马桶	女性	283	1.6	100%	3	495,816
传统式冲水马桶	男性	233	1.6	100%	1	136,072
传统式小便斗	男性	233	1	100%	2	170,090

LEED基准-冲厕用水量　　801,978 加仑/年

表 2-10 LEED 基准 - 水龙头用水量计算（每人每日使用次数为固定值）

器具形式	人数	流量（gpm）	每次时间（秒）	每人每日使用次数	年用水量（Gal/year）
洗手龙头	516	2.5	15	3	353,138
厨房水龙头	516	2.5	15	1	117,713
警卫室水龙头	10	2.5	15	1	2,281

LEED基准水龙头用水量　　473,131 加仑/年

LEED基准年总用水量　　1,275,109 加仑/年

表 2-11 专案冲厕用水量计算

器具形式	性别	人数	冲水量（GPF）	人数占比	每人每日使用次数	年用水量（Gal/year）
二段式冲水马桶, 大水量	女性	283	1.6	33%	3	163,619
二段式冲水马桶, 小水量	女性	283	0.8	67%	3	166,098
二段式冲水马桶, 大水量	男性	233	1.6	100%	1	136,072
低流量小便斗	男性	233	0.8	100%	2	136,072

专案冲厕用水量　　601,862 加仑／年（全数使用回收的空调冷凝水）

表 2-12 专案水龙头用水量计算

器具形式	人数	流量（gpm）	每次时间（秒）	每人每日使用次数	年用水量（Gal/year）
低流量洗手龙头	516	1.3	15	3	183,632
低流量厨房水龙头	516	1.3	15	1	61,211
低流量警卫室水龙头	10	1.3	15	1	1,186

专案水龙头用水量　　　　　　246,028 加仑／年

专案年总用水量　　　　　　　8246,028 加仑／年

与LEED基准比较节水百分比　　　　80.7%

图 2-1 水龙头照片及耗水量说明

选用的省水器材符合省水标章及环保标章之规范

省水标章：经工业技术研究院检测符合标准的产品，"经济部"水利署即颁发省水标章证书。消费者选购合格的省水器材，即能在不影响原用水习惯的情况下，达到节约用水的目的。

环保标章：由"行政院环保署"颁发给经严格审查、在各类产品项目中环保表现最优良的前20%～30%的产品。象征"可回收、低污染、省资源"的环保理念。

Caesar
Infrared Auto Faucet for Lav.
Model：A713
Flow Rate：5LPM（1.3GPF）

HCG
Faucet for Pantry
Model：KF3555E
Flow Rate：5LPM（1.3GPF）

第二章——用水效能 Water Efficiency, WE

指标 1 ｜ 景观浇灌用水（WE, C1.1 – C1.2）

绿厂房在景观设计之初，即将建筑物屋顶或地面回收的雨水，经由沉砂、拦污与过滤处理后，进入雨水贮留槽，可作为供应景观浇灌用水与生态池的水源。浇灌方式可采用喷灌或滴灌。同时，设置雨水感知器，下雨时即停止浇灌动作，以提升浇灌效率，减少不必要的浪费。

一般而言，大部分的雨水回收槽都是水泥铸造而成，最新的雨水回收槽材质则采用由100%的回收聚丙烯（Recycled Polypropylene）制作而成的雨水积砖。除了达到资源有效再利用，也因为组件轻量化、施作简易，大幅缩短40%以上的工程时间。台积电厂区的回收雨水，来自面积达185,000平方米的厂房屋顶，相当于3.4个台北市中山足球场的大小，每年可回收约10,000吨雨水。

台湾位处亚热带，属海岛型高温高湿气候，而制程对厂房无尘室的要求极高，须保持恒温恒湿状态，为此，需设置大量的外气空调箱。外气空调箱在除湿过程所产生的冷凝水，更可成为厂房回收水的一大来源。以台积电为例，平均一个厂房每天可回收约100吨干净的冷凝水。这些回收冷凝水的运用范围相当广泛，例如冷却水塔、湿式洗涤塔及制程用水等补充水源。若遇到降雨量不足时，回收冷凝水还能支持景观浇灌用水，将回收水源的效益达到最高。加上制程用水采用分流技术，分成25种废水回收再处理，回收达85%以上，每年，台积电单一厂区就能减少55%的自来水用量。

针对景观用水的节水百分比计算，首先专案设计人员依据基地特性，利用下表不同植栽树种的"植栽种类参数表"，以及专案的景观栽种形式，选择各参数的低、中、高系数。然后，找出适当的物种系数Ks、密度系数Kd、微气候系数 Kmc，再算出景观系数K_L。

$$K_L = K_s \times K_d \times K_{mc} \quad\quad\quad\quad\quad\quad\quad\quad\quad\quad\quad\quad\quad\quad\quad\quad\quad\quad\quad\quad\quad\quad\quad\quad\quad\quad\quad\quad\quad\quad\quad\quad\quad\quad\quad\quad (2\text{-}1)$$

景观系数KL：经由蒸发散的水量损失，与种植的植物种类、植物密度、微气候有关。
物种系数Ks：不同植物种类所需水量差异，数值约0.1～0.9，愈不需浇水之植物Ks愈小。
密度系数Kd：种植的植物数量与树叶覆盖面积，种植稀疏的区域其蒸发散量速率较种植密集区域为低，Kd数值约0.5～1.3。
微气候系数Kmc：与气候的温、湿度、风力等气候条件有关，蒸发潜势愈高，Kmc也愈高，例如吸垫、反射表面及高风速之座向，停车场因风速及温度之上升，其Kmc可当作1.0。数值约0.5～1.4。

表 2-13 植栽种类参数表

植栽种类	物种系数（Ks）			密度系数（Kd）			微气候系数（Kmc）		
	低	中	高	低	中	高	低	中	高
树木	0.2	0.5	0.9	0.5	1.0	1.3	0.5	1.0	1.4
灌木	0.2	0.5	0.7	0.5	1.0	1.1	0.5	1.0	1.3
地面披覆	0.2	0.5	0.7	0.5	1.0	1.1	0.5	1.0	1.2
上述三种混合	0.2	0.5	0.9	0.6	1.1	1.3	0.5	1.0	1.4
草皮	0.6	0.7	0.8	0.6	1.0	1.0	0.8	1.0	1.2

接下来，以七月份台湾最热天气数值为计算基准，找出基地的基础蒸发散量ET_0，利用LEED公式算出景观植栽蒸发散量ET_L（蒸发与蒸散作用的总合）[2-3, 2-4]。

$$ET_L \text{景观植栽蒸发散量} = ET_0 \text{基础蒸发散量} \times K_L \quad \text{(2-2)}$$

表 2-14 台湾南部测站基础蒸发散量 ET_0

测站名称	基础蒸发散量ET_0（mm/day）
阿里山	2.15
嘉义	3.93
玉山	2.35
台南	4.12
高雄	4.17
恒春	4.22

再者，是浇灌方式的选定。常见的方式有喷灌和滴灌，浇灌效率IE（Irrigation Efficiency）分别为0.625及0.9。若浇灌经由自动控制，可依省水比例决定控制器效率CE（Controller Efficiency），计算专案可回收的水量，包含雨水、中水、处理后的回收废水等。

雨水需依照降雨量及降雨频率，中水及回收废水须有足够储水槽及模式来预估水量。接着，计算出专案浇灌总用水量TWA（Total Water Applied）及总自来水用水量TPWA（Total Potable Water Applied），计算公式如下：

$$\text{专案TWA（gal）} = (\text{面积(sf)} \times (ET_L(\text{in}) / IE)) \times CE \times 0.6233 \, \text{gal}/\text{sf}/\text{in} \quad \text{(2-3)}$$

图 2-2 七月份台湾平均之基础蒸发散量

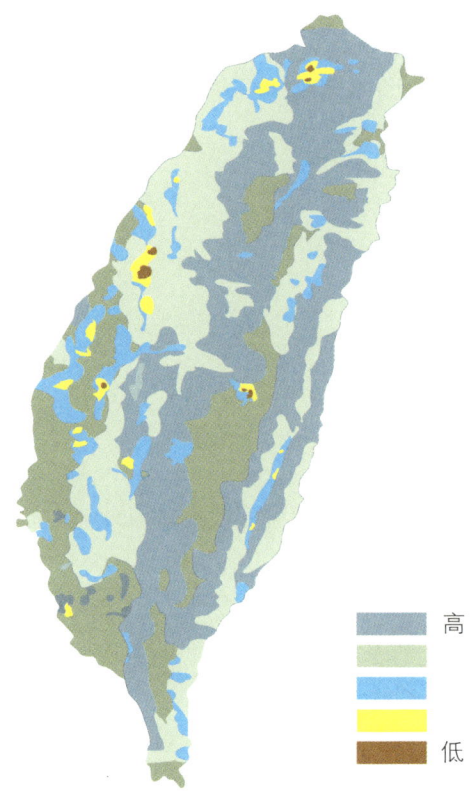

高

低

图 2-3 喷灌

图 2-4 滴灌

专案 TPWA（gal）= TWA（gal）- 回收使用水量（gal） ....(2-4)

接着，计算基准案例的耗水量。基准案例的参数 Ks、Kd 及 IE 均预定为传统器具的平均值，Kmc 及 ET_0 必须跟专案相符，计算出基准案例的总用水量 TWA。

基准案例 TWA（gal）=（面积(sf) × (ET_L(in) / IE)）× 0.6233 gal / sf / in ....(2-5)

表 2-15 基准案例的参数

植栽种类	Ks	Kd
乔木	0.5	1
灌木	0.5	1
混合型	0.5	1.1
草坪	0.7	1
地被植物	0.5	1

最后，就可以算出浇灌用自来水的减量百分比：

自来水减量百分比（%）=（1 - 专案TPWA / 基准案例TWA）× 100 ....(2-6)

若自来水减量百分比等于100%，就要再计算所有用水的减量百分比：

所有用水减量百分比（%）= 1 -（（专案TWA / 基准案例TWA））× 100 ....(2-7)

指标 2 ｜ 创新的废水回收及省水新技术（WE, C2）

建筑节水的设计中，选用省水卫生器具是最直接、有效的方法。过去，由于建筑物用水设计不当，加上水费偏低、老百姓用水习惯普遍不良，民生用水量长期偏高。根据统计，每户家庭卫浴厕所的用水比例占总用水量的五成，无形中浪费许多资源，若改采省水器具，可以达到更高的改善效益。

〈文接第99页〉

[范例]

台积电新竹地区绿厂房专案，总植栽面积19,753平方米，种类分为乔木、灌木、混合草坪及地被植物，$ET_0 = 4.96$，浇灌采用洒水方式，$IE = 0.625$。

表 2-16 专案总耗水量计算

植栽种类		面积（m²）	面积（ft²）	Ks	Kd	Kmc	$K_L = K_s \times K_d \times K_{mc}$	ET_0	$ET_L = ET_0 \times K_L$	IE	TWA（gal）
基地景观	树木	1,555	16,738	0.2	1.0	1.4	0.28	4.96	1.389	洒水	23,183
	混合	13,473	145,023	0.2	1.1	1.4	0.31	4.96	1.528	洒水	220,947
	草坪	833	8,966	0.6	1.0	1.2	0.72	4.96	3.571	洒水	31,934
屋顶	地被植物	984	10,592	0.2	1.0	1.2	0.24	4.96	1.190	洒水	12,574
	草坪	2,908	31,302	0.6	1.0	1.2	0.72	4.96	3.571	洒水	111,481
总面积		19,753	212,621								
										TWA总计（gal）	400,118
										7月回收水量（gal）	− 400,118
										净GPWA（gal）	0

七月份回收水量可全数供应浇灌之用，无须使用自来水。

LEED基准参数Ks、Kd及IE均为传统器具的平均值，Kmc及ET_0必须跟专案相符，若专案有采用低耗水的植栽取代高耗水植栽，可在基准案例中区分说明，但总面积须相同。

表 2-17 基准案例的耗水量计算

植栽种类		面积（m²）	面积（ft²）	Ks	Kd	Kmc	$K_L = K_s \times K_d \times K_{mc}$	ET_0	$ET_L = ET_0 \times K_L$	IE	TWA（gal）
基地景观	树木	1,555	16,738	0.5	1.0	1.4	0.70	4.96	3.472	洒水	57,956
	灌木	2,476	26,652	0.5	1.0	1.3	0.65	4.96	3.224	洒水	85,691
	混合	997	10,732	0.5	1.0	1.2	0.60	4.96	2.976	洒水	31,851
	草坪	10,833	116,606	0.7	1.0	1.2	0.84	4.96	4.166	洒水	484,508
屋顶	地被植物	984	10,592	0.5	1.0	1.2	0.60	4.96	2.976	洒水	31,435
	草坪	2,908	31,302	0.7	1.0	1.2	0.84	4.96	4.166	洒水	130,061
总面积		19,753	212,621								
										净GPWA（gal）	821,502

专案的TPWA（gal）= TWA（gal）− 回收水（gal）= 0
自来水减量百分比（%）=（1 − 专案TPWA / 基准案例TWA）× 100 = 100%
所有用水减量百分比（%）= 1 −（专案TWA / 基准案例TWA）× 100 = 51.29%

近年来，在"经济部"的鼓励下，市面上不断推出符合"省水标章"的相关用品，常见的省水器具包括新式水龙头与节水型水栓、省水马桶、两段式马桶、省水淋浴器具、自动化冲洗感知系统等。

WE C2 评分项目鼓励大家积极利用雨水贮集系统或中水回收，将雨水与中水循环再利用，这是开源；另外，在建筑设计上全面采用省水器具进行节流，可减少50%以上的自来水用量，此为节流。此项评分点数的比较基准系依据1992年及2005年的"美国能源政策法案"（EAPct）的用水量标准。

雨水贮集供水系统，指的是将雨水以天然地形或人工方法予以截取、储存，经过简单净化处理后，作为生活杂用水的来源。雨水再利用也可作为民生用水的备用资源、消防用水的储备水源，或支持都市尖峰用水量之不足，都能发挥相当的成效。

中水指的是将生活污水汇集，经过处理、达到规定的水质标准后，即可使用。平均来说，厕所冲水占家庭总用水量的50%，如能全面改用中水作为厕所用水，省水效果甚为可观。

台积电厂房最大的水量消耗来自于制程生产过程中的晶圆清洗，依照制程排放的水质，将废水分类回收至不同的处理系统，再运用先进的净水技术提高水源回收再利用比率，已有效降低自来水用量达55%以上。

指标3 ｜ 生活用水减量（WE, C3）

在生活用水量的改善方面，LEED针对用水减量达30%、35%和45%以上的申请案，分别给予2分、3分及4分的鼓励。

范例请参考WE P1之说明，台积电厂房总用水量节省80.7%，可获得4分。

[范例]

区分男女生人数，计算每人冲厕使用的用水量，并与LEED基准量比较其节水百分比，同时提供相关马桶及小便斗的型录，以说明用水量。男女生比例建议采美国一般正常比例，各为一半，减少评审委员之疑虑。

表 2-18 工厂全时相当人数

总数	516
男性	233
女性	283

LEED基准案例的年冲水量　801,978 加仑／年
专案的年冲水量　　　　　601,862 加仑／年
制程用水回收量　　　　　601,862 加仑／年
基地的年冲水量　　　　　0 加仑／年
减少自来水使用百分比　　100%

表 2-19 LEED 基准案例冲厕用水量

器具形式	性别	冲水量（GPF）	每人每日使用次数
传统式马桶	女性	1.6	3
传统式马桶	男性	1.6	1
传统式小便斗	男性	1.0	2
使用天数			365天
LEED基准案例的年冲水量			801,978加仑

表 2-20 专案冲厕用水量

器具形式	性别	马桶形式	冲水量（GPF）	使用的百分比	每人每日使用次数
二段式冲水马桶　全流量	女性	C106Adb　C54384KAdb	1.6	33%	3
二段式冲水马桶　低流量	女性	C106Adb　C54384KAdb	0.8	67%	3
二段式冲水马桶　全流量	男性	C106Adb　C54384KAdb	1.6	100%	1
低流量小便斗	男性	U289	0.8	100%	2
使用天数					365天
专案的年冲水量					601,862加仑
厂房使用的冲厕用水全数采用空调冷凝回收水供应					

图 2-5 马桶及小便斗照片与耗水量说明

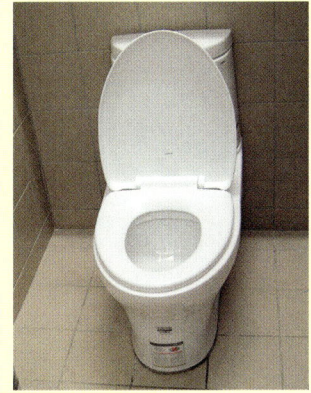

Caesar
Dual-flush Water Toilet
Model：CF 1337
Full-flush：6LPF（1.6GPF）
Low-flush：3LPF（0.8GPF）

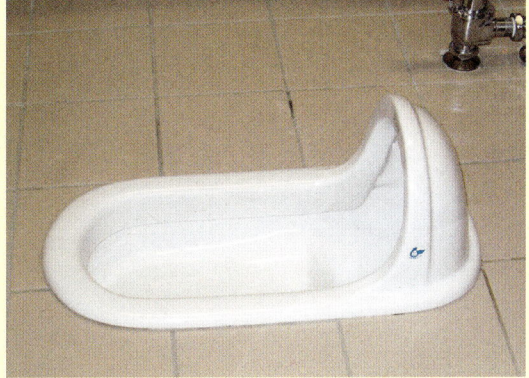

Caesar
Dual-flush Squat Toilet
Model：C1230/BF449D
Full-flush：6LPF（1.6GPF）
Low-flush：3LPF（0.8GPF）

TOTO
Low-Flow Urinal
Model：UFS860CSTC
Flush rate：Below 3LPF（0.8GPF）

3

能源与大气环境
Energy and Atmosphere, EA

指标		项目	LEED 3.0 版
			35分
必要指标 1	EA P1	基本建筑能源功能验证	必要条件
必要指标 2	EA P2	最低能源效率要求	必要条件
必要指标 3	EA P3	基本冷媒管理	必要条件
指标 1	EA C1	能源效率优化	1～19
指标 2	EA C2	现地使用可再生能源	1～7
指标 3	EA C3	加强系统之功能验证	2
指标 4	EA C4	加强冷媒控管	2
指标 5	EA C5	系统量测与验证	3
指标 6	EA C6	绿色电力应用	2

关于节能这件事，早已是全球各国一致的共识。特别在台湾，99.3%以上的能源都得依靠外部供应，除了积极节约能源外，开发新能源也是亟须努力的方向[3-1]。

根据台湾的统计资料，建筑物每年平均消耗约30%的能源。在每栋建筑物的耗能来源中，空调就占了41%，照明占45%，动力14%[3-2、3-3]。这些能源的供应大部分来自于煤炭与石油，而在能源处理及发电过程中，不可避免地会造成空气和水的污染，排放出来的二氧化碳更是气候变迁、地球暖化的罪魁祸首。

对此，绿建筑积极从两个方向来努力：一是减少建筑物对能源的需求，二是使用更高效率的设备。建筑物的节能效果愈好，温室气体的排放将愈少，当然，相关的支出成本也会愈少。为减少能源消耗及对环境的冲击，LEED在此部分的主要对策包括：

- 能源效能验证；
- 采用能源效率较高的空调系统、照明与用电设备；
- 选用对臭氧层破坏及温室效应影响较小的环保冷媒；
- 采用再生能源、绿色电力等。

一栋建筑物是否达到最佳节能效益，不应单从设计端着手，必须连同设备的采购、安装、功能测试都整体考虑，这是相当重要的一环。目前，业界普遍面临的问题是：设计面与实际面无法接轨，以致后期接手的营运人员无法得知此系统的效能是否与原始设计目标相符，因而衍生出设置容量过大、运转效能偏低，造成能源浪费，或者无法满足实际需求的困境。能源与大气环境这项评估特别强调能源效能验证，即由第三认证单位，针对设计团队的规划设计进行分析探讨，从设计初期就开始导入；施工时即执行效能验证，确认个别机组功能均符合设计规范；完工验收阶段确认系统功能也符合需求，并且持续追踪整体运转效能。因此，进行此项评估的申请工作时，区分三项必要指标与六项一般指标，特将"基本建筑能源功能验证"列为本章优先执行的必要指标，其余两项必要指标则为"最低能源效率需求"以及"基本冷媒管理"。

必要指标 1 ｜ 基本建筑能源功能验证（EA, P1）

第一个必要指标，即建筑物的系统验证须由第三认证单位进行独立且公正的审核，从初始设计、送审资料、单机性能到整体功能测试的过程均需全程参与，且依照相关的测试方法与步骤进行查核与性能调整之确认，务必将系统调校至原始设计需求，同时量测其功能表现是否如预期。基本建筑能源功能验证的效益包括：

减少能源使用

降低运转成本

减少设备维修次数

齐全的设施文件

确认建筑物的功能与设计相符

台积电在这方面的做法是，由专案团队（一般多为业主）邀请公正的第三功能验证团队主导基本建筑能源系统功能验证。以晶圆厂为例，验证的范围主要是冷冻空调与相关控制系统、照明与昼光控制系统、热水系统及再生能源，如风力、太阳能等。接着，审阅业主专案需求（Owner Project Request, OPR）与设计基准（Basis of Design, BOD），于施工文件中载明功能验证范围及性能需求。接着，撰写并执行功能验证计划书（Commissioning Plan, Cx Plan），进行系统安装与效能确认，缺失改善前后与照片记录，最终完成功能验证报告。要注意的是，验证团队必须具备至少两栋建筑的验证经验，可以是业主的员工或顾问，但不可以是设计单位、专案管理单位或监造单位的成员。

（文接第121页）

[范例]

以台积电为例，设计团队先将此建筑之功能需求，详细列出业主专案需求（OPR），说明专案目的与使用需求、未来的扩充性、材料品质、建造与运转成本的目标。详细分类如下：

能源效率目标　详述专案对能源使用的效率要求，以符合当地的法规需求或者ASHRAE、LEED的要求。包括建筑物座向、景观、开窗方式、土建及屋顶的特性需求，主要空调设备、电力及照明须符合效率要求。

室内环境品质需求　叙述室内的温、湿度需求、照明需求及各种空间的环境控制方式、下班后的环境需求等。

设备与系统要求　符合国际与当地法规需求、运转成本的考虑、最低生命周期成本，设备寿命设计需达三十年以上，并且定期量测室内空气品质（三个月、半年、一年）。

建筑物进驻人员说明　人员工作时间、工作时数及最大量的进驻人数预估，以为设计及验收时参考。

运转及维修需求　系统验证、人员训练、控制系统、图面及文件管控、建立操作维护手册。

在设计阶段，必须介绍专案之设计基准（BOD）以为功能验证团队参考，包括：

基本设计条件　空间使用、气候条件、人员、运转及空间环境需求。

法规需求　包含建筑、空调、消防、电力等系统之相关法规规范与设计标准。

同时，在执行功能验证前，必须规划完成功能验证计划书（Cx Plan），内容涵括整个工作流程、时程、组织、责任，以及所需相关文件：

计划总览　想达到之目标、专案相关信息、需验证的系统。

团队整合　团队成员、角色与责任、定期开会时程与沟通协调方式。

过程叙述　业主专案需求（OPR）文件、设计基准（BOD）文件、系统功能验证的测试步骤、系统功能的验证、结论，以及验收过程。

最后，进入安装与系统性能的验证阶段。重点项目有：

单机安装测试　针对单元设备进行功能测试，以保证安装品质及其功能。

系统功能测试　当单元设备安装完成且送电、程控及调整完成后，进行系统功能验证，包括操作程序中的每个步骤，如启动、停止、满载测试、紧急与失效模式的运转，必须与业主专案需求/设计基准比较差异，做出评估报告。

"业主专案需求"与"专案设计基准"比较测试结果 提供业主测试差异，以便找出最适当的性能需求。

上述文件中的业主专案需求经由设计部主管签名确认，设计基准及功能验证计划书须由验证团队及业主检视确认后签名，验证团队之经历需提出介绍以兹证明。

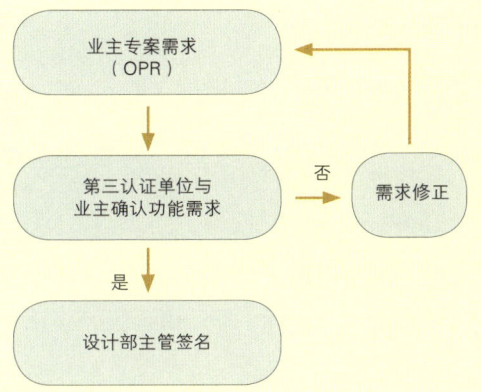

图 3-1 业主专案需求 OPR

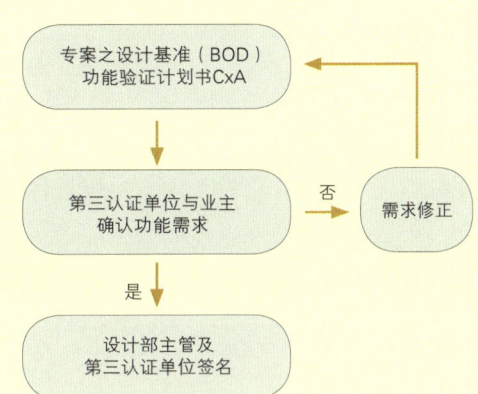

图 3-2 专案之设计基准 BOD

业主专案需求（OPR）

一般需求说明

业主计划在新竹科学园区设立一座超大晶圆厂——专案名称为晶圆十二厂第四、五期厂房，此专案以二阶段的分期施工，基地共计两座厂房、办公大楼一幢、气体化学厂房与中央设施供应中心（Central Utility Plant, CUP），以支持厂房之运转。

晶圆厂房分为地上四个楼层、地下一个楼层，三楼为生产区域，亦称无尘室或洁净室，洁净等级设定为Class 100（每立方英尺之空气中所含有大于或等于$0.5\mu m$粒径的微尘粒子数不超过100颗），四楼放置外气空调箱，夹层则为混风区域，一、二楼两个楼层摆放生产设备的附属机台及相关厂务处理设施，地下室则为废水处理区。建筑物必须符合相关之建筑法规及相关标准，并且考虑未来使用需求的弹性。

第三章——能源与大气环境 Energy and Atmosphere, EA

室内环境品质需求

建筑物之室内环境要求需维持高品质,以提供使用者一个安全、舒适的工作环境,环境要求包含以下条件。

温、湿度:空调系统必须提供厂房生产区域、无尘室固定范围的温度,以为制程生产之用,每个区域温度变化设计须在 22±1℃ 以内,湿度则必须在 43±3% 以内。

建筑外壳:建筑物须能隔绝各项气候干扰因素,具备良好的隔热功能,以减少空调的负荷量。

室内环境品质:制程机台或化学品储存区排放出来的污染物,应分门别类排放至废气处理系统,这些污染物包含酸性、碱性、有机排气及一般废热,废气管路需保持负压,避免异味外泄,造成工作人员的不适。

设备与系统要求

专业标准:所有工作须符合现有法规与各系统特定要求之国际标准。

运转成本:建筑物主要系统的运转成本,必须进行量测与验证是否与设计相符。

生命周期成本:系统之设计、建造、运转须考虑最低之生命周期成本。

寿命:主要空调系统元件在定期保养下,须能维持至少30年的寿命;一般元件则须维持至少15年的寿命。

温度:各区域可个别分区控制,以符合业主之特定需求。

建筑外壳:使用良好且正确的隔热材料,减少室外热量透过屋顶及外墙传导,造成屋内温度升高。

气流分布:在 ±1℃ 温度变化内保持均匀之气流分布,避免产生空调死角。

进驻人员:第一年运转期间,须达到95%的舒适满意度。

空气品质量测:功能验证团队需进行三个月、六个月、十二个月的现场空气品质量测,确保品质符合设计要求及人员之满意。

建筑物进驻人员

晶圆厂房为24小时运作、全年无休的工厂,所有厂务设施均须稳定运转供应工厂设备所需。厂房内之尖峰进驻人员约有300名工程师、200名技术员在内工作。

运转与维修需求

系统验证:会同业主、负责工程师、承包商及验证团队,利用验证步骤确认各系统的功能;召开检讨会议进行各项缺失、经验分享与建议事项,以为后续之改善及下个案子的经验传承。

人员训练:厂商针对维护及操作人员进行一系列训练课程,确保相关人员熟悉设备的操作与故障排除。验证团队必须在旁协助并进行测验,以确认训练之有效性。

控制系统：软硬件监控系统必须正常工作，维护人员可正确操作；相关数据与功能图表必须正确显示于屏幕及报表上。

维护：系统元件必须简单、容易进行维修与更换，验证团队必须协助进行测试与确认。

图面及文件管控：专案的相关图面及文件必须有系统的整理归类，并保持最新之图面，验证团队及专案经理须不定期抽验图面与资料的正确性。

建立操作维护手册：所有的操作维护手册必须依系统类别收集，电子文件或纸本均可，相关功能、操作、简易之故障排除均需包含其中，厂商联络人及电话也须注明，以利紧急抢修之用。

专案设计基准（BOD）

设计基准分为建筑、空调、消防与电力四部分，详列各系统的法规规范与设计标准。

建筑

遵循之法规：新竹科学园区相关建筑规定、营建法规、消防法规、台湾环保法规、电工法规。

厂房规划：基地设置于新竹科学园区内，包含晶圆厂房、中央厂务设施厂房、气体厂及办公大楼。

规划重点与工作范畴：

1. 动线规划——因应需求，设置员工入口动线（含厂商/临时接送）、访客入口动线、员工汽机车出入口动线、环厂交通车/上下班交通车动线、来宾停车动线、厨房码头动线、工厂进出货物码头动线。
2. 基地高程与土建工程——马路高程约E.L+99.02米、建筑物采用筏式基础。
3. 公共设施——所有屋顶排水与基地暴雨径流水量，须通过厂区排水系统收集至园区排水系统。
4. 基地土方开挖水土保持及表土保护——保持开挖区域之整齐清洁、限制必要的开挖区域、表土移至特定区域放置，待施工完成景观复原后以为覆土使用、设置施工专用道、设置开挖地区的临时排水设施、滞洪沉砂池与边坡保护。
5. 基础、接地、防水工程——厂房为筏式基础、接地系统设置、预埋埋设之配合施作、防水工程。
6. 钢构工程——设计与安装厂房所需之钢构、浪板、金属格栅网、钢构及梁柱之防火涂布。
7. 外壳——水泥墙须有防水保护、地下室外墙须有保护层、特定区域之钢构须有水泥包覆。机电设备之基座位置及大小须与机电包商协调，外墙表面以水泥修饰、地板排水沟及污水坑格栅网施作，预留管须与相关承包商协调施作位置；以及屋顶防水处理、楼梯扶手设置、室内地板格栅网设置。

8. 外墙——三明治外墙板须具1小时防火时效、外墙开孔须与相关承包商协调并施作,以及门窗装设、防火铁卷门、金属百叶、窗户清洁支架。
9. 内装——金属门框及零件、水泥粉刷、门窗提供、防火铁卷门、石膏板墙及天花板、天花板隔音、瓷砖及PVC地砖、交换机房之高架地板施作、厕所隔间及配件。
10. 环氧树脂涂装——天、地、墙、柱之粉刷,特殊地方的导电涂布。
11. 防火——厂房主结构横梁须涂布防火漆,防火区划须标示于图面。
12. 景观及户外设施——道路及停车区域水泥铺面及沥青施作,人行道、路缘石、排水沟、暴雨径流的水量收集、地下排水管路、挡土墙及景观围篱等规划与施工。

此外,厂房相关之结构设计要求如下:
1. 抗风压。
2. 厂房结构:基础为筏式基础、一、二楼机台附属设施区为钢筋混凝土结构、三楼为格子梁结构楼板、屋顶大跨距钢结构。

表 3-1 建筑高度之标准抗风压

项目	建筑高度	标准
1	0~9m	110 kg/m^2
2	9~15m	150 kg/m^2
3	15~30m	190 kg/m^2
4	≧30m	230 kg/m^2

空调系统

空调系统所有工程必须符合下列标准:美国制冷空调协会ARI 885-90标准、冰水主机测试标准ANSI/ARI-550/590、冰水系统标准ARI 50-92、冰水主机仪器校正标准NIST、冰水主机机组标准ASME Section Ⅷ、ASTM-2513、冷媒与泄漏安全规范BSR/ASHRAE 15-1992、室内空气品质之通风标准ASHRAE 62.1、能源标准ASHRAE 90.1、中央空调系统标准ANSI/UL-465、空调应用手册之噪音与震动控制标准ASHRAE、排气需求标准ASHRAE 147、冷却水塔技术标准CTI、美国绿建筑LEED-NC、美国联邦209E及ISO 14644标准、CNS标准。

空调系统的设计标准依据环境条件有所不同,外气条件下,夏天为35℃干球温度、29.4℃湿球温度;冬天为5℃干球温度、50%相对湿度。室内的环境针对场所需求的不同,量身设计,无尘室设定为温度22±1℃、相对湿度43±3%；厂务设施区28℃；变电站、控制室、机房25℃；会议室、值班室26℃；柴油发电机房30℃。

表 3-2 空调水管设计标准

管路尺寸	最大流速	最大压降
13～25 mm	1.52 m/s	450 pa/m
38～75 mm	1.83 m/s	450 pa/m
88～300 mm	2.13 m/s	450 pa/m
＞350 mm	2.74 m/s	450 pa/m

表 3-3 空调风管设计标准

风管形式	静压损失	主风管最大风速	支管最大风速
高静压	4.0 pa/m	12.7 m/s	10.16 m/s
低静压	0.8 pa/m	9.14 m/s	7.62 m/s

基本原则包括：

- 空调系统必须稳定控制温度、湿度、换气率，维持内部人员的舒适性与环境卫生。
- 重要设备区域之空调须有备机支持。
- 空调负载计算须依据设置之外气空调箱（MAU）、一般空调箱（AHU）、滤网风机（FFU）、循环空调箱（RCU）、干式冷却盘管（DCC）及供应设备机台之冷源统计。
- 热负荷计算须依据设置之MAU、AHU、RCU、空调可变风量（VAV）、再热盘管及供应相关设备之热源统计。

无尘室空调系统：

- MAU提供维持一定的正压，以防止外气侵入造成无尘室污染。对室内环境功能而言，具有维持无尘室内部之温湿度稳定功能。
- MAU设置变频器以保持稳定的风量供应。
- FFU 其功能为提供无尘室之内部循环空气。其循环空气量需同时满足洁净等级及冷却风量，FFU之布设采均匀性分布，送风量为可变控制，FFU风速控制在0.45 m/s以下避免引起震动问题。
- DCC其功能为移除室内热量（一般称为显热），无尘室内部发热量绝大部分为显热。
- 无尘室的换气率必须依据各区域之洁净等级及滤网风机覆盖率决定。

一般空调系统：

- MAU、AHU、RCU及FCU（Fan Coil Unit, 小型盘管送风机组）供应至一般区域，包含地下室、一楼、二楼、原料供应区；
- 原料供应区需为100%全外气供应，并维持一定之负压以避免气体、化学品泄漏时造成环境污染。

热回收之温水系统：

- 35℃温水供应MAU热盘管及纯水系统之自来水预热用途；
- 35℃温水乃回收来自12℃冰水主机之废热。

冰水系统：

- 5℃及12℃双冰水温度系统供应空调系统之降温与除湿；
- 冰水系统包含冰水主机、一次冰水泵及冰水管路所组成；
- 12℃冰水供应无尘室之干式冷却盘管（DCC）以便维持空间合适之温度，并供应制程冷却水（PCW）以除去设备机台所发出来的热量；
- 冷却水系统包含冷却水塔、水平分散器、供水泵浦、补充水泵浦、加药系统、砂滤系统、排放至废水厂之管路。

通风与排气系统：

- 一般区域之通风与排气换气率达到每小时6次，或每平方米每小时30立方米的排气量、变电站之CO_2排气风扇、控制阀及排气风管须符合消防法规需求、新鲜外气之进气百叶之有效面风速须小于4.0 m/s；
- 无尘室设置四种排气系统：一般废热（General Exhaust, GEX）、酸性排气（Acid or Scrubber Exhaust, SEX）、碱性排气（Alkali Exhaust, AEX）、挥发性有机废气（VOCs Exhaust, VEX）；各排气系统分别设置共同管路，收集后排至屋顶废气处理设备，酸、碱性排气风管材质须为不锈钢涂布铁氟龙，一般废热之排气风管为镀锌材质，挥发性有机废气之排气风管为不锈钢材质，且使用燃烧式处理设备进行燃烧再排放。

消防系统

符合NFPA 13、101之消防法规要求，各区域设置消防洒水系统，无尘室设置之自动洒水系统须符合NFPA 318之规范。

电力系统

电力系统之电气安全及设施规范须符合美国电工法规（NEC或NFPA 70）之标准。

- 厂房由台电161kV双回路供电，以确保供电之稳定性。
- 主变压器需设计备载容量，若一组变压器异常时可改由另一组供电。
- 负载用电分为4.16kV供应冰水主机，480V及208V供应厂务设施及设备机台用电。
- 紧急发电系统供应生命安全及相关基本设施，如出口指示灯、必要之排气风扇、空调箱、气体化学供应系统，发电机每台额定为2000kW，升压至22.8kV并联供电。
- 不断电系统（UPS），为克服电压降造成重要机器跳机，必要之逃生指引照明灯具、控制系统及部分复机时间较长之机台用电、广播系统、保全系统及消防火警系统均需衔接不断电系统，以减少系统异常造成之损失。
- 室内照明使用荧光灯管及高效率电子式安定器，厂务区须有防水灯罩防护。设置必要之逃生指示灯及紧急照明灯，以符合法规要求及逃生之动线指引。
- 户外照明应减少不需要的户外灯具，使用时程控制景观灯具之启停必须符合美国绿建筑LEED之要求。
- 电器接地安全必须符合NEC规范，避雷系统设置必须符合NFPA 780规范。

除了上述四个部分之外，水系统要求将饮用水及卫生的排放系统衔接至厕所马桶、茶水间之排水管路；工业用水及饮用水管路须使用塑料或不锈钢材质，卫生排放管路使用重力流方式排至化粪池。废水系统安装制程废水收集桶槽，收集设备机台排放之废水，再将其排放至废水处理厂进行适当之处理，最后在符合排放标准后放流至科学园区废水厂。最后，进行空调、纯水、废水、电力、气体化学等运转供应控制，于厂务值班室设置中央监控控制系统，值班人员24小时维持其正常运作。

功能验证计划书（Commissioning Plan, Cx Plan）

功能验证范围包括：

- 5℃及12℃冰水主机、冷却水、冰水系统、泵浦；
- 35℃温水系统、泵浦；
- 空调系统，包含无尘室MAU / FFU，一般空调区MAU / AHU / RCU / PAH / FCU；
- 制程废气处理系统，包含GEX / SEX / AEX / VEX等风车及管路。

- 外气空调箱（MAU），包含相关各单元、管路及风管；
- 监控系统，包含仪表、控制线路、逻辑控制、监控主机及资料储存方式；
- 照明系统，包含控制方式、分区控制。

此外，还需附上功能验证团队资料，详述设计及施工团队、机电设计厂商各成员的所在部门、姓名、地址与联络方式。

此阶段的管理计划可分为以下四阶段：
- 设计初期，业主提供设计概念给功能验证团队，功能验证团队再提供相关建议给业主，进行设计之参考；
- 设计阶段，提供OPR及BOD给功能验证团队检视，参与60%及90%设计检讨。

图 3-3 设计阶段沟通流程

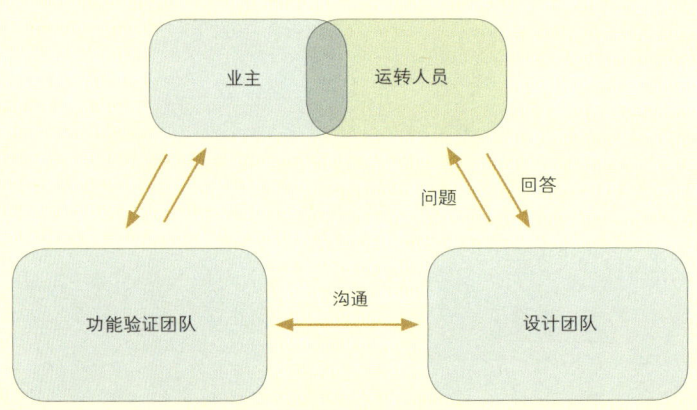

- 建造阶段，建造前验证说明会议、风管泄漏测试计划、功能验证时程安排、文件审视、建造图面审视、定期检讨会议、现场实际检测（Field Inspection & Verification, FIV）、单机运转功能测试（Operational Performance Test, OPT）。

图 3-4 建造阶段沟通流程

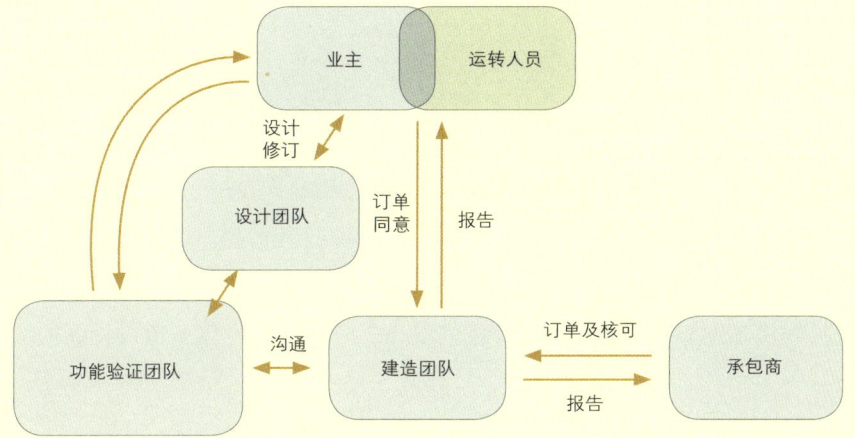

- 验收阶段，系统运转功能测试（Functional Performance Test, FPT）、运转维护计划书、运转维护训练、最终之功能验证报告。

图 3-5 验收阶段沟通流程

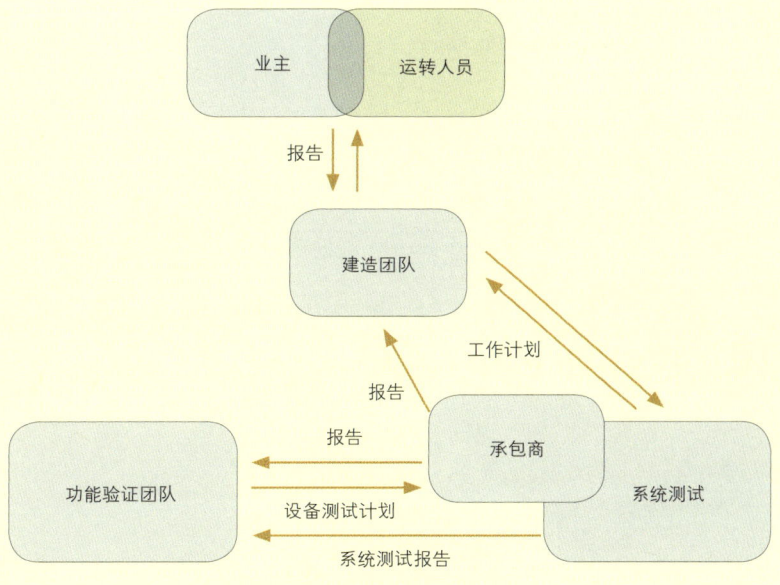

最后，执行专案功能验证：

· 设计阶段，了解业主对专案之要求及设计之标准（OPR/BOD），参与设计检讨会议并提出专业建议；

· 建造阶段，检视承包商送审文件，包含设备现场实际检测（FIV）、单机运转功能测试（OPT）、控制逻辑等计划，及现场安装之设备性能查验；

· 验收阶段，验证系统安装完成后之系统运转功能测试（FPT），监控系统功能检查、检视运转维护手册之完整性，训练课程执行之成效，最后汇整功能验证报告。

功能验证报告包括图3-6、表3-4至3-7等范例以为参考。实际之设备依设计及验证项目提供报告。

图 3-6 设计阶段之规范说明

专案：F12P4 Fab		地点：新竹科学园区	
①	②	③	④
F12P4 Prerequisite for Design Proposal Request For Proposal **Request for Proposal** **Clean Room Systems Package** For TSMC Fab 12 Phase 4 HsinChu, Taiwan, ROC Issue Date: Jan. 08, 2008 - 1 - Jan 2008 Rev 0	F12P4 Prerequisite for Design Proposal Request For Proposal **Request for Proposal** **Cooling Tower Package** For TSMC Fab 12 Phase 4 HsinChu, Taiwan, ROC Issue Date: Jun. 2007 Revised Date: Aug. 30, 2007 - 2 - Jan 2008 Rev 0	F12P4 Prerequisite for Design Proposal Request For Proposal **Request for Proposal** **Chiller Packages** For TSMC Fab 12 Phase 4 HsinChu, Taiwan, ROC Issue Date: Jun. 2007 Revised Date: Aug. 30, 2007 - 3 - Jan 2008 Rev 0	F12P4 Prerequisite for Design Proposal Request For Proposal **Request for Proposal** **MEP HVAC Systems Packages** For TSMC Fab 12 Phase 4 HsinChu, Taiwan, ROC Issue Date: Jan. 08, 2008 - 4 - Jan 2008 Rev 0

表 3-4 现场施工之检验

规格	通过	不通过	不适用
1. 下包商之配合	■	☐	☐
2. 厂商之配合	■	☐	☐
3. 设备启动及功能验证	■	☐	☐
4. 测试及系统平衡验证	■	☐	☐
5. 验证前之控制功能确认	■	☐	☐
6. 控制功能之验证	■	☐	☐
7. 校正之责任	■	☐	☐
8. 竣工图	■	☐	☐
9. 操作人员之训练	■	☐	☐
10. 不同季节之验证	■	☐	☐

表 3-5 现场施工之设备检验范例

设备名称：外气空调箱
设备规格依实际需求设计说明

检查表	通过	不通过	不适用
1. 所有元件在现场且摆放整齐	■	☐	☐
2. 冷却鳍片表面无受损	■	☐	☐
3. 设备标签固定且容易看清楚	■	☐	☐
4. 马达转动方向正确	■	☐	☐
5. 设备及周遭清理干净	■	☐	☐
6. 避震器功能正常	■	☐	☐
7. 开口均已密封	■	☐	☐
8. 所有进出门均可操作	■	☐	☐
9. 接头衔接良好	■	☐	☐

表 3-6 监控系统验证范例

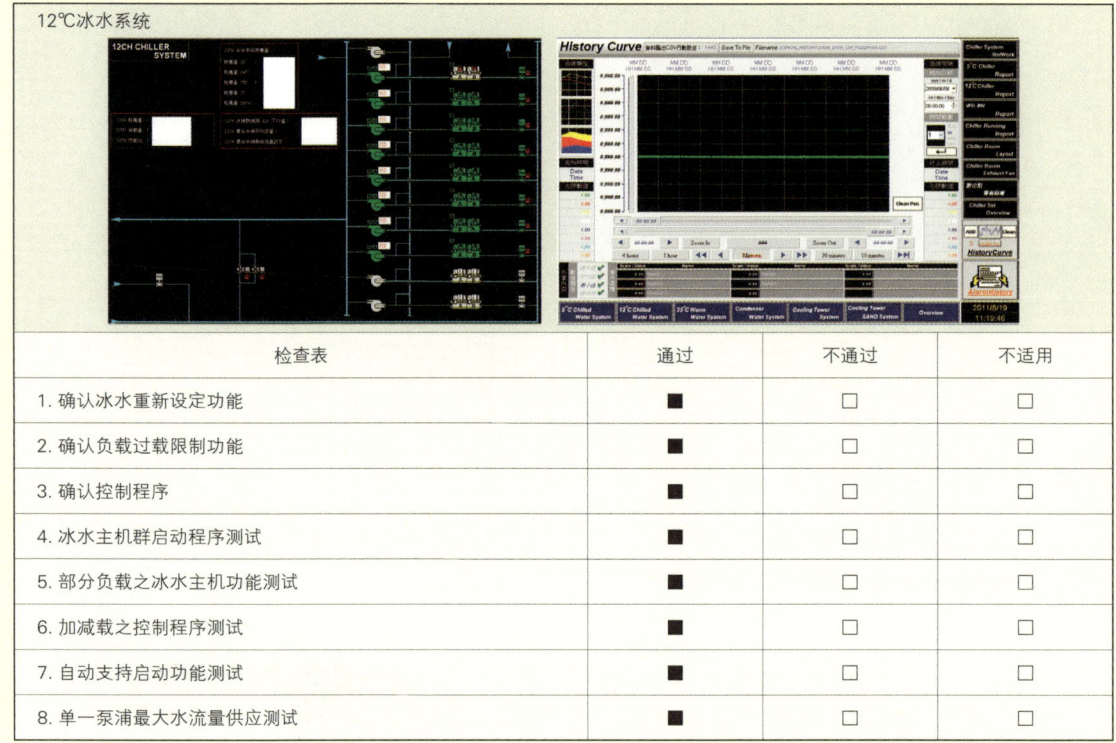

检查表	通过	不通过	不适用
1. 确认冰水重新设定功能	■	☐	☐
2. 确认负载过载限制功能	■	☐	☐
3. 确认控制程序	■	☐	☐
4. 冰水主机群启动程序测试	■	☐	☐
5. 部分负载之冰水主机功能测试	■	☐	☐
6. 加减载之控制程序测试	■	☐	☐
7. 自动支持启动功能测试	■	☐	☐
8. 单一泵浦最大水流量供应测试	■	☐	☐

表 3-7 训练课程范例

训练地点：监控室
训练课程：外气空调箱、一般空调箱

检查表	通过	不通过	不适用
1. MAU、AHU、控制阀、管路、盘面配置图	■	☐	☐
2. 空调系统概要	■	☐	☐
3. 空调系统功能介绍	■	☐	☐
4. 控制逻辑及操作顺序	■	☐	☐
5. 空调监控系统SCADA介绍	■	☐	☐
6. 紧急应变训练	■	☐	☐
7. 操作及维护说明	■	☐	☐

必要指标 2 ｜ 最低能源效率需求（EA, P2）

本项指标的目的为建立最佳能源效益，以降低环境或经济因素所造成的能源过度使用。申请者必须证明，不论建筑外壳、空调系统、照明系统与其他机电系统，在设计上都符合美国冷冻空调协会所制定的ASHRAE 90.1最低能源效率标准。其规范包含建筑物外墙及屋顶隔热、玻璃特性、空调设备效率、转动机械效率、电力压降限制、照明用电限制等。

建筑外壳节能上需说明其隔热材质及安装方式、保温材防护、门窗选用符合其热传透率U值规定、建筑物泄漏率等项目；空调节能上须说明冰水主机、冷却水塔、热水锅炉效率高于ASHRAE 90.1的最低要求，各空调设备的流量、马力、运转方式、加湿方式、控制风门、风管气密情形说明；照明节能上说明各空间区域灯具控制方式，是否有自动感应点灭器；室内外各种灯具，依照第一章基地永续发展的降低光害污染（SS, C8）的照明用电密度计算总耗电量，并说明使用的灯具数量、形式、耗电量是否符合要求。

各区域空调的控制分区，须配置温度调节控制装置，提供人员独立操作、自动控制与手动操作功能，允许至少两小时的临时维修需求，并依不同温度需求区域设定及人员使用时间提供优化的自动控制、停止外气供应，以及排气之时程控制。冰、热水管路、空调管路保温、风管及闸门泄漏率测试均需依照ASHRAE 90.1标准进行设计与验证。系统完工验收须依相关标准进行量测、调整及平衡并提出平衡报告，测试各控制系统单元设备含调校之运转报告。建筑物于系统验收后九十天内须提送业主下列相关资料：竣工图面、运转及操作维护手册、维修单位联络资料、空调系统控制及调校资料、线路图、控制图及控制顺序说明、各系统操作及设定点叙述。

能源验证的软件可采用DOE-2、eQUEST、DOE Energy Plus、Trane TraceTM 700、Carrier HAP-E20 II等坊间普遍应用的能源计算软件，但须以美国绿建筑协会（USGBC）认可的软件，模拟运算的结果才采信。软件选定后，须输入建筑物位置、外壳、材质、玻璃、面向、楼高、梁柱尺寸及楼板厚度，空调分区耗能状况包含空间定义、人员密度与使用行为，照明灯具形式以及相关设备实际运作效率，以分析建筑物的耗能情形，再与ASRAE 90.1基准比较整年度耗能状况。LEED 3.0版以节能效益10%为其基本门槛，若无法达到此项要求，认证作业将无法通过。图3-7表示采用eQuest模拟太阳轨迹分析全年各系统之耗电量，以及各种节能手法之效益比较，作为设计者采用的参考。

图 3-7 建筑耗能模拟分析

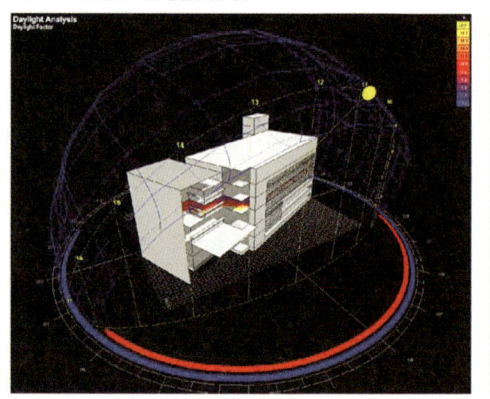
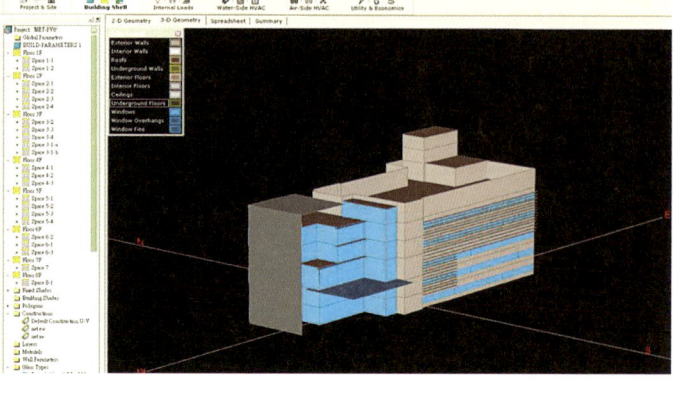

图片来源：李魁鹏／台北科技大学能源与冷冻空调工程系

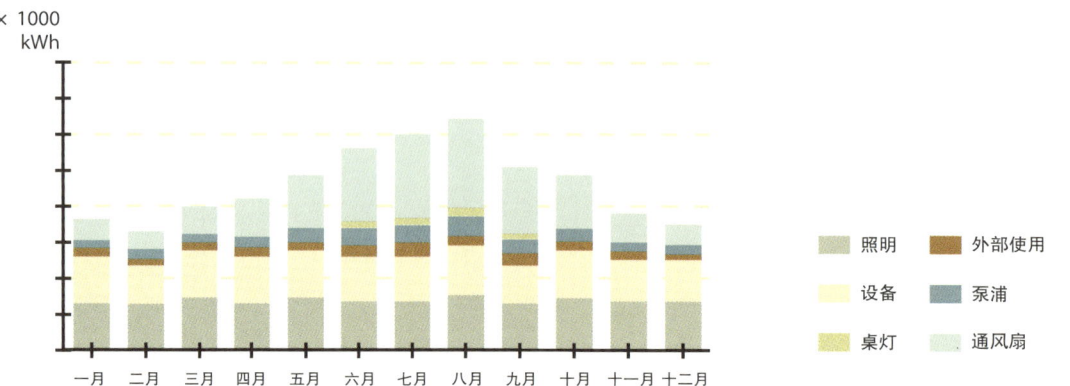

图 3-8 夏季室内外来的热源

以建筑外壳的节能来说,依照地理位置的不同,气候区域定义也会有不一样的要求。根据美国冷冻空调学会ASHRAE 90.1的定义标准,全球依照很热、热、温暖、冷、很冷、北极圈等不同温湿度标准,区分成一~八区。台北为第二区,台南则属第一区。对于热传系数、隔热系数均较台湾规范标准严格,例如对外墙的隔热要求较台湾标准严格10%~30%,屋顶则为50%~60%,设计时若能纳入考虑,将可节省因外部热源传递进入室内,造成额外的空调能源消耗。

图 3-9 NASA 提供之亚洲气候分区图

台湾目前的建筑节能规范有"建筑外壳节能设计规范"与"绿建筑的日常节能"评估指标。建筑物节约能源设计技术规范将台湾分为七个区域,如图3-10所示。依照不同分区设计建筑物节约能源之做法,以提供优化的能源供应,及内部人员舒适的居室空间。

图 3-10 台湾气候分区图

第一区 北宜金马
第二区 桃竹苗
第三区 中彰云南
第四区 花莲
第五区 嘉南澎
第六区 台东
第七区 高屏

建筑外壳的设计与建材使用的良窳，直接影响空调耗能结果，差距高达四至五倍之多。其中又以开窗率影响最大，适当数量的开窗方式不仅增加室内明亮度，也可减少耗能。在亚热带的台湾，建筑物玻璃选择有两种参数可供选择，遮阳性能系以日射透过率 ηi（无单位）表示，其值愈小代表遮阳能力愈好；热传透率U值（$W/m^2·K$）表示保温性能，其值愈小保温能力则愈好；但在建筑节能上以遮阳效果较隔热性能更有效，因此在玻璃选择上，应优先考虑玻璃的遮阳性能。玻璃参数常用遮蔽系数（Shading Coefficient, SC）表示，计算热负荷所使用遮蔽系数与日射透过率 ηi 略有不同。遮蔽系数是以3mm厚的透明玻璃作为基准，进而订定其他种类玻璃之遮蔽系数，日射透过率以外气日射量为1.0来表示其穿透的日射能量，因此，日射透过率约为遮蔽系数值的0.88倍。

此外，建筑方位也是重点考虑之一，大开窗区域的建筑物以南北座向较佳，可避免东西座向之长时间日晒，造成内部温度升高及空调需提高供应之耗能。窗户设计隔热装置，例如外遮阳、窗帘，或者玻璃选用低辐射镀膜（Low-E）或节能复层材质，减少热传导进入室内或能源泄漏至户外。设计时，限制开窗面积小于总墙面之40%面积；屋顶天窗面积则小于总屋顶面积的5%为最佳比例。

空调设备效率来说，冰水主机的冰水温度选择愈高，其性能系数（COP）愈高（美国制冷空调协会ARI 之冰水主机标准 550/590），每kW电力至少应产出6.1kW冷冻能力。主机冰水温度每调高1℃可节省约3%的运转效能，冷却水的进水温度设定则是愈低愈好，每降低温度1℃可减少约1.5%的耗电量。冷却水塔吨数以冰水主机的1.25倍为最佳之搭配，在35℃进水及29.4℃出水状态下，泵浦每马力的供应流量必须大于20GPM。冷却水塔采多台并联方式，并配合外气温度优化控制，来决定开启所需的运转台数，可达到最佳的省能效果。

热水锅炉燃料采用天然气可减少能源之消耗。台积电新厂的设计则利用12℃冰水主机的废热回收，提供35℃的温水系统，供应外气空调箱的预热及再热盘管加温使用，取消热水锅炉的设置，降低厂房的初始设置成本。

图 3-11　冷却水系统示意图

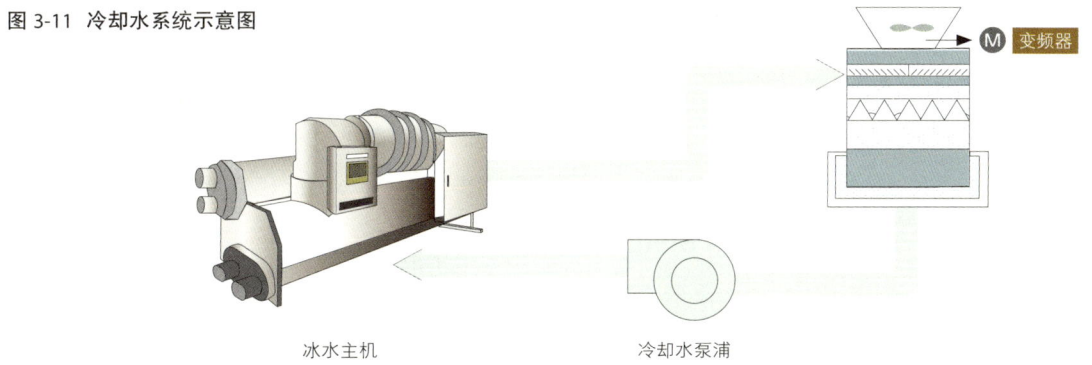

冰水主机　　　　冷却水泵浦

ASHRAE 90.1针对空调设备及施工规范均有规定，以下节录部分重点以为设计及执行之参考。

表 3-8　ASHRAE 90.1 对不同冰水主机形式之性能系数规范

压缩机形式	制冷能力（吨）	性能系数COP
涡旋式及螺旋式	<150	4.45
	150≤ ~ <300	4.90
	≥300	5.50
离心式	<150	5.00
	150≤ ~ <300	5.55
	≥300	6.10

图 3-12　冰水主机示意与照片

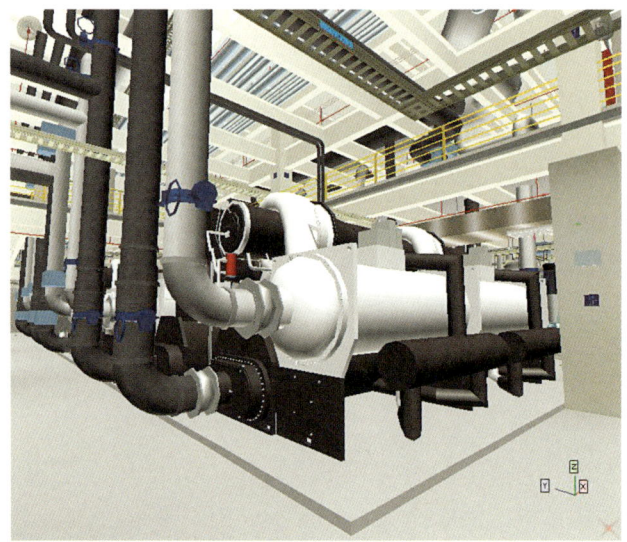

表 3-9　ASHRAE 90.1 对不同马达额定之满载最低效率规范

马达类型	满载最低效率要求					
	开放式马达			密闭式马达		
极数	2	4	6	2	4	6
同步转速（RPM）	3,600	1,800	1,200	3,600	1,800	1,200
马达马力数						
1	–	82.5	80.0	75.5	82.5	80.0
5	85.5	87.5	87.5	87.5	87.5	87.5
10	88.5	89.5	90.2	89.5	89.5	89.5
20	90.2	91.0	91.0	90.2	91.0	90.2
40	91.7	93.0	93.0	91.7	93.0	93.0
60	93.0	93.6	93.6	93.0	93.6	93.6
75	93.0	94.1	93.6	93.0	94.1	93.6
100	93.0	94.1	94.1	93.6	94.5	94.1
125	93.6	94.5	94.1	94.5	94.5	94.1
150	93.6	95.0	94.5	94.5	95.0	95.0
200	94.5	95.0	94.5	95.0	95.0	95.0

空调风管保温厚度依不同气候分区、位置及分类要求而决定，遵照ASHRAE 90.1 表6.8.2A规定选用。

图 3-13 风管位置说明图

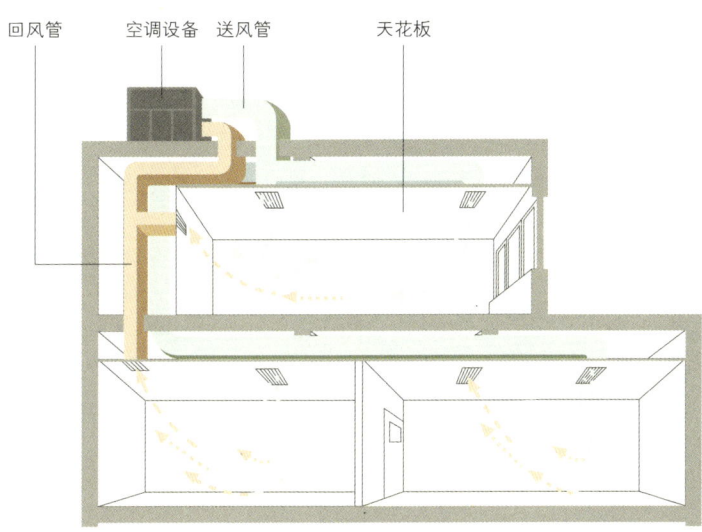

表 3-10 ASHRAE 90.1 对风管保温材选择之规范

气候分区	风管所在位置						
	户外	与外气相通之顶楼	不与外气相通且无屋顶隔热之顶楼	不与外气相通且有屋顶隔热之顶楼	非空调区域	间接空调区域	预埋管
冷气送风管							
1	R-6	R-6	R-8	R-3.5	R-3.5	无规范	R-3.5
2	R-6	R-6	R-6	R-3.5	R-3.5	无规范	R-3.5
3	R-6	R-6	R-6	R-3.5	R-1.9	无规范	无规范
4	R-3.5	R-3.5	R-6	R-1.9	R-1.9	无规范	无规范
5,6	R-3.5	R-1.9	R-3.5	R-1.9	R-1.9	无规范	无规范
7,8	R-1.9	R-1.9	R-1.9	R-1.9	R-1.9	无规范	无规范
冷气回风管							
1到8	R-3.5	R-3.5	R-3.5	无规范	无规范	无规范	无规范

保温隔热系数R值代表保温材料阻止热量穿透的能力，单位为$hr.ft^2.°F/Btu$，冰、热水管保温厚度依不同操作温度及管径而决定，遵照ASHRAE 90.1表6.8.3规定选用。

表 3-11　ASHRAE 90.1 对水管保温材之规范

流体操作温度（℉）	隔热传导系数		管径（in.）				
	传导系数 Btu·in./hr·ft²·℉	测试温度（℉）	<1	1~1.5	1.5~4	4~8	≧8
热水系统（蒸气及热水）							
>350	0.32~0.34	250	2.5	3.0	3.0	4.0	4.0
251~350	0.29~0.32	200	1.5	2.5	3.0	3.0	3.0
201~250	0.27~0.30	150	1.5	1.5	2.0	2.0	2.0
141~200	0.25~0.29	125	1.0	1.0	1.0	1.5	1.5
105~140	0.22~0.28	100	0.5	0.5	1.0	1.0	1.0
日常用热水系统							
105	0.22~0.28	100	0.5	0.5	1.0	1.0	1.0
冰水系统（冰水、卤水、冷媒）							
40~60	0.22~0.28	100	0.5	0.5	1.0	1.0	1.0
<40	0.22~0.28	100	0.5	1.0	1.0	1.0	1.5

风管泄漏规范：

风管密封度依风管分类及静压值需求进行密封，以达到泄漏测试之要求。

表 3-12　ASHRAE 90.1 对风管密封度之规范

风管装设位置	送风管		回风管	排气管
	静压≦2英吋水柱高	静压>2英吋水柱高		
户外	A	A	A	C
非空调区域	B	A	B	C
空调区域	C	B	C	B

密封等级：

A. 所有横向接头（二支风管衔接处）、垂直接头（与气流方向相同之接头）及穿墙之风管均须密封，感压式胶带除非经过UL-181A或UL-181B认证，不得作为主要的接着剂；

B. 所有横向接头、垂直接头均须密封，感压式胶带除非经过UL-181A或UL-181B认证，不得作为主要的接着剂；

C. 仅横向接头须密封。

风管泄漏测试：

风管的静压超过 3 英吋水柱高（750 帕斯卡, Pascal）须进行至少 25% 的泄漏测试，最大允许泄漏量计算式为

$$\text{Lmax} = C_L \times P^{0.65} \quad\quad\quad\quad\quad\quad\quad\quad\quad\quad\quad\quad\quad\quad\quad\quad\quad\quad\quad\quad\quad\quad\quad\quad\quad\quad\quad\quad\quad\quad (3\text{-}1)$$

Lmax　　最大允许泄漏量，cfm/100 ft² 风管表面积。
C_L　　在 1 英吋水柱压力下风管泄漏等级，fm/100 ft²。
$C_L = 6$　表方形金属风管、方形纤维风管、圆形可挠式风管。
$C_L = 3$　表圆形或椭圆形金属风管、玻璃纤维风管。
P　　　测试压力，必须与设计之风管耐压等级之压力相同。

图 3-14　风管泄漏测试现场

〈文接第135页〉

范例

填写三份ASHRAE 90.1对建筑隔热、门窗、泄漏情形说明，空调设备容量、效率、冰水主机效能、控制功能说明，照明之室内与户外灯具形式、耗电量及设计之用电密度等计算，证明须符合其规范要求。

建筑外壳要求说明

隔热要求

- 制造商之隔热材质符合R值之要求。
- 隔热材安装方式为固定于建物表面之永久性做法。
- 灯具、空调及其他设备没有嵌入屋顶板内，避免因隔热厚度减少而影响屋顶之隔热效果。
- 屋顶隔热不是安装在悬吊式的天花板上。
- 外部隔热必须采用保护材料避免破损，也可以屋凸或机械房隔离。
- 排气孔不得影响隔热。
- 与地面接触之隔热材吸水率不得大于0.3%。

门窗要求

- 窗户之热传透率U值采用ASHRAE 90.1 表A.8.1规定选用。
- 窗户之太阳热负荷系数（Solar Heat Gain Coefficient, SHGC）采用ASHRAE 90.1 附录A.8.1规定选用。
- 窗户之可见光透射率依据美国国家穿透等级评定协会（National Fenestration Rating Council, NFRC）NFRC 200选用。

空气泄漏

- 建筑外壳密封良好，泄漏量降至最低。
- 门窗均为现场组装。
- 气候区域为第一或第二区。

空调要求说明

表 3-13 设备效率规格表

设备名称	设备形式	容量类别	系统状况	单机效率	最低效率 额定 ≥ 标准
冷却水塔	轴流风扇	全部	进水101℉，出水91℉，外气85℉ 湿球温度	61.3	61.3 ≥ 38.2

表 3-14 非标准型之冰水主机规格表

设备名称	出水温度（℉）	进水温度（℉）	冷凝器流量（gpm/ton）	容量类别	最低效率 额定 ≧ 标准	
5℃冰水主机	41	91	2.65	>300 RT	5.46 ≧	5.44
12℃冰水主机	53.6	91	2.57	>300 RT	6.96 ≧	6.31

一般强制需求

- 冷热系统之负载设计须符合工程设计标准。
- 管路保温符合ASHRAE 90.1之规范。
- 工程文件必须包含图面、操作手册、系统平衡计算及系统功能验证。

特殊强制需求

- 冷冻保护或储冰系统设置自动控制，以避免其在温暖天候时运作。
- 个别之加热系统符合ASHRAE90.1 6.4.3.1.1及6.4.3.2之控制要求。
- 个别之加热或冷却系统，温度调节控制必须有连锁性，避免超出设定点的重叠区域。

表 3-15 系统规格表范例－原料供应区（依实际设置容量表列）

系统名称	无尘室外气空调箱	外气空调箱	FFU	FCU1	FCU2	AHU
供应风量（CFM）	35,000	35,000	1,000	500	1,000	12,000
供应压力（英吋水柱高）	3	2.5	0.42	0.2	0.2	2
风扇马力（HP）	40	40	0.5	0.19	0.42	7.5
外气风量（CFM）	35,000	35,000	0	0	0	12,000
自动停机	N1	N1	N1	N1	N1	N1
无控制作用区	C1	C1	N2	N2	N2	N2
返回控制	N1	N1	N1	N1	N1	N1
设定控制	N1	N1	N1	N1	N1	N1
优化启动	N1	N1	N1	N1	N1	N1
各空调区域隔间	N1	N1	N1	N1	N1	N1
关断阀	N1	N1	N1	N1	N1	N1
热泵辅助热源	N1	N1	N1	N1	N1	N1
预热加湿器	C1	C1	N1	N1	N1	N1
加湿、除湿无控制作用区	C1	C1	N1	N1	N1	N1
通风控制	C1	C1	C1	C1	C1	C1
风管保温	C1	C1	N1	N1	N1	N1
风管泄漏测试	N	N	N	N	N	N

表 3-16 系统规格表范例二

系统名称	AHU	AHU	PAH	PAH	PAH	PAH	PAH
供应风量（CFM）	12,000	12,000	2,500	2,500	12,000	12,000	12,000
供应压力（英吋水柱高）	2	2	1	1	1	1	1
风扇马力（HP）	10	10	2.2	2.2	7.5	7.5	7.5
外气风量（CFM）	4,000	3,500	2,500	2,500	3,000	1,600	1,000
自动停机	N1	N1	N1	N1	N1	N1	N1
无控制作用区	N2	N2	N2	N2	N2	N2	N2
返回控制	N1	N1	N1	N1	N1	N1	N1
设定控制	N1	N1	N1	N1	N1	N1	N1
优化启动	N1	N1	N1	N1	N1	N1	N1
各空调区域隔间	N1	N1	N1	N1	N1	N1	N1
关断阀	N1	N1	N1	N1	N1	N1	N1
热泵辅助热源	N1	N1	N1	N1	N1	N1	N1
预热加湿器	N2	N2	N1	N1	N1	N1	N1
加湿、除湿无控制作用	N2	N2	N1	N1	N1	N1	N1
通风控制	C1	C1	C1	C1	C1	C1	C1
风管保温	N2	N2	N1	N1	N1	N1	N1
风管泄漏测试	N	N	N	N	N	N	N

注：
自动停机-N1 不适用，连续运转
无控制区-C1 双设定点控制，N2不适用，仅有加热或冷却
返回控制-N1 不适用，连续运转
设定控制-N1 不适用，连续运转
优化启动-N1 不适用，连续运转
各空调区域隔间-N1 不适用，连续运转
关断阀-N1 不适用，连续运转

热泵辅助热源–N1不适用，系统不是热泵
预热加湿器–C1 适当控制，N1 不适用，没有加湿器
加湿、除湿无控制作用区–C1适当控制，N1 没有加湿、除湿功能
通风控制–C1适当控制
风管保温–C1 合适的保温，N1不适用，风管均位于空调区域内
风管泄漏测试–N风管不需泄漏测试，静压超过3英吋水柱高之风管才需实施泄漏测试

照明要求说明

一般强制需求

- 空间为24小时运转不须自动灯控系统。
- 每个封闭空间均有独立的灯光控制。
- 户外照明由光感应器或时间控制。
- 每一面之出口指示灯小于5W。
- 建筑物户外之地面照明灯具大于100W者，其最小光效率为每瓦60流明。

表 3-17 依建筑物形式之照明容许耗电

建筑物形式	公共/特殊空间形式	照明用电密度（W/ft²）	空间面积（ft²）	容许之照明耗电（W）
生产区	设备区	1.2	300,000	360,000
生产区	走道	0.5	30,000	15,000
生产区	机房	1.2	700,000	840,000
仓库	储货区	0.9	20,000	18,000
总计				1,233,000

表 3-18 室内实际安装之照明电力耗电项目

室内安装之照明电力耗电项目	灯具描述（包含每具灯具之灯管数，每支灯管之瓦特数，安定器形式，灯具之形式）	形式					灯具数量	灯具瓦特数（W）	耗电总瓦特数（W）
		白炽灯	荧光灯	HID灯	线电压轨道灯	低电压轨道灯	其他			
1	防水型灯具，HF安定器，2×58W，悬吊型		√					1,893	116	219,588
2	防水型灯具，HF安定器，2×35W，悬吊型		√					3,308	70	231,560
3	崁入下照式，HF安定器，4×38W		√					2,710	152	411,920
4	崁入下照式，HF安定器，3×28W		√					24	84	2,016
总计										865,084

表 3-19 建物外围设施照明耗电规范统计

项目	应用	容许值	面积长度或数量	外围设施照明耗电容许总量
1	无	0	0	0
总计				0

表 3-20 外围区域照明容许耗电规范统计

应用	容许值	面积或长度（ft²或ft）	外围区域照明耗电容许总量（W）
建筑外围地面（大于10英尺人行道）	0.2W/ft²	60,000	12,000
建筑外围地面（小于10英尺人行道）	1W/ft	282	282
遮雨篷	1.25W/ft²	194	243
总计			12,525

外围额外容许的照明耗电

外围区域照明耗电容许总量（W）　　外围设施照明耗电容许总量（W）

(12,525 + 0) × 0.05 = 626

表 3-21　外围区域实际安装之照明耗电统计

项目	灯具描述 （包含每具灯具之灯管数，每支灯管之瓦特数，安定器形式，灯具之形式）	灯具数量	灯具瓦特数（W）	耗电总瓦特数（W）
1	HPS 灯具 150W	27	150	4,050
2	PL 灯具 26W	78	26	2,028
3	复金属灯 150W	11	150	1,650
总计				7,728

表 3-22　建物外围设施实际安装之照明耗电统计

项目	灯具描述 （包含每具灯具之灯管数，每支灯管之瓦特数，安定器形式，灯具之形式）	灯具数量	灯具瓦特数（W）	耗电总瓦特数（W）
1	0	0	0	0
总计				0

户外照明符合规范验证

实际安装之照明耗电，需小于外围区域照明耗电容许总量与额外容许的照明耗电总量之加总。

外围区域照明耗电容许总量（W）　　外围额外容许的照明耗电总量（W）　　外围实际安装之照明耗电统计（W）

12,525 + 626 ≧ 7,728

必要指标 3 | 基本冷媒管理（EA, P3）

1930年开始制造的氟氯碳化物（CFC_S），稳定性高，不自燃、不助燃，也不易起化学变化，大量应用在发泡剂、冷媒、清洗剂、喷雾剂、灭火剂等。但是，氟氯碳化物因化学性质稳定，生命周期长达数十年乃至百年，不只累积在大气中，同时上升至平流层，在此受到紫外线照射，因而分解产生氯原子与臭氧反应。一个氯原子在失去活性前，足以破坏一万个臭氧分子，大幅减少大气中的臭氧含量，造成地球直接暴露在紫外线下，破坏动植物细胞DNA，增加病变或死亡风险，氟氯碳化物是破坏大气层的主要元凶，必须加以管制。

基于对永续环境的考虑，LEED要求新设置的空调系统必须禁用氟氯碳化物冷媒。依据联合国"蒙特利尔公约"的规范，非会员国若不遵守规定，产品不得销往会员国。台湾碍于国际地位特殊，始终无法签署国际公约，自1990年起主动承诺遵守蒙特利尔公约之责任义务[3-4, 3-5]。若有申请机构因经费问题无法立即改善，LEED也接受申请单位提出逐年替换的改善计划。台积电已全数更换不符合标准的冷媒，并且不再使用氟氯碳化物的冷媒，改采R-123, R-134a等新式冷媒。

图 3-15 **氟氯碳化物破坏臭氧流程**

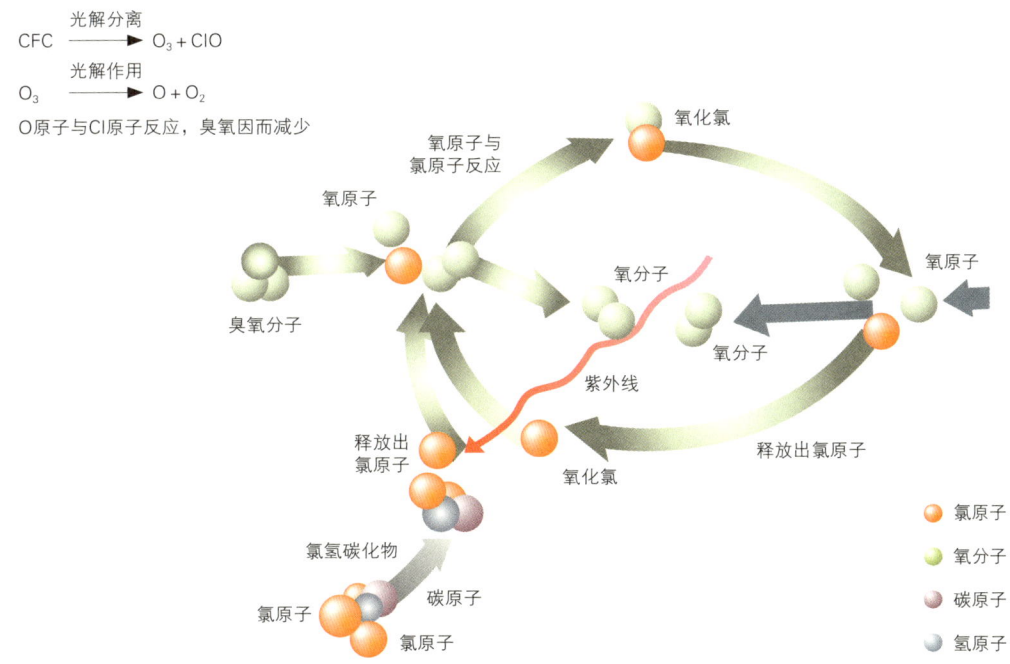

第三章——能源与大气环境 Energy and Atmosphere, EA

指标1 │ 能源效率优化（EA, C1）

一幢建筑物能源效率之节能效果可采用三种选项进行分析：

选项一、采用整栋建筑能源模拟软件计算，以分析能源效率优化状况，以美国冷冻空调ASHRAE 90.1为基准，计算建筑物节能百分比。采用此方式之得分点数较高（1～19分），但困难度也较高。

依照ASHRAE 90.1 附录G之规定进行建筑物性能评估，将建筑物之所有会产生能源费用的设施进行模拟分析，并须依照以下之标准：

遵循ASHRAE 90.1 之强制规定章节5.4 建筑物之隔热、门窗、空气泄漏要求，章节6.4 空调设备之效率、负载分析、分区温湿度控制、施工与风管保温要求，章节7.4 热水系统之负载分析、设备效率、管路保温及其控制系统要求，章节8.4 电力系统之压降要求，章节9.4 照明之自动控制、灯具之串联接线、出口指示灯等用电规定，章节10.4 电动马达之最低效率规定。

建筑物内所有消耗能源费用的设备及系统均须纳入模拟，如用电设施、天然气、生活热水等。

与ASHRAE 90.1 附录G之基准进行节能效果比较，基准建筑物之标准制程耗能内定为整栋建筑物能源费用的25%，若小于25%，需提出证明文件以佐证其合理性。

选项二、法规规定的符合项目方式（1分）
符合"ASHRAE小型办公栋建筑物进阶能源设计准则"（ASHRAE Advanced Energy Design Guide for Small Office Buildings 2004）之条列式节能措施，包含屋顶、门窗、地板、玻璃、天窗、室内照明、通风、风管、热水及能源回收系统均须符合其规定[3-6]。此简化之评估方式依照不同气候分区之建议，较ASHRAE 90.1 标准可节能将近30%。

建筑物面积必须小于20,000平方英尺，且必须为办公用途，才可使用此选项。

选项三、法规规定的符合项目方式（1～3分）
符合美国新建筑协会（New Building Institute）制定的进阶建筑物核心准则（Advanced Building Core Performance Guide），其面积小于100,000平方英尺，窗户与墙的比例小于40%的办公建筑可适用此选项。若章节1.1～1.7及2.1～2.13均能符合，可获得一分；若再能符合章节3.2～3.7、3.9～3.12及3.14，最多可再获2分。

工业厂房或商办的建筑物类别，能源使用的类型较复杂，计算能源使用的难度也更高。因此，建议采用选项一：能源模拟方式进行申请。选项一的好处，除了分数比重较其他两项高，并可采用免费软件DOE-2进行建筑物的耗能分析。DOE-2是最广泛使用的能源模拟程序，由美国能源部赞助劳伦斯柏克莱国家实验室（Lawrence Berkeley National Laboratory）与J. J. Hirsch合资公司研究团队所共同开发出来的能源模拟软件，DOE-2在经过近二十年的开发和不断的改善修正，已成为目前最完善的免费能源模拟软件之一。

表 3-23　建筑物节能百分比与得分点数关系

新建物	既有建物	得分点数
12%	8%	1
14%	10%	2
16%	12%	3
18%	14%	4
20%	16%	5
22%	18%	6
24%	20%	7
26%	22%	8
28%	24%	9
30%	26%	10
32%	28%	11
34%	30%	12
36%	32%	13
38%	34%	14
40%	36%	15
42%	38%	16
44%	40%	17
46%	42%	18
48%	44%	19

DOE-2可逐时（全年8,760小时）对建筑物件做能源消耗模拟分析，精确定义及分析建筑分时耗能状态。此软件可让更多设计人员使用，不仅在建筑设计的各个阶段，也包括前期的概念设计阶段、施工阶段的修正以及完工后的测试验证，对任何设计团队都适用。它可提供之功能有建筑方位规划、基地配置、外壳建材、遮阳、自然采光等兼顾环境健康、舒适与节能设计之建议与评估，以及建筑设备、照明系统、空调等系统建置之模拟与节能设计之效益分析。

DOE-2使用特定程序撰写，输入为固定格式，使用者不易操作。后续发展出外挂软件，将输入程序窗口化，和图像结合在一起。用户利用简易的图表及操作界面，使输入资料更为简易清晰，例如eQuest、Power DOE等。

常使用的外挂软件为eQUEST，它是一套以DOE-2为核心所开发之免费工具软件，广为世界各国采用，为美国加州公共设施委员会（California Public Utilities Commission）与附属公司共同开发的软件，它简化了DOE-2程序的输入复杂度，由图像指引的方式输入各项模块及建筑描述的输入档，同时还提供了图形结果显示的功能，直接显示输入文件转换而成的二维或三维的建筑模型，可以观看图形的输出结果。另外，可选择适用的空调机组进行各式建筑能耗模拟，并且也提供了建筑物耗能、节能分析、昼光控制和照明系统的控制模式，并从参数表中选择适当测试方法，完成能源效率的分析[3-8]。

程序输入资料如图3-16，步骤说明如下：

1. 建筑基地信息和气象资料：包括建筑的经、纬度，以及海拔高度等基本信息。
2. 建筑外壳、结构、材料及相临物件（建筑、遮阴物件）资料：包括建筑结构、屋顶构造、楼板构造、窗户隔热、屋顶隔热、外墙隔热、建筑方位等。
3. 此栋建筑物的运转行为：包含人员作息、照明与空调之运转排程、各室内区域的温度设定等，以利整年度的能源消耗模拟。
4. 室内负载统计：包含各区域人数、照明与设备耗能状况（潜热及显热负荷），空调系统包含水侧供应系统：冰水系统、冷却水系统、热水系统（锅炉、冰水主机、冷却水塔、泵浦），空气侧供应系统（风机、冷热盘管、温湿度设定）。
5. 能源计价费率（电力、柴油、天然气等）：eQUEST的能源模拟功能很强，能够逐时计算能源消耗状况，并算出整年度各种能源费用。

图 3-16 DOE-2 流程与 eQUEST 输入资料

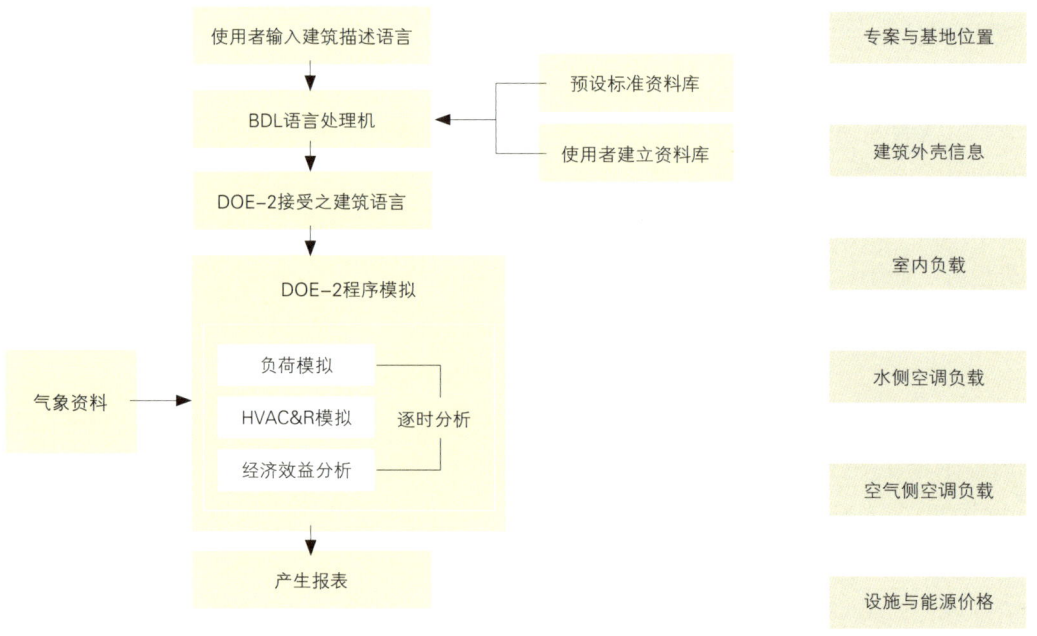

图3-17显示DOE-2模拟范例，可展现建筑物3D外观、冰热水供应系统架构、各呼吸区域之温湿度要求等。最后，依基地不同分区位置，计算出各系统每月耗能状况。

图 3-17　DOE-2 分析报告

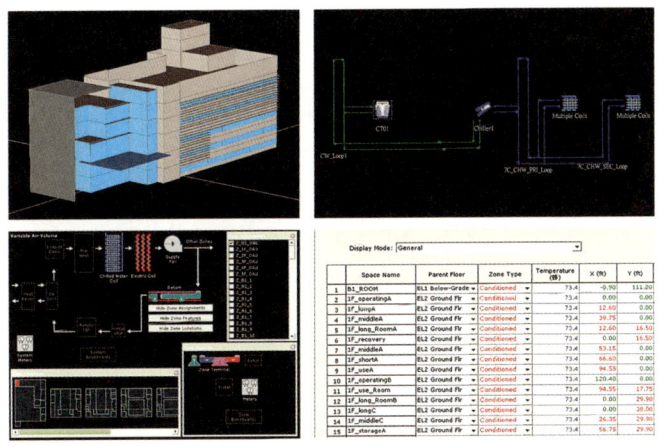

资料来源：李魁鹏／台北科技大学能源与冷冻空调工程系

表 3-24　模拟软件分析耗电结果

消耗量 （千度）	一月	二月	三月	四月	五月	六月	七月	八月	九月	十月	十一月	十二月
设备	1,450,108	1,310,038	1,451,913	1,408,565	1,464,070	1,425,356	1,475,745	1,475,328	1,420,756	1,462,412	1,406,710	1,451,339
室内送风机	516,079	466,142	516,440	500,414	518,164	502,275	519,960	519,389	502,119	518,588	500,498	516,441
加热器	394,197	352,316	380,100	349,179	344,111	323,381	327,048	329,266	328,512	350,174	3,566,310	388,465
冰水主机	369,459	388,522	423,990	489,914	645,218	727,209	789,583	798,266	666,366	613,083	453,763	407,627
泵浦	104,770	98,099	117,975	126,720	152,889	160,999	172,886	175,791	153,977	147,726	121,320	111,886
室内照明	85,167	76,665	85,114	82,405	85,167	82,297	85,221	85,167	82,351	85,167	82,405	85,167
冷却水塔	26,036	23,738	29,779	34,249	43,285	46,813	50,796	51,759	441,855	41,539	32,231	28,365
室外照明	170	154	170	165	170	165	170	170	165	170	165	170

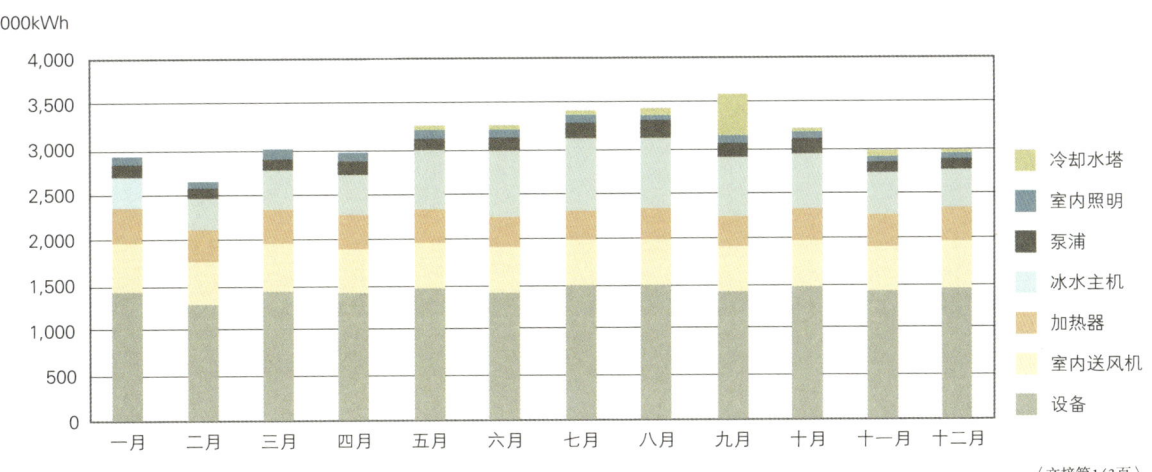

〈文接第143页〉

[范例]

本专案采用选项一，整栋建筑能源模拟分析。必须说明采用之模拟程序（eQUEST v36.1）、建筑物楼层（五楼）、热水来源（热回收）、气候分区（第二区）、能源参考标准（ASHRAE 90.1-2004附录G），与美国能源之星（Energy Star）建筑物省能相比，得分目标为75分[3-9]。

表 3-25 建筑空间说明

空间形式	空调区域面积（ft²）	无空调区域面积（ft²）	总面积（ft²）
生产区	300,000	–	300,000
机台区	300,000	–	300,000
原料供应区	5,000	–	5,000
电器设施区	20,000	–	20,000
厂务设施区	100,000	–	100,000
设备区	100,000	–	100,000
空调箱区	–	10,000	10,000
空污处理区	–	20,000	20,000
走廊	–	20,000	20,000
大厅	–	10,000	10,000
总计	825,000	60,000	885,000

表 3-26 能源形式说明

能源形式	电费叙述	能源单位	需量单位
电力	平均每度电费约2.2元	kWh	kW

表 3-27 基准案例与专案之输入资料比较

模型输入参数	专案	基准案例
外墙构造	U值 = 0.146	U值 = 0.124
屋顶结构	U值 = 0.13	U值 = 0.063
楼板结构	U值 = 0.633	U值 = 0.052
窗户对墙比例	0.76%	0.76%
开窗法	固定	固定
窗户U值	1.252	1.22
窗户SHGC-北面	SHGC = 0.7/SC = 0.8	SHGC = 0.25/SC = 0.29
窗户SHGC-非北面	SHGC = 0.7/SC = 0.8	SHGC = 0.25/SC = 0.29
窗户穿透系数	0.58	0.58
遮阳装置	无	无
室内照明密度（W/ft^2）	走廊 0.48 原料供应区 0.61 机房 0.26	走廊 0.5 原料供应区 1.2 机房 1.2
昼光控制	无	无
户外照明功率（kW）	7.7	17.5
插座设备电力密度（W/ft^2）	16.6	16.6
制程负载	冷却水36 Mbtu/hr	冷却水36 Mbtu/hr
电梯（kW）	160	160
主要空调系统	外气供应 双温度冰水 干盘管	表G3.1.1B系统8-VAV 冰水 VAV及加热
风扇供风量	MAU-1,000,000 cfm 机房-110,000 cfm	MAU-1,000,000 cfm 机房-110,000 cfm
风扇马力数	MAU-2,100kW 机房-185kW	MAU-1,400kW 机房-21kW
冰水主机参数	5℃ 2600吨COP = 5.46 12℃ 3200吨COP = 6.94	800吨 COP = 6.1
冰水系统参数	12℃ 220kW变频控制 5℃ 190kW变频控制	一次泵35kW定频 二次泵25kW变频
热水系统参数	190kW热回收泵浦	无
冷却水塔参数	150kW冷却水塔变频控制	44.5kW冷却水塔二段控制
泵浦参数	150kW,190kW定频控制	42.3kW定频、定流量控制

表 3-28　基准案例与专案之耗能模拟结果比较

系统	能源使用方式	设计量	单位	规划建物耗能状况	基准建物	单位	基准建物耗能状况	节能百分比（%）
室内照明	电力	能源使用	（kWh）	7,411,801	能源使用	（kWh）	10,022,993	26.1
		需求	（kW）	931	需求	（kW）	1,379	32.5
户外照明	电力	能源使用	（kWh）	31,028	能源使用	（kWh）	70,259	55.8
		需求	（kW）	7.7	需求	（kW）	17.5	56
空间加热	电力	能源使用	（kWh）	9,923,339	能源使用	（kWh）	43,989,016	77.4
		需求	（kW）	3,080	需求	（kW）	7,913.30	61.1
空间冷却	电力	能源使用	（kWh）	50,899,672	能源使用	（kWh）	61,147,655	16.8
		需求	（kW）	8,935	需求	（kW）	12,259.80	27.1
泵浦	电力	能源使用	（kWh）	14,797,324	能源使用	（kWh）	16,833,276	12.1
		需求	（kW）	2,547	需求	（kW）	3,708.80	31.3
热回收	电力	能源使用	（kWh）	1,738,711	能源使用	（kWh）	6,200,680	72
		需求	（kW）	408.7	需求	（kW）	1,201.50	66
内部风扇	电力	能源使用	（kWh）	53,963,968	能源使用	（kWh）	78,745,064	31.5
		需求	（kW）	6,160.30	需求	（kW）	9,037.30	31.8
插座设备	电力	能源使用	（kWh）	166,103,310	能源使用	（kWh）	169,358,495	1.9
		需求	（kW）	19,436.80	需求	（kW）	19,625.60	1
总能源	年度总能源使用量（MBtu/年）			1,040,214			1,318,286	21.1
	年度制程能源使用量（MBtu/年）			566,744			577,851	1.9

注：1kW = 3.412 kBtu/H, 1MBtu = 1000 kBtu

模拟结果报告资料需包含基准案例与专案之输入参数，以及冰水主机、冰水回路、控制方式及运转时程、泵浦特性、冷却水塔特性；基准案例与专案之耗能模拟结果，包含建筑物各系统耗能明细、能源花费、各空间之所有耗能明细、外墙资料、地下室墙壁材质明细、内装材质明细、窗户资料、设备负载能源消耗、使用端耗能明细。

指标 2 | 现地使用再生能源（EA, C2）

凡直接应用或经过转换后的所有能源都涵盖在内，分为"初级能源"及"二级能源"二种。初级能源指的是未经过转换的能源，又可分为再生能源与非再生能源，前者包括太阳能、风力、水力、生质能、地热能、海洋能；后者则包括石油、天然气、煤炭及核能等。二级能源指的是，将初级能源或其他二级能源转换处理后所获得的能源，包括电能、汽柴油、煤气及氢能。

工业革命后，人类开始大量开采煤炭及石油。煤炭因热质高、价格便宜，为发电的主要燃料，据统计，煤还可使用200年左右，石油41年、天然气67年、铀53年。石油分为原油及天然气两种，二次大战后人类生活水平提升，石化能源用量急遽增加，加上石油及天然气的分布不均，未来恐将面临供需失调及耗尽的危机，以及能源安全的考验。唯有再生能源普及应用，才有可能缓和能源危机。

目前，再生能源除水力外，较具发展潜力的还有风能、太阳能、地热、海洋能（包括海洋温差、波浪、潮汐及海流）及生质能等。其中地热发电、太阳能发电与风力发电在技术上已臻成熟，并有电厂实际运转经验。全球再生能源发展在2009年成长7%，达1,230 GW，其中以风力发电为最大宗，2009年平均成长27%，达159 GW；太阳能成长42%，达24 GW；生质柴油及酒精成长7%[3-10]。以下介绍常见的几种再生能源。

太阳能

区分为热能与电能两种。热能的发电原理是，收集自太阳的辐射能量，用以加热水温，利用水变为蒸气过程的变化，推动涡轮发电机发电，或者利用其热能调整室内温湿度。

电能的发电原理，是利用太阳电池吸收$0.2\mu m \sim 0.4\mu m$波长的太阳光。因p-n二型半导体材质产生电位差，接上负载后可将光能直接转变成电能输出。

太阳能电池为太阳光电系统的基本元件，单一太阳电池电压约0.5V，依照所需要的电压、电流设计将数个太阳电池串联成一组。由于太阳能电池产生的是直流电，若需供电给一般电器设备，需加装直交流转换器，将直流电转换成交流电，才能供电至家庭或工业使用。

太阳能具备环保、永续、安全、技术成熟、可携带性，以及无地理环境限制等多项优点，成为替代能源首选。至于转换效率不高、发电成本昂贵的缺点，若能大量应用即可逐步获得改善。

图 3-18 太阳能电池发电原理

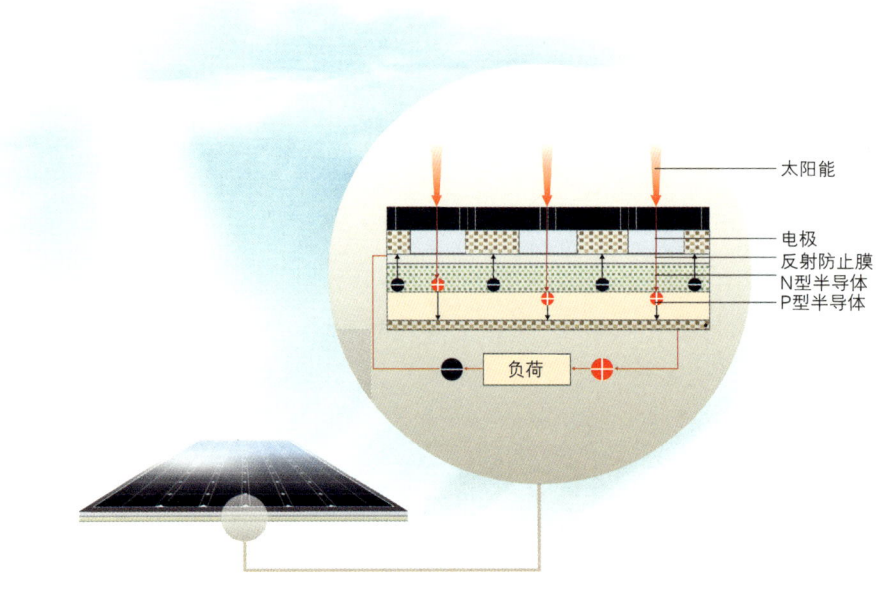

图 3-19 台湾日射小时分布图 [3-11]

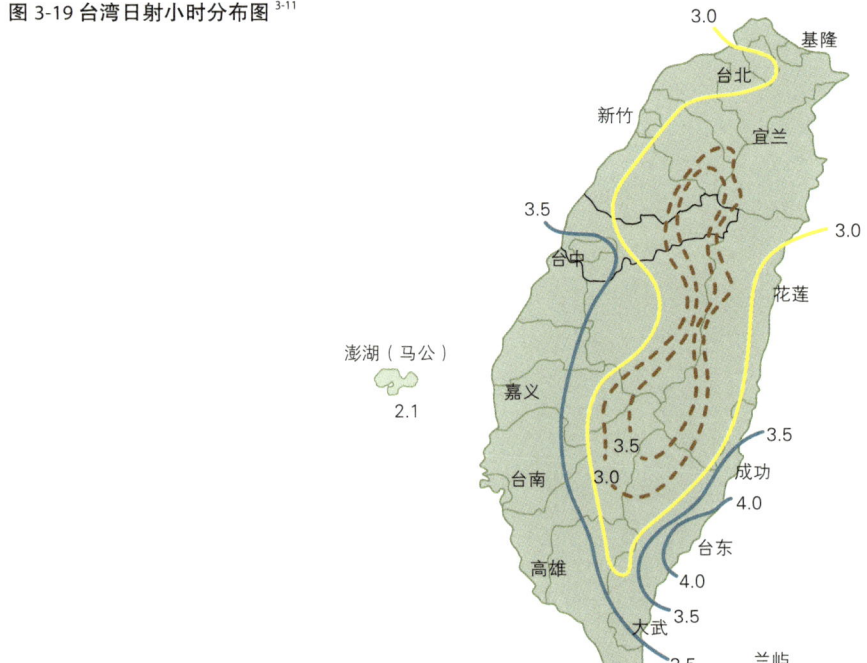

风力

利用空气流动来带动发电机叶片旋转,再通过增速机将旋转速度提升,促使发电机发电。目前的技术可运用3m/s的微风速度发电,而区域风场若能达到年平均风速6~7m/s则评估为具有开发价值的风场,一般风速若超过13m/s时,风力设备会停止动作。

风力资源丰沛的区域风场,其发电成本已经接近于传统发电方式,预估会扮演重要的辅助发电角色,成为全球成长最快的再生能源发电技术之一。网络巨人美商科高国际有限公司(Google)宣布,将投资五十亿美元在风力发电。根据全球风力能源协会(Global Wind Energy Council)估计,风力发电将在未来二十年内供应全球22%的用电。

大型风力发电机通常采用水平轴形式,由叶轮、变速箱(加速齿轮箱)、发电机、偏移装置、控制系统、塔架等元件组成。叶轮的作用是将风能转换为机械能,由气体流动性能良好的叶片装在轮轴上所组成。低速转动的叶轮经由传动系统加速齿轮箱,带动发电机发电。

图 3-20　风力发电并联示意

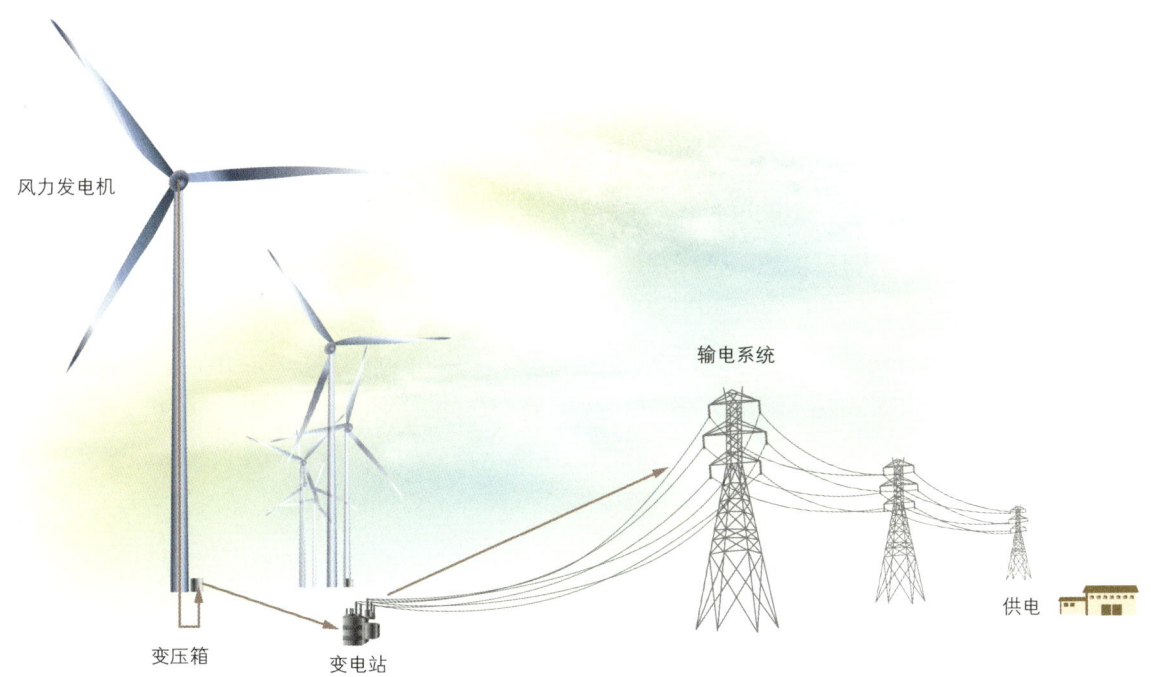

生质能

生质（biomass）亦称有机物，可直接或间接地充当燃料使用，也是目前相当广泛使用的再生能源。生质能是全球第四大能源，仅次于石油、煤及天然气，它的用途包括供暖、烹调、发电或化工制程，供应全球约14%的初级能源使用，也提供开发中国家35%的能源。

生质能就是利用生质作物经转换所获得电能与热能。生质作物泛指由生物产生的有机物质，例如木材与林业废弃物；农作物与农业废弃物；畜牧业的动物尸体；废水处理的沼气；都市垃圾处理厂、垃圾掩埋场所产生的沼气；工业废弃物如有机污泥、废橡胶、废纸等。生质能[3-12]转换为热能之技术，可分为直接燃烧、物理转换、热转换及生物转换等，直接燃烧是将废弃物直接燃烧产生热能并转换为电力，例如垃圾焚化厂。物理转换乃将废弃物分选后做成固态燃料，当做锅炉或水泥厂之燃料，热转换则利用气化与裂解将废弃物转换为燃料，生物转换乃利用生物化学反应以产生酒精、沼气、生质柴油等，当做汽车的混合替代燃料。

近来，因部分生质燃料采用一般生活必需食物如玉米、黄豆等进行转换，引发大众对此生质能发电产生疑虑，如果改采非食用性作物，就可以避免这点争议。

地热能

地热来自地球内部。地核散发的热量通过地函的高温岩浆传达至地壳，这种热能就称为"地热能"，简称"地热"。可供开发利用的地热，通常出现在地壳破裂处，亦即板块构造边缘。

地热发电的基本原理是利用地热来加热地下水，使其成为蒸气后，推动涡轮机发电。换言之，就是将地热转换为机械能，再将机械能转换为电能；这种以蒸气来带动涡轮的方式，和火力发电的原理相同。然而，相较于太阳能、风力发电等输出不稳定，地热发电属于较稳定的基载供电。

台湾地处环太平洋火山带，地热资源相当丰富，目前已知的有大屯山区、宜兰清水、土场等具有开发价值，其余温泉丰富地区则需进一步探勘开采价值，宜兰清水已于1981年设置第一座3MW之地热发电试验厂，因井壁结垢问题于1995年关闭。但若石油价格持续高涨，加上政府鼓励及补助替代能源，不妨有效利用此自然资源。

图 3-21 地热发电原理

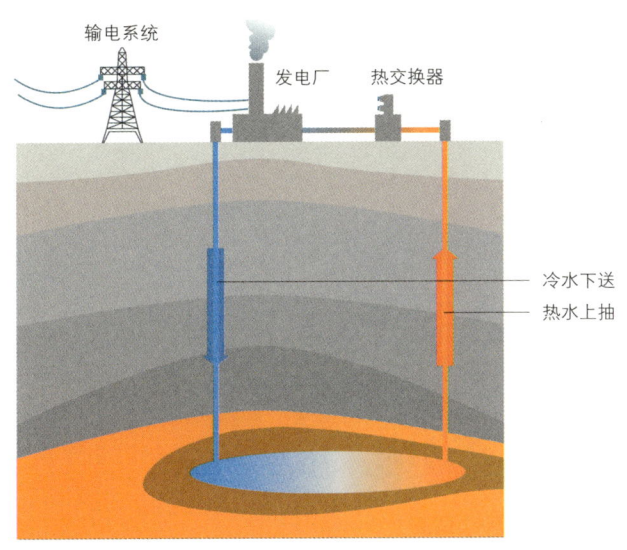

海洋能

地表有七成都被海水覆盖，在人类热切寻求无污染的替代能源的此时，海洋的潮汐能及波浪能正是台湾值得发展的方向。

潮汐能指的是利用海水水位高低变化，将位能转换成电能的发电方式。潮差达5米以上，即可发电。韩国于2010年宣布，将在距首尔西方50公里处、靠近江华岛的西海岸，兴建一座全球最大的潮汐发电厂，预计6年后完工，将可提供50万户家庭用电。台湾有此条件的地区只有金门、马祖一带，其发电潜力在10,000kW以上。

海浪能撷取波浪能量，将其转换为电能的发电装置。然而，波浪能量需大于10kW/m才有经济价值。

小型水力发电

大面积的水力发电会造成水源保护区及森林的破坏，LEED并不鼓励。但因水力为干净的能源，所以小型的水力发电厂是可被接受的。

申请LEED时，将基地内部发展并使用于内部建筑物的再生能源，所产出的实际能源费用与建筑物整栋的能源费用相比，而不是由装置容量计算出来，可用下表之占比换算成评分点数。

表 3-29　再生能源百分比与评分点数的关系

再生能源百分比	评分点数
1%	1
3%	2
5%	3
7%	4
9%	5
11%	6
13%	7

指标 3　加强系统的功能验证（EA, C3）

专案系统设计之初，即着手与第三功能验证团队配合，导入验证程序，确认从规划到运转均符合设计要求。功能验证程序包括规划、设计、发包、工程施工，以及运转阶段。验证团队的认证资格须具备以下条件：

- 两个以上的专案认证经验。
- 独立性验证团队的资格限制。业主认可的员工或顾问团队，不包含专案之设计或营建人员；设计公司之员工也不可加入认证团队，但其外聘人员则可纳入；营建团队之员工或外聘人员均不得参与验证。
- 验证团队的报告结果、发现及建议需直接报告业主。

功能验证团队在专案初期即须参与整个专案之进行，功能验证团队的主要工作是：检视业主专案需求（OPR）与设计基准（BOD）、导入功能验证程序、审阅承包商送审文件。

在施工文件准备前，指派验证团队指导功能验证过程；进行功能验证的额外作业；系统功能确认后，执行后续追踪作业。此外，功能验证团队必须协助审阅验证系统的承包商送审文件，包括系统操作手册（OI）、维修手册（PM OI）；协助举办操作人员与使用者的教育训练；完工后连续追踪十个月运转验证作业。

表 3-30　EA P1 与 EA C3 的差异如下表：

工作	须符合EA P1	须符合EA C3
选定第三功能验证团队（CxA）	业主或专案业主	业主或专案团队
专案需求（OPR）文件撰写	业主	业主
专案之设计基准（BOD）文件撰写	设计团队	设计团队
整合验证需求至施工文件	专案团队或CxA	专案团队或CxA
施工中之功能验证项目检讨	不需	CxA
撰写功能验证计划书	专案团队或CxA	专案团队或CxA
检视需功能验证系统之送审文件	不需	CxA
确认需验证系统之现场安装状况及其正确功能	CxA	CxA
撰写功能验证系统之操作手册	不需	专案团队或CxA
确认完成相关之训练	不需	专案团队或CxA
撰写功能验证报告	CxA	CxA
检视系统后运转10个月内之状况	不需	CxA

〈文接第151页〉

[范例]

　　加强系统的功能验证需提出下列资料。首先，提供设计阶段的设备规范、设备效率、设计图面、送审文件，文件包含风管压降计算书、水管压降计算书、控制阀筛选计算书、风管泄漏测试计划书、水管洗管计划书、控制测试计划书、系统整合测试计划书等，并检视施工后之结果是否符合业主要求及建议事项追踪。功能验证计划说明包括：
- 整栋建筑物的能源使用状况
- 照明耗能情形
- 冰水主机的效率
- 变流量冰水系统
- 热回收状况
- 冷却水塔变频器控制

　　空调系统功能验证包含冰水主机、冷却水塔、泵浦、冰水系统、空调箱、送排气风机，以及照明系统的控制与耗能状况。维修手册撰写的适当性、操作维护的监督、人员训练执行计划均是此验证团队需协助业主进行审核的项目。

指标 4 | 加强冷媒控管（EA, C4）

蒙特利尔公约要求减少臭氧层破坏与降低地球温升效应，因此空调及消防系统应避免使用冷媒，或至少使用对大气层冲击较小的环保冷媒。同时，计算出其对全球暖化潜势（Global Warming Potential, GWP）及臭氧层破坏潜势（Ozone Depletion Potential, ODP）的程度。

大于0.5磅冷媒充填之空调单元及其他设备，如冰箱、冷藏柜、水冷机等均需列入计算表内进行检讨。消防系统则不可使用含氟氯碳化物（CFCs）、氢氟氯碳化物（HCFCs）及海龙等会造成臭氧层破坏的物质。

京都议定书所定义的温室气体有二氧化碳（CO_2）、甲烷（CH_4）、氧化亚氮（N_2O）、氢氟碳化物（HFCs）、全氟碳化物（PFCs）及六氟化硫（SF_6）。每种温室气体造成的暖化效应并不相同，为此，"政府间气候变迁委员会"（Intergovernmental Panel on Climate Change, IPCC）在1990年的报告中引入"全球暖化潜势"的概念，作为评估依据[3-13]。方法是将二氧化碳的GWP定为一，而相对于二氧化碳的暖化强度，就是该气体的全球暖化潜势值。

表 3-31 温室气体全球暖化潜势

	京都议定书管制的温室气体								京都议定书管制的化学品			
	二氧化碳	甲烷（CH_4）	HFC-134a	HFC-152a	HFC-23	CF4	C2F6	N_2O	SF6	CFC-11	CFC-12	HCFC-22	HCFC-141b
大气寿命	—	12±3	13.8	1.4	260	>50,000	10,000	120/114	3,200	45	100	11.9	9.3
GWP（100年）	1	23	1,300	120	12,000	5,700	11,900	296	22,200	4,600	10,600	1,700	700

臭氧层破坏潜势是指各式化学物质相对于CFC-11影响臭氧的比例。将CFC-11 或CFC-12 作为参考值1.0，依其余物质与其比值定出各物质的ODP值，如下页表所示。

表 3-32　臭氧层破坏潜势

冷媒	臭氧层破坏潜势 ODP	全球暖化潜势 GWP（100年）
氟氯化碳		
CFC-11	1.0	4,680
CFC-12	1.0	10,720
CFC-114	0.94	9,800
CFC-500	0.605	7,900
CFC-502	0.221	4,600
氢氟氯碳化物		
HCFC-22	0.04	1,780
HCFC-123	0.02	76
氢氟碳化物		
HFC-23	~0	12,240
HFC-134a	~0	1,320
HFC-245fa	~0	1,020
HFC-404A	~0	3,900
HFC-407C	~0	1,700
HFC-410A	~0	1,890
HFC-507A	~0	3,900
天然冷媒		
CO_2	0	1.0
NH_3	0	0
丙烷	0	3

接着，利用以下公式得出总和，必须小于100，始可符合绿建筑要求。

$$LCGWP + LCODP \times 10^5 \leqq 100 \quad (3\text{-}2)$$

其中 $LCGWP = [GWPr \times (Lr \times Life + Mr) \times Rc] / Life$
　　　$LCODP = [ODPr \times (Lr \times Life + Mr) \times Rc] / Life$

注：
LCGWP：全球暖化潜势生命周期
LCODP：臭氧层破坏潜势生命周期
Lr：冷媒泄漏率（0.5%～2%）
Mr：冷媒减损的使用终端寿命（2%～10%）
Rc：冷媒冲填量（每吨冷冻剂0.5～5磅）
Life：设备寿命（预设值为10年，依设备形式而定）
相关参数可依冰水主机厂商提供之数据进行修正。

〈文接第154页〉

[范例]

对此，台积电的做法是，购买冰水主机时，选择对臭氧层破坏较小之冷媒。填写冷冻空调设备使用的冷媒影响，其中的参数如冷媒泄漏率、冷媒减损的使用终端寿命、冷媒充填量等数据，需请冰水主机设备厂商提供。最后计算结果，每吨的冷媒影响须小于100，始可符合LEED要求，并须说明消防系统未使用会造成臭氧层破坏的物质。LEED要求的是空调系统的冷媒使用，因此，我们并未将设备机台使用之小型冷却系统冷媒纳入统计。

表 3-33　冷冻空调的冷媒影响

冷冻空调设备总类	数量	吨数	冷媒总类	GWPr	ODPr	Rc (lb/ton)	Life (年)	Lr (%)	Mr (%)	LCGWP	LCODP ×10⁵	冷媒影响/每吨	冷媒影响总和
离心式冰水主机	4	2,600	R-123	76	0.02	2.0	23	0.5	10	1.4	37.4	38.8	403,647
离心式冰水主机	4	3,200	R-123	76	0.02	2.0	23	0.5	10	1.4	37.4	38.8	496,796
总吨数		23,200									总计	38.8	900,443

台积电使用之离心式冰水主机采用R-123冷媒，其每吨冷媒影响量为38.8，符合绿建筑规范要求。

指标 5 ｜系统量测与验证（EA, C5）

委托第三功能验证团队进行能源使用优化的调整与测量，是采用"国际节能绩效量测与验证规则"（International Performance Measurement & Verification Protocol, IPMVP）方案D[3-14]。利用能源模拟软件分析整体建筑物与设备的每月耗能，现场安装能源计量仪器，取得实际耗能资料后，与模拟结果比较与修正。

表 3-34 IPMVP M&V 选项：

	系统量测与验证方案	节能效益计算
A	测量设备效率或设计的操作参数为基准予以分析系统表现，并且每年验证其成效。	利用短期测量或电脑模拟做耗能计算。
B	专案完成后，于验证期间进行定期或连续性量测各设施或系统之表现并加以分析。	使用测量数据做计算与分析。
C	以整栋建筑物的计量仪表分析整年的系统表现。	分析各仪表（水电、瓦斯、燃油等）的数据。
D	以整栋建筑物的电脑模拟分析为主，用量测数据来校正模拟结果。	采能源模拟分析之逐月费用资料与实际量测数据进行修正。

首先，须制定测量与确认计划书，确认建筑物能源使用效能，并装设必要的量测设备，以监控能源使用且方便进行比较，如超音波流量计、压差传输器、冰水主机、冷却水塔、泵浦、空调箱等电表，检测空调耗能用电趋势及负载趋势图。有关节能效益的量测与确认，须在使用者进驻后持续执行一年以上，才能确认相关设备的正常运转。主要的量测与验证项目包括：

- 冰水主机效率　　　　　量测冰水主机之耗电量与冰水总吨数，计算其效能系数COP后，与ASHRAE 90.1基准做比较。
- 冰水供应系统效率　　　量测泵浦耗电量、进回水之流量、温差及压差。
- 冷却水供应系统效率　　冷却水流量、温度差、外气湿球温度。
- 外气空调箱　　　　　　出口温度重置。
- 无尘室　　　　　　　　正压设定。
- 冰水主机群组　　　　　加卸载程序。
- 滤网风机　　　　　　　差压回路耗电监测。

常用的量测设备有电表、流量计、风量计、温度表、压力表。

表 3-35 系统测量与验证项目

项次	系统别	监测内容			
		名称	水侧	空气侧	电力
1	空调水侧系统	冰水主机	—	—	电压、电流、功率、功因
		冰水泵浦	—	—	电压、电流、功率、功因
		自来水泵浦	—	—	电压、电流、功率、功因
		冷却水塔	—	—	电压、电流、功率、功因
		冰水系统	进水、出水温度、流量	—	—
		自来水系统	进水、出水温度、流量	—	—
2	空调空气侧系统	外气空调箱	进水、出水温度、流量	送风温度、湿度、流量	电压、电流、功率、功因
		过滤风扇单元	—	—	电压、电流、功率、功因
		无尘室	—	温度、湿度、流量	
		排气风车	—	静压差	电压、电流、功率、功因
3	室内照明	照明	—	—	电压、电流、功率
4	户外照明	照明	—	—	电压、电流、功率
5	制程设备	设备	—	—	电压、电流、功率
6	插座设备	设备	—	—	电压、电流、功率
7	整栋建筑物耗能	电力	—	—	电压、电流、功率
8	天气	气象资料	—	温度、湿度	—

〈文接第161页〉

[范例]

台积电在这部分的做法是先拟订"量测与验证计划书",共分三节。第一节叙述建筑物经能源模拟程序运算后,整年能源消耗及节省状况,以及计划书的预计执行方式一览表。第二节说明能源费率、验证时程与报告完成日期、运转/维护记录在年度报告内。第三节说明能源模拟参数说明、结果,仪器精准度需求及校正周期,能源量测记录及节能状况比较。

表 3-36 预计年度节能统计,以及基准建物比较表

系统	能源使用方式	设计量	单位	规划建物耗能状况	基准建物	单位	基准建物耗能状况	节能百分比(%)
室内照明	电力	能源使用	(kWh)	7,411,801	能源使用	(kWh)	10,022,993	26.1
		需求	(kW)	931	需求	(kW)	1,379	32.5
户外照明	电力	能源使用	(kWh)	31,028	能源使用	(kWh)	70,259	55.8
		需求	(kW)	7.7	需求	(kW)	17.5	56
空间加热	电力	能源使用	(kWh)	9,923,339	能源使用	(kWh)	43,989,016	77.4
		需求	(kW)	3,080	需求	(kW)	7,913.30	61.1
空间冷却	电力	能源使用	(kWh)	50,899,672	能源使用	(kWh)	61,147,655	16.8
		需求	(kW)	8,935	需求	(kW)	12,259.80	27.1
泵浦	电力	能源使用	(kWh)	14,797,324	能源使用	(kWh)	16,833,276	12.1
		需求	(kW)	2,547	需求	(kW)	3,708.80	31.3
热回收	电力	能源使用	(kWh)	1,738,711	能源使用	(kWh)	6,200,680	72
		需求	(kW)	408.7	需求	(kW)	1,201.50	66
内部风扇	电力	能源使用	(kWh)	53,963,968	能源使用	(kWh)	78,745,064	31.5
		需求	(kW)	6,160.30	需求	(kW)	9,037.30	31.8
插座设备	电力	能源使用	(kWh)	166,103,310	能源使用	(kWh)	169,358,495	1.9
		需求	(kW)	19,436.80	需求	(kW)	19,625.60	1
总能源	年度总能源使用量(MBtu/年)			1,040,214			1,318,286	21.1
	年度制程能源使用量(MBtu/年)			566,744			577,851	1.9

表 3-37　验证执行方式说明

验证项目	叙述	验证方式 IPMVP 方案	计划执行方式说明
整栋建物能源使用	整栋建物能源使用状况。	D	应用能源监控系统收集相关的电表、流量、风量、温度、压力等数据整合至电脑内进行分析与提供运转建议。
照明	统计平均照明用电密度与ASHRAE 90.1比较。	D	安装监控电表包含灯具的耗电量，测量灯具启停的电量变化。
高效率冰水主机	12℃离心式冰水主机COP 6.96较ASHARE 90.1 6.7℃ COP 6.1为佳。	D	安装冰水主机的进出水温度计、冰水流量计、冷凝器水温等仪器，监测系统的需求及负载变化。
变流量冰水系统	采用一次变流量系统优于ASHARE 90.1 二次变水量系统，为去除外气潜热及制程的显热，工厂设计双冰水温度系统，5℃供应外气空调箱，12℃供应干式冷却盘管。	D	安装流量计及电表测量建筑物内的负载及流量变化，泵浦压差及转速也须记录以进行冰水系统的分析。
热回收	采用12℃冰水主机废热回收供35℃温水系统使用，35℃温水系统供应外气空调箱预热及再热盘管功能，免除热水锅炉的设置及耗能。	D	热回收冰水主机系统安装的监控包含电表、热交换器流量、热交换器进出水温度、冰水主机的运转参数等热负载变化情形。
冷却水塔风扇变频控制	冷却水塔水温控制5.4℉趋近温度比ASHARE 90.1之70℉出水温度为佳，提高冰水主机效率，获得17.9%的风扇节能效益。	D	监控泵浦的流量与耗电量，以了解负载变动情形。
高效率风扇	安装高效率过滤风扇单元及大面积的回风夹层空间设计，以减少能源消耗。	D	监测过滤风扇单元的流量及耗电量。

表 3-38　验证时程与报告完成日期说明

项目	缴交时间	业主检视与验收
完成安装报告	验收后60天	30天
年度报告	年度性能量测后30天	30天

能源模拟说明

建筑物特性、楼层、用途、运转行为模式、空调设计理念、能源使用情形介绍，监控的系统仪器、电表安装位置说明，执行计划与表格制作，各系统每年节能状况统计均在此章节说明。

图 3-22 建筑物模拟模型

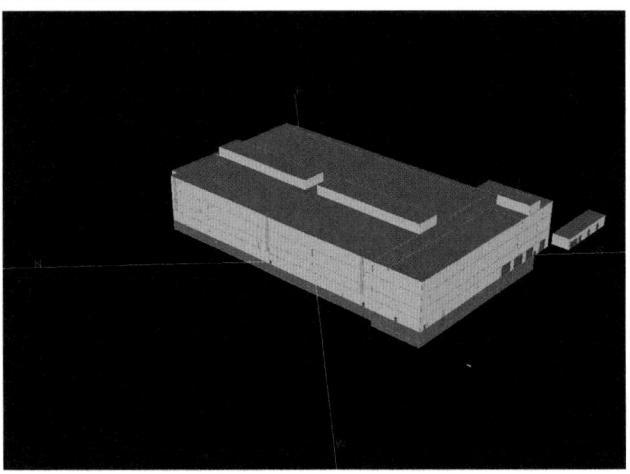

表 3-39 高效率照明叙述

项目	专案的照明用电密度（W / sf）	ASHRAE 90.1的照明用电密度基准（W / sf）
走廊	0.48	0.5
化学品储藏室	0.61	1.2
无尘室	1.84	2.1
次要无尘室	0.82	1.2
机房	0.26	1.2

表 3-40 监控资料收集频率

项目	监测点	资料收集频率（依实际状况调整）
1	环境温度	15分钟
2	环境湿度	15分钟
3	送回水冰水温度	15分钟
4	电表	20分钟
5	冷却器流量	15分钟
6	压差	15分钟
7	外气空调箱盘管进出水温度	15分钟
8	外气温度及湿度	30分钟

表 3-41　仪表规格与精准度要求说明

设备形式	用途	精准度
携带型流量计	冰水/冷却水流量量测	±0.5%
线上型流量计	冰水/冷却水流量量测	±0.5%
温度感测器	空间、冰水/冷却水送回水温度量测	±0.3%
电表	能源耗电量测	±0.2~0.8%
压差计	冰水主机与管路的压降量测	±0.2%
湿度感测器	外气空调箱、无尘室湿度量测	±1

能源量测结果

列出十二个月的能源使用账单，以及能源量测系统的每月耗能情形，进行差异比较。

表 3-42　每月耗能比较

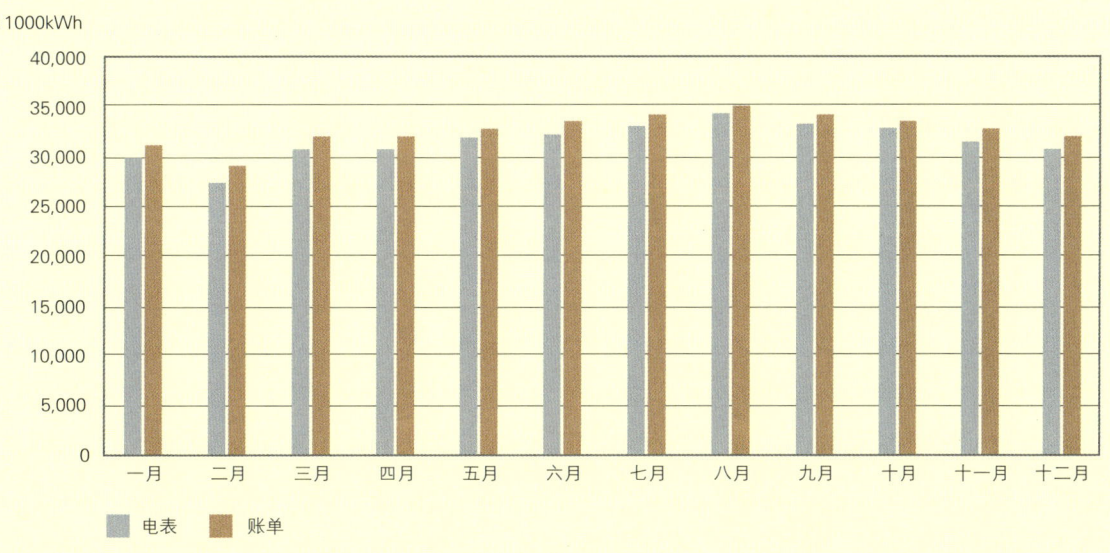

能源模拟程序修正

依照建筑物实际能源消耗模式与控制情形进行修正，并将量测的耗电量与模拟结果进行比对，将差异做成表格说明。

表 3-43 用电差异表

项目	校正前			校正后		
	测量值（kW）	模拟基准值（kW）	差异（%）	测量值（kW）	模拟基准值（kW）	差异（%）
室内照明						
户外照明						
空间加热						
空间空调						
泵浦						
热回收						
风扇						

表 3-44 校正后模拟模式与实际电费单的耗能差异比较

月份	电费单	室内照明	户外照明	空间加热	空间空调	泵浦	热回收	风扇
一月								
二月								
三月								
四月								
五月								
六月								
七月								
八月								
九月								
十月								
十一月								
十二月								

计划书内的量测与验证完成后，须与业主进行检讨修正，确认节能手法均与规划时相同。若有不符效益时，应进行下列可能的更正：

- 设备运转时程修改，以配合实际建筑物活动；
- 确认外气空调箱风车转速可保持无尘室的正压需求；
- 过滤风扇单元转速可保持无尘室的换气量需求，以及洁净等级；
- 确认外气空调箱冷却、加热功能，以及控制逻辑，均符合运转要求；
- 确认一次变流量的运转工作点在最低压差状况下；
- 确认冷却水塔控制在最佳出水温度运作；
- 确认负载管理机制正常运作，冰水主机加卸载均可维持正常。

指标 6 | 绿色电力应用（EA, C6）

绿色电力的定义是经由美国环保署所认证的绿色能源产品，再生能源公司运用风力、太阳能、水力、生质能、地热能等发出来的电，转卖给电力公司，再由电力公司卖给一般用户之机制[3-15]。本指标要求，应签订两年再生能源取得的绿色电力合约，至少供应整栋建筑物所需电力的35%。用电量基准采用能源模拟软件所计算的年度电力消耗量，或使用美国商用建筑物能耗调查（DOE Commercial Buildings Energy Consumption Survey，CBECS）的资料库，预估整年度电力消耗量。然而，台湾的绿色电力尚无此机制，因此无法获得此项得分。

台积电节能应用的设计

半导体产业的能源消耗较大，台积电一向着重能源管理，建厂设计之初，即导入各式节能手法，节省运转成本。以下介绍九种适合半导体厂房的节能做法。

一、双冰水温度供应系统

传统厂房大多采用单温度冰水系统控制厂房内的温湿度，半导体厂房因对环境的严格要求，设计双温度冰水系统供应至使用端。然而，供应之冰水温度愈低，空调设备的效能系数（COP）愈差。一般而言，双温度冰水系统的设计为5℃与12℃。5℃冰水主机供应外气空调箱的降温除湿功能；12℃的冰水主机供应干式冷却盘管（DCC）及制程冷却水（PCW）。若能提高冰水主机的运转温度1℃，就可以节省约3%的耗能。

图 3-23 双冰水温度供应示意

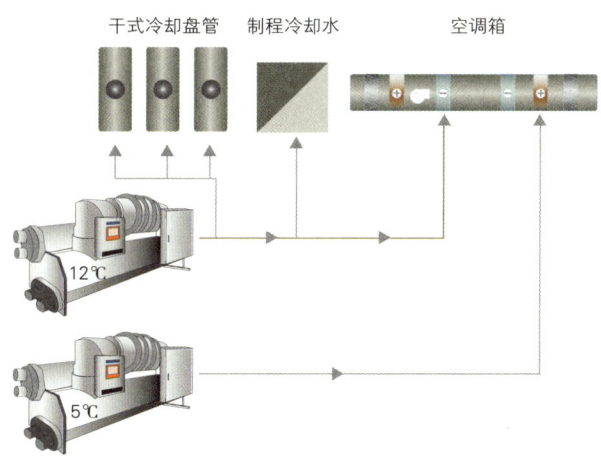

二、设计冰水主机废热的回收机制，取代锅炉系统

厂房运转时，冰水主机会产生大量的废热，传统做法是运用冷却水塔降低废热温度后，排放至户外。台积电回收冰水主机废热，运用热交换系统将水加温至35℃，作为外气空调箱预热与再热盘管的功能，完全取代热水锅炉的制造温水机制。此设计有许多好处，除了大大降低了初始设置成本，完全免除热水锅炉的设置以及未来运转期间之耗能支出，同时，也大幅减少冷却水塔的耗能，进一步提高厂房运转的安全性。

图 3-24 冰水主机废热回收示意

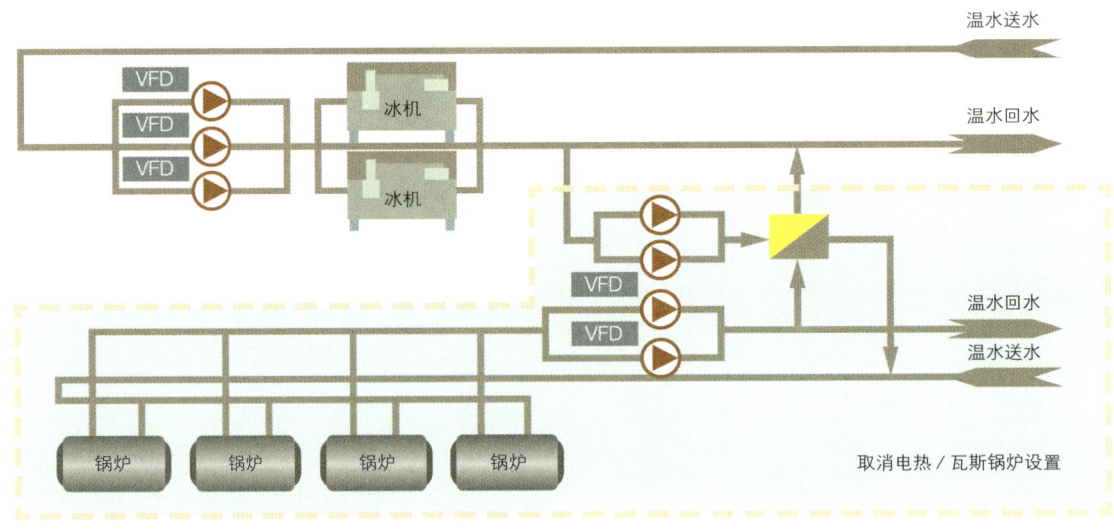

三、挥发性有机废气（VOCs）排放系统的废热回收

厂房产生的挥发性有机废气要经过高温燃烧处理，符合法定标准后才能排放。挥发性有机废气排放系统的设计，采用多次热交换器，可减少燃烧器的运转耗能。台积电设计第三次的热交换回收，提高废气进入燃烧器前的温度，可减少1%的瓦斯耗量。相较传统的二次性热交换系统，烟囱排放的温度可大幅降低。

图 3-25 挥发性有机废气的三次性热交换

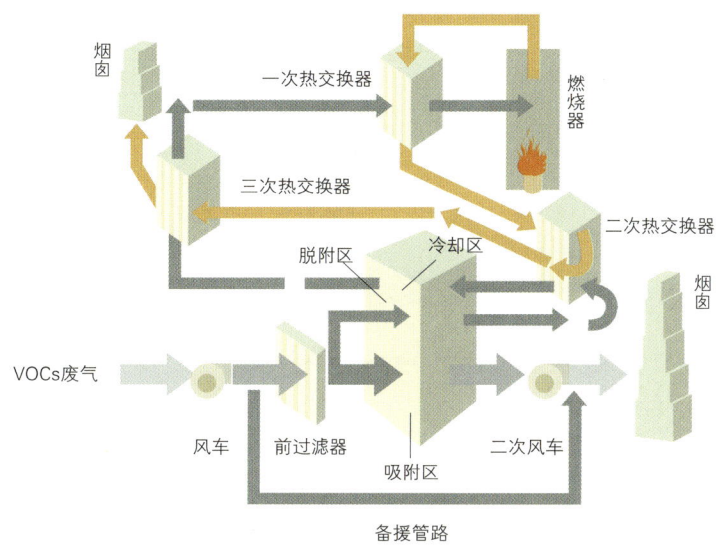

四、回收空气再利用机制

无尘室的空气标准极高，对于温湿度的稳定控制严苛。因此，台积电回收无尘室内30%机台散热的一般废气，供应到非无尘室区域或次级区域。回收废气的平均温度为25度，相对湿度45%，降低外气补充量与冷却除湿时所需耗费的能源。

图 3-26 回收空气再利用机制

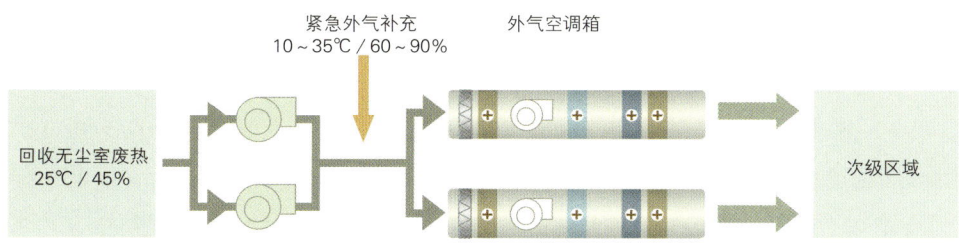

五、收集空调冷凝水再利用

厂房的空调箱数量多，处理外气量大，收集空调箱除湿时排放的冷凝水可应用在许多用途。台积电收集空调冷凝水应用在非无尘室的空调箱，作为冰水来源；厂区内的景观水池以及绿化浇灌的补充水源（主要的景观水源来自屋顶的雨水回收）；办公室的卫生器具冲厕用水。

图 3-27 空调冷凝水的回收

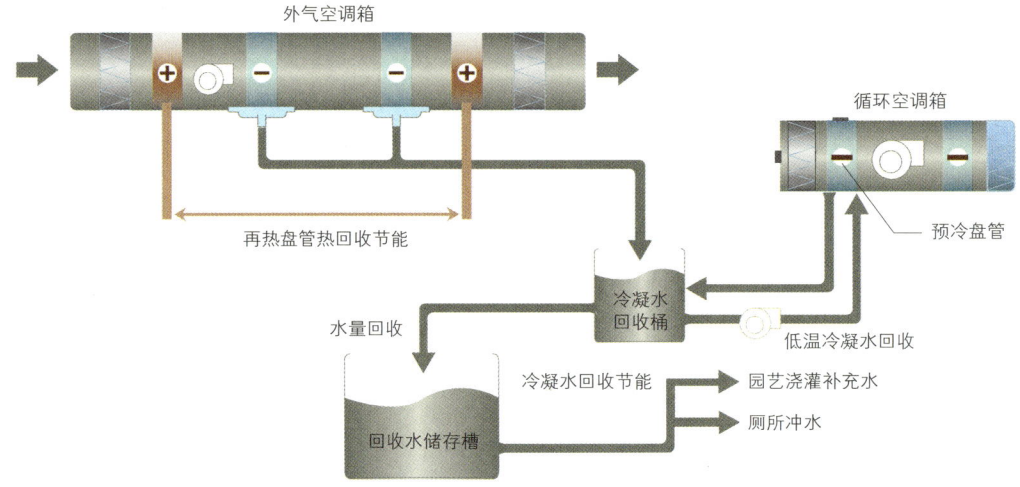

六、导入太阳光电发电系统

采用太阳光电发电系统的首要考虑，必须避免太阳能模块被环境或设备遮阴，以达到最大发电量。阴影的主要来源通常是外围建筑物、冷却水塔的水雾、电杆、铁塔、树木等。每天的上午九点到下午三点，是阳光照射较强的时段，也是发电量最大的时段。因此考虑设计时，应优先考虑模块倾斜角与太阳高度角的关系，选择此时段可全数接受太阳光线的位置，以达最多之发电量。

台湾位处北半球，当太阳在赤道上运行时，是由东向西运行。模块装设方位若以面南安装方位角，可获得最佳与最长的日照时间。

依据台积电的累积经验，安装的最佳模块倾斜角约17～23度，新竹以19度为最佳。太阳光电发电系统装设的位置之一是新竹科学园区的办公室屋顶楼，屋顶型的太阳光电发电系统发电量达14kW，装设方位向南倾斜19度；厂区的出入口安装追日型太阳光电发电系统约9kW，两者每年的发电量可达20,000度。台积电将这样的再生能源，应用于景观水池的帮浦与浇灌的动力来源，减少外购电力之花费。

图 3-28 屋顶型太阳光电发电系统

图 3-29 单轴追日型太阳光电发电系统

图 3-30 双轴追日型太阳光电发电系统

图 3-31 混合型路灯

七、混合型路灯

应用混合型路灯,也就是风力与太阳能两者的集电混合型系统,供应LED照明路灯,作为户外人行动线的路面照明。每盏发电容量为385W,平时所产生的电储存于电池内,待夜间时放电照明路面,电池耗尽时,则由一般市电切换供应,以确保用电无虞及行人之安全。

八、应用热泵系统回收机房废热,辅以太阳热能系统

热泵系统设置在机房内。厂房设有不同用途的机房,如电气室、资料中心等,因此,台积电回收机房内设备排放出的废热,运用热泵系统加热水温,供应健身房的淋浴使用;同时,热泵系统运作时会排放出冷空气,机房的室温也会降低,大幅减少空调的供应量。另外,屋顶可装设太阳能热水器加热水源,辅助热泵系统。

图 3-32 太阳热能系统

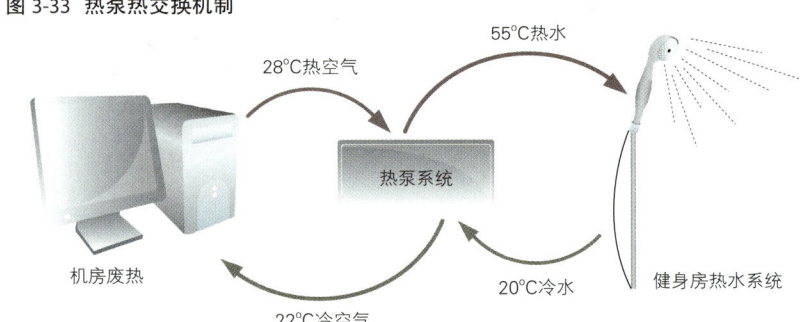

图 3-33 热泵热交换机制

九、LED照明灯具应用

LED灯应用在户外的效果非常好,目前的技术已可取代其他照明灯具,用电量将可大幅减少,达到更佳的省能效果。台积电首度在户外人行陆桥上装置LED照明灯具,相较以往使用传统灯具,每年减少用电量达3万度。

图 3-34 夜间 LED 照明

4

建材与资源利用
Materials and Resources, MR

指标		项目	LEED 3.0 版
			14分
必要指标 1	MR P1	资源回收储存与收集地点设置	必要条件
指标 1	MR C1.1	既有建筑物再利用 – 保留既有之墙、地板及屋顶55～95%	1～3
	MR C1.2	既有建筑物再利用 – 保留内部非结构性隔间50%	1
指标 2	MR C2.1	营建废弃物管理 – 回收50%	1
	MR C2.2	营建废弃物管理 – 回收75%	1
指标 3	MR C3.1	既有建材再利用 – 5%	1
	MR C3.2	既有建材再利用 – 10%	1
指标 4	MR C4.1	回收再利用的建材 – 10%	1
	MR C4.2	回收再利用的建材 – 20%	1
指标 5	MR C5.1	使用区域性材料 – 10%	1
	MR C5.2	使用区域性材料 – 20%	1
指标 6	MR C6	使用快速再生材料	1
指标 7	MR C7	使用认证木材	1

建筑物在建造过程中，容易产生大量废弃物，加上大部分建材都是高污染、高耗能的产品，因此重视废弃物管理与建材选择，正是绿建筑的重要目标。

根据统计，台湾是全球砂石需求量最大的地方，最主要的原因是来自于取得成本低廉，导致混凝土大量普遍的使用。砂石的开采不仅对自然地理与环境资源造成破坏，混凝土在拆除解体后难以再回收利用，又再度造成环境的负担。

对此，LEED鼓励尽量使用钢结构等建材取代钢筋水泥，既省能源、又利回收，耐震性更高，建物寿命也较长。需要采用水泥的建筑物，建议改采近年来热门的"高炉水泥"，不仅制程较为节能，硬度更大且抗腐耐酸。所谓"高炉水泥"是回收炼钢厂的废弃炉渣，混入火力发电厂的废弃飞灰所制成的产品，是废弃物回收的极佳应用典范。

台湾为推广健康环保的绿色建材，自2006年起，在营建法规中明定室内装修建材面积应至少有5%使用符合标准的绿建材。如今，室内绿建材的使用比例提高至45%、新增户外地面材料使用比例应达10%，才能取得建筑物使用执照。

美国LEED在此项评估上有一项必要指标，就是"资源回收的储存与收集地点设置"。其他重点还有：

既有建筑物旧建材再利用
选用永续材料、区域性材料
落实废弃物减量

要注意的是，所有通过认证的建材，申请送件时都需附上认证文件。

必要指标 ｜ 资源回收储存与收集地点设置（MR, P1）

一般建筑物每日都会产生大量的废弃物，为减少资源浪费、善尽保护地球环境的责任，应做好垃圾分类，并将可回收的资源予以再利用，减少掩埋及焚烧的数量。可回收的废弃物，一般分为塑料、金属、纸类、瓦楞纸板、玻璃等，必须设置集中回收专区，方便回收；标示务必清楚，以利清洁人员放置，此地区尽量与工作场所分隔开，减少异味、噪音及空气污染，避免影响工作区域的室内环境品质。

表 4-1　回收区域设置面积建议表

建筑物面积（m²）	最小回收区域面积（m²）
0～500	8
501～1,500	13
1,501～5,000	18
5,001～10,000	23
10,001～20,000	28
20,001以上	50

图 4-1　户外回收区

图 4-2　室内回收区

指标 1 | 既有建筑物再利用与建筑物非结构性材料再利用（MR, C1.1 – C1.2）

为延长既有建筑物的生命周期、减低废弃物产生，新建物应尽量减少新建材的使用并避免其制造与运输，鼓励将既有建筑物的结构、楼板、屋顶、墙壁、门及天花板等重复利用，说明如下：

计算使用既有建筑物的结构性表面积，包含建筑物基础、楼板（梁柱不必另外单独计算）、外墙、屋顶、结构性内墙（可计算双面）等的表面积，以上之面积需将门窗面积扣除。

计算既有建筑物的非结构性室内材料表面积，含室内墙壁（可计算两面）、门（只算一面）、地坪（只算一面）、天花板（只算一面）、壁柜（只计算看得到的表面积）等面积。

使用旧建材再利用百分比55%～95%给1～3分。非结构性材料再利用百分比50%给1分。

半导体厂房无尘室要求的洁净度等级高，楼地板荷重较重，防震要求较高，大部分采用金属隔间墙，且为新盖之建筑物，因此无法采用既有建筑物的建材与结构体。

指标 2 | 营建废弃物管理（MR, C2）

营建废弃物可分为纸板、金属、砖、瓷砖、混凝土、塑料、木材、玻璃、石膏板、地毯、绝缘材等，分别设置回收场地，并说明场地配置、污染控制、清理频率、清理路径及清运厂商证明文件（清运收据、报表等）及管理计划以为证明。基地开挖的废土及地面清除物不得计算在内，回收废弃物可依容易计算的重量或体积计算回收百分比。计算公式如下：

$$回收百分比 = 回收废弃物 / 全部废弃物 \times 100 \tag{4-1}$$

依回收百分比50%或75%给分。

〈文接第179页〉

[范例]

台积电的做法是,由安委会主导,统计各承包商可回收的废弃物数量,算出回收的百分比。同时,提出施工废弃物管理计划,包含分类方式、回收百分比、回收区域说明及现场照片证明、承揽商管理说明、废弃物处理厂商处理方式说明,以及不定期稽核状况。

表 4-2 回收废弃物数量统计(单位:公吨)

回收材料	回收废弃物数量
纸类	124
金属	53
塑料	210
木材	708
石材	2334
电缆线	4.5
钢铁	490
铝	1.6
土壤	1040
总计	4965.1

说明:以上由废弃物处理公司负责运送处理

表 4-3 掩埋废弃物数量统计(单位:公吨)

	运送处理厂商	掩埋废弃物数量
混合废弃物	废弃物处理公司	456

总产出营建废弃物　5421.1吨
总回收废弃物　　　4965.1吨
废弃物回收比例　　 91.59%

图 4-3 营建废弃物分类方式

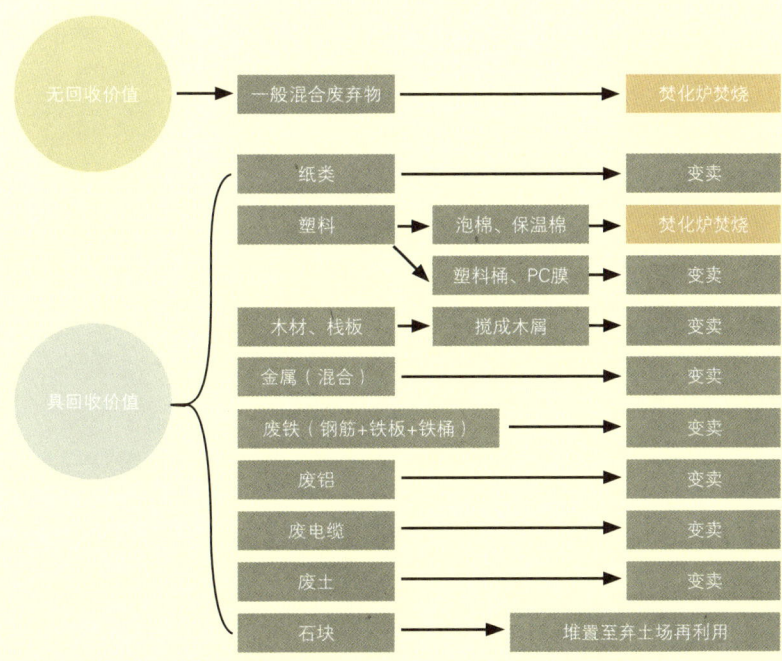

第四章——建材与资源利用 Materials and Resources, MR

图 4-4 营建废弃物分类比例

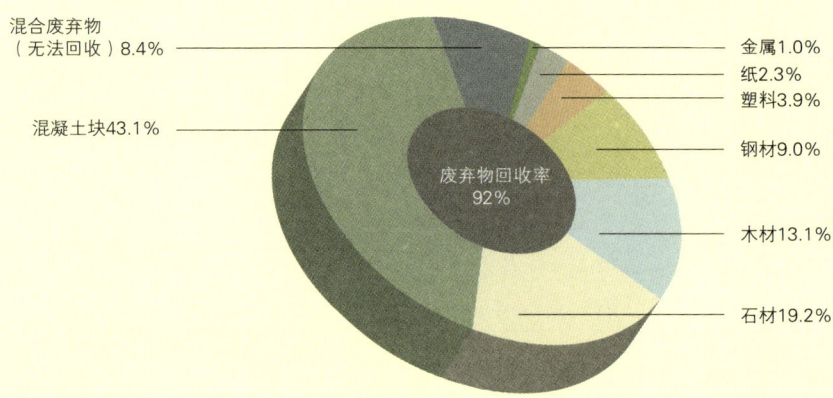

图 4-5 回收区域说明

图 4-6 承揽商管理机制

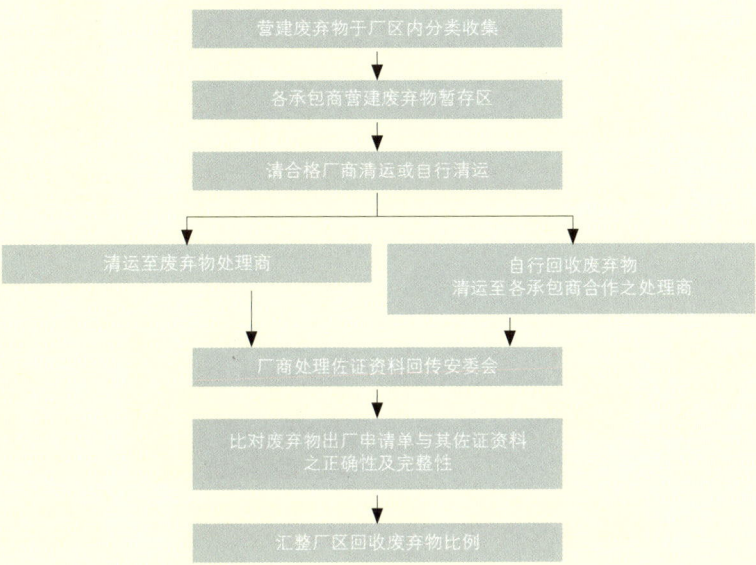

图 4-7 废弃物处理厂商处理方式

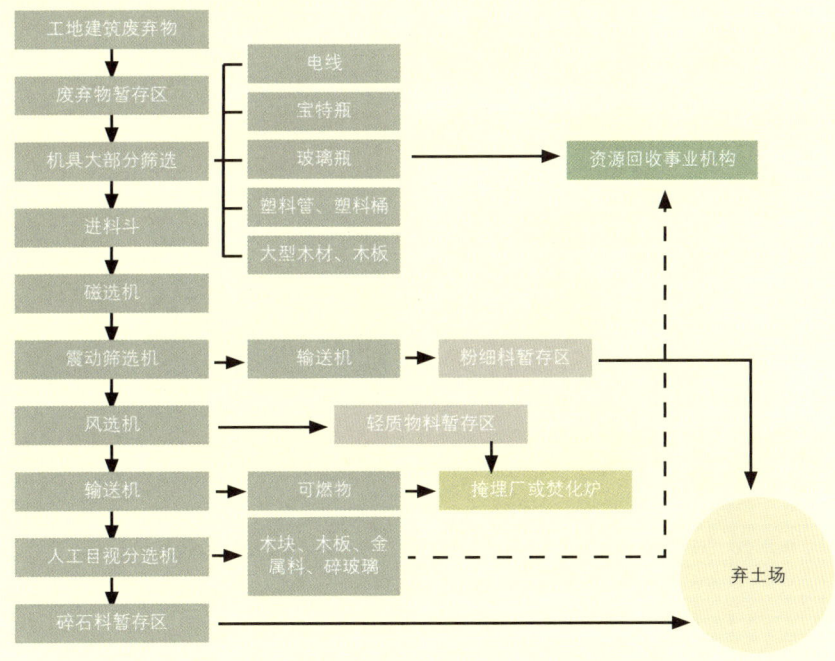

第四章—— 建材与资源利用 Materials and Resources, MR　177

续上页

图4-8 生活废弃物处理方式

本项材料是以美国施工规范协会（Construction Specification Institute, CSI）发展的《施工纲要规范》编码系列2～10分类2所列材料（现场工作、混凝土、水泥砖石、金属、木作及塑料、防潮及隔热、门窗、装修、特殊设施）为计算范围。

指标 3 | 既有建材再利用（MR, C3）

为减少资源的开发与浪费，鼓励既有建材的再利用，减少地球资源的消耗。再利用材料的百分比计算方式如下：先表列出各项再利用材料、购买来源（厂商名称）、金额，然后计算出再利用材料金额与全部材料金额的百分比。依再利用百分比5%或10%给分。

$$再利用材料百分比 = \frac{再利用材料金额}{全部材料金额} \times 100 \quad\quad (4\text{-}2)$$

要注意的是，永久设置于建筑中的材料才得计算于再利用材料，例如梁、柱、地板、墙、门、构架、橱柜、家具、砖、装饰材等。空调设备、水电组件、电梯等设备不得计算于再利用材料中。

原基地内再利用材料可分为两类：一类为固定于原基地内的材料，这类材料不再作为原先的功能使用，须加以整修后用做其他功能使用，例如把旧门片整理后成为柜台的桌面，就可计算于本项再利用材料。其他固定材料，如墙、天花、地板，则不能列入本项再利用材料的计算中。另一类固定于原基地内的材料，经过刷新后可继续使用。此类材料得再作为原先的功能使用，例如经刷新后的门、五金材料等。

自基地外取得的再利用材料，必须证明该材料曾经被使用过。该材料购自其他工程或场所，亦可列入此项回收材料计算。对某些产业来说，例如半导体厂房的无尘室，因其要求的洁净度等级高，大部分建材都必须是全新的，以确保洁净室的品质，所以无法采用既有建筑物的旧建材。

指标 4 | 回收再利用的建材（MR, C4.1–C4.2）

使用回收再利用的建材与产品，以减少新建材的需求，有利于废弃物的减量、新原料的开采与材料的制造。首先，表列各项包含回收之材料名称、购买来源（厂商名称）及其金额，各材料使用的回收百分比，须区分出使用过再利用的回收材料，以及制造过程中所产生的废料转换成再利用的回收材料。为减少对环境的冲击，绿建筑鼓励使用回收材料，计算时，使用过再利用的回收材料可全数纳入，但制造过程中产生的废料转换成再利用的回收材料，统计时金额需减半计算。

使用过再利用的材料称为消费后物料（Post-consumer），系指家用、商业、工业及公共场所等使用产品后的最终废料，该废料已不能再作为原用途使用，包含营建废料、废弃物、回收材、废板材、丢弃物（家具、柜子、地板）、都市景观维护废弃物（树叶、草、杂枝）等。营建常用物品如拆船后的钢料，可再制为钢筋。制造过程中所产生的废料转换为再利用的材料，称为消费前物料（Pre-consumer），系指将制造过程中所产生的废料加以再利用，包括锯木屑、碎片、蔗渣、种籽壳、印刷废品等。营建工程常用的回收再利用建材为将飞灰、炉石等废料再用于混凝土中的再生混凝土。

本项所能计算之材料项目必须以美国施工规范协会（Construction Specifications Institute, CSI）的《施工纲要规范》编码系列2～10分类[2-1]所列材料，包含现场工作、混凝土、水泥砖石、金属、木作及塑料、防水及隔热材料、门窗、装修、特殊设施为计算范围。

此外，空调设备、水电组件设备、电梯等不得列入回收材料中计算。回收材料须符合ISO14021[4-2]环境标志与宣告"形式II—厂商自行宣告的环境诉求"的定义：由产品制造商、进口商、配销商、零售商等所提出规范的产品环保特性。家具也不可计算于回收材料。钢制产品如无回收材料百分比的资料，可直接认定其具有25%的再利用的回收材料。永久混合于建筑中的材料才得计算于回收材料。水泥添加材料计算，可依该添加的回收材料占混凝土材料的总重量百分比计算，因其所占混凝土的百分比很小，不利于计算回收材料金额，可不必依其占整个混凝土的百分比计算。

回收再利用的建材，计算依回收百分比10%或20%给分，公式如下：

$$回收百分比 = \frac{使用过再利用的回收材料金额 + 0.5 \times 制造过程中所产生的废料转换成再利用的回收材料金额}{全部材料金额} \times 100 \quad \text{(4-3)}$$

计算时，要注意以下原则：永久混合于建筑材料中的再利用建材才得计算于回收材料。复合材料中回收材料金额的计算，必须以回收材料重量来决定其在该材料中所占百分比，再将此百分比乘以该项材料总金额，即可计算出该回收材料金额。

全部材料金额有两种计算方法：可以全部工程费用的45%计算，或以实际使用材料列表统计。我们的经验是，选择全部材料金额较小的项目，有利于达到较高的回收百分比。

〈文接第182页〉

[范例]

选择实际材料价值选项，计算总建材费用当分母，详列各式建材的回收百分比与金额统计。

表 4-4 使用合乎规定之材料统计

材料品名	材料金额（新台币）	使用过再利用的回收材料百分比	制造过程中所产生的废料转换再利用的回收材料百分比	制造过程中所产生的废料转换再利用的回收材料
混凝土	2,000,000	0%	15%	300,000
钢筋	20,000,000	100%	0%	0
纤维水泥板	150,000	0%	0%	0
轻隔间的C型钢及骨材	500,000	100%	0%	0
屋顶铺砖	200,000	0%	0%	0
磁砖	60,000	0%	0%	0
钢板门	400,000	3%	0%	0
金属网	240,000	95%	0%	0
钢材	1,100,000	60%	0%	0
塑料地板	200,000	0%	0%	0
金属隔间墙	120,000	100%	0%	0
钢构材料	76,000	60%	0%	0

总建材费用　29,300,000 元

回收成分的计算
使用过再利用的回收材料总价　　　　　　　　21,565,600
制造过程中所产生的废料转换再利用的回收材料　300,000

总回收材料价值
使用过再利用的回收材料金额＋0.5×制造中产生的废料转换再利用的回收材料金额＝21,715,600

回收材料百分比＝21,715,600/29,300,000×100%＝74.1%

指标 5 ｜ 使用区域性材料（MR, C5.1 – C5.2）

尽可能增加使用当地开采、生产的材料与产品，以支持在地资源的利用，并减少运输过程对环境产生的负面影响。关于这项得分的评估标准，区域性材料定义系指萃取提炼、收成、取得、生产、回收、再生等距离基地500英哩（800公里）以内取得的材料。具体做法是计算区域性材料所占百分比。

本项材料必须以美国施工规范协会的《施工纲要规范》编码系列2～10分类2所列材料，包含现场工作、混凝土、水泥砖石、金属、木作及塑料、防水及隔热材料、门窗、装修、特殊设施为计算范围。空调设备、水电组件设备、电梯等不得列入此项回收材料。因为此类材料通常为高单价产品，不利于鼓励使用其他回收材料。如果某项材料不止一个制造、开采地者，则取最远距者计算。材料得列举其符合距离的百分比计算，超过距离部分不列入计算。

首先，列举材料名称、厂商、材料金额、区域性材料百分比、区域性材料金额、材料开采地距基地距离、材料制造地距基地距离、资料来源。全部材料金额有两种计算方法：以全部工程费用的45%计算，或以实际使用材料列表计算。若材料所占金额较小时，后者较有利于达到本项标准。复合材料中的区域性材料则以重量计算在材料中所占百分比。区域性材料，计算依使用百分比10%或20%给分，公式如下：

$$\text{区域性材料百分比} = \frac{\text{区域性材料金额}}{\text{全部材料金额}} \times 100 \quad \text{………(4-4)}$$

指标 6 ｜ 使用快速再生材料（MR, C6）

为减少原物料的消耗、避免使用生长期较长的材料，改以快速再生的材料取代，包括竹子、羊毛、棉花、纤维、亚麻地毯、小麦纤维板、稻秆纤维板、硬纸板、软木等生长收成期少于十年者。

全部材料金额，系以实际使用材料列表计算。使用快速再生材料占所有材料的2.5%以上即可获得此项给分。

〈文接第184页〉

[范例]

选择实际材料价值选项进行统计，计算出建筑物实际材料价值当分母，列出合乎规定的使用材料其产品名称及相关产地信息。

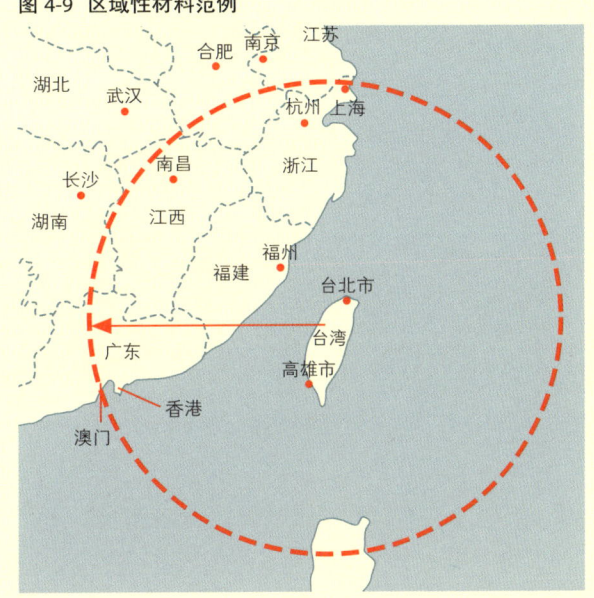

图 4-9 区域性材料范例

范例中的实际材料金额为29,300,000元，需列出使用合乎规定之材料的统计表，如下表：

表 4-5 使用合乎规定之材料统计

材料品名	当地材料的百分比	符合的材料价值	采伐距离	制造距离
混凝土	100%	2,000,000	168	16
钢筋	31%	6,200,000	259	259
轻隔间的C型钢及骨材	100%	500,000	248	16
钢板门	95%	380,000	480	32
金属网	95%	228,000	51	91
钢	100%	1,100,000	58	58
塑料地板	100%	192,000	67	67
金属隔间	100%	120,000	280	98
钢构材	100%	76,000	22	22
厕所设备	100%	244,000	16	16

区域性材料总价值　12,380,016元

区域性材料百分比＝12,380,016/29,300,000×100%＝42.3%

第四章——建材与资源利用 Materials and Resources, MR

$$快速再生材料百分比 = \frac{快速再生材料总金额}{全部材料金额} \times 100 \quad \text{...............................(4-5)}$$

半导体晶圆厂房因制造属性特殊以及无尘室洁净度要求缘故,无法使用此类易燃材质,并无申请此项目。

指标 7 ｜ 使用认证木材 （MR, C7）

为减少木材的砍伐破坏森林,引起原生物种的灭绝、暴雨时的土壤侵蚀、河道阻塞,以及造成饮用水与空气的污染,必须对木材砍伐有妥善的管理机制,维护地球资源。

认证木材,系由非营利的国际组织森林管理委员会（Forest Stewardship Council, FSC）提供认证。目的在于促进维持森林的多样性、产量与生态；重视当地居民与社会发展,在追求共同利益的前提下,与当地居民建立长期维续森林资源的计划；建立林业的经济可行性、森林管理制度以获取经济利益。在环境、社会、经济三方面共同取得平衡。前提是,促进当代发展但不危害后代子孙生存发展的权利,以维持环境的永续发展。相关的应用百分比计算方法如下：

认证的木材百分比 = ...(4-6)
〔认证木材金额（或体积、重量）/ 全部木材金额（或体积、重量）〕× 100

要注意的是,木材构件均可包含且不限于下列项目：木结构、木地板、木门、装修材。家具也可计算入认证的木材,但须同时纳入其他回收材料、区域性材料、快速再生材料的计算中。此部分仅计算新木材的使用量,既有回收木材内原已包含的认证木材则不列入计算。使用认证木材比率超过50%即可获得此项给分。

[范例]

晶圆厂房无尘室内部无法使用此类材质，但可设置在外围训练教室当做装修材。附图说明FSC木材装设位置、面积及照片。

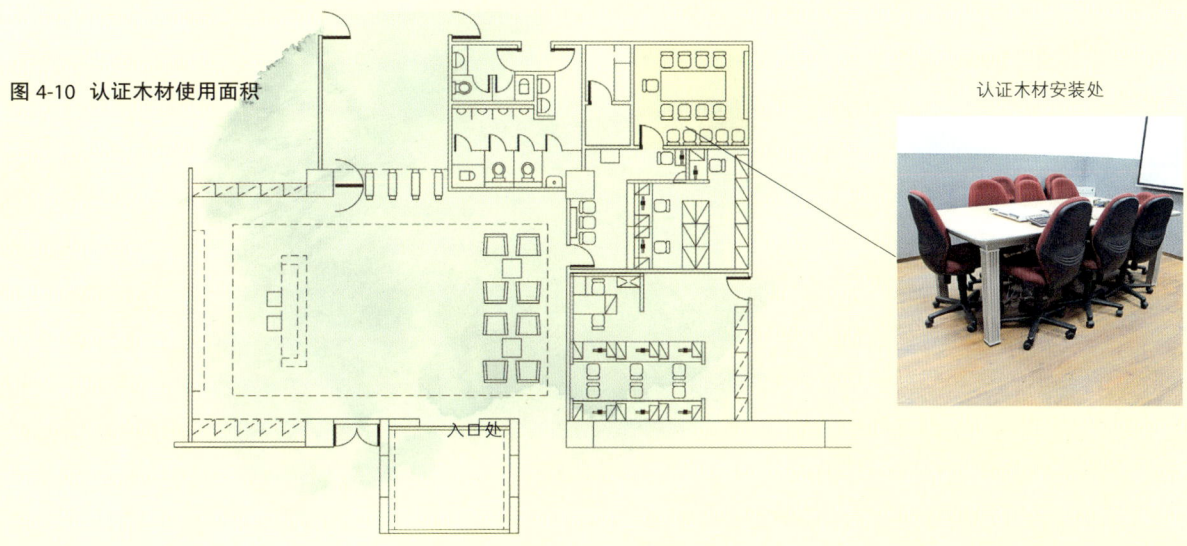

图 4-10 认证木材使用面积

认证木材安装处

详列此专案所使用的木材，依专案团队的考虑决定是否纳入临时性木制产品（如结构、鹰架、斜撑、防护栏杆等），并列出符合认证的木材金额，计算其所占百分比。

表 4-6 符合认证之木材列表

产品名称	产品价值	木材成分百分比	FSC认证木材百分比	FSC认证序号
木地板	16,000	85%	80%	实际认证号码
美耐板	14,000	55%	0%	

图 4-11 检附认证文件

专案使用的木材总价值　　　$16{,}000 \times 85\% + 14{,}000 \times 55\% = 21{,}300$

FSC认证的木材总价值　　　$16{,}000 \times 85\% \times 80\% = 10{,}880$

FSC木材占所有木材之百分比　$10{,}880 / 21{,}300 \times 100\% = 51.1\% > 50\%$

最后，附上使用材料之FSC认证文件。

5

室内环境品质
Indoor Environmental Quality, IEQ

指标		项目	LEED 3.0 版
			15分
必要指标 1	IEQ P1	符合室内空气品质的最低标准	必要条件
必要指标 2	IEQ P2	环境烟害控制	必要条件
指标 1	IEQ C1	外气空气品质监控	1
指标 2	IEQ C2	提高通风换气量	1
指标 3	IEQ C3.1	施工期间空气品质管理计划	1
	IEQ C3.2	人员进驻前空气品质管理计划	1
指标 4	IEQ C4.1	使用低逸散材料 – 黏着剂、填缝剂	1
	IEQ C4.2	使用低逸散材料 – 油漆及披覆材料	1
	IEQ C4.3	使用低逸散材料 – 地板系统	1
	IEQ C4.4	使用低逸散材料 – 合成木材及农业纤维产品	1
指标 5	IEQ C5	室内化学品及污染源控制	1
指标 6	IEQ C6.1	照明系统之可控制性	1
	IEQ C6.2	空调舒适之可控制性	1
指标 7	IEQ C7.1	空调环境的舒适性 – 设计	1
	IEQ C7.2	空调环境的舒适性 – 验证	1
指标 8	IEQ C8.1	自然采光与视野 – 75% 以上之自然采光	1
	IEQ C8.2	自然采光与视野 – 90% 以上之视野	1

现代人每天待在室内的时间超过90%，包含家里、工作场所或学校，因此，室内环境的好坏对身处其中人们的健康、生产力、生活品质都有极大影响。不当的通风，缺乏清洁剂及挥发性有机化合物的逸散管道，皆会造成不良的空气品质。品质不佳的室内环境，对人体的危害更甚于户外，容易出现喉咙不适感、眼鼻过敏、头痛头晕、慢性疲劳等所谓"病态大楼症候群"（Sick Building Syndrome）的症状。

反之，企业主若能提供良好舒适的室内工作环境，将有助于员工维持健康的身心状态。不仅因此减少员工因身体不佳而衍生的请假、医疗成本，并有效提高生产效率。

各国绿建筑的评估都强调健康性与环保性兼具。美国LEED在此项目有两大必要指标，包括符合室内空气品质的最低标准、环境的烟害控制。其他的评估项目还有：

外气空气品质监控，提高通风换气量

施工期间及人员进驻前空气品质管理计划

使用低逸散材料

室内化学品及污染源控制

照明及空调系统可控制性

空调环境的舒适性设计

直视户外景观之设计

本章将针对室内环境的改善与维持，提出具体策略，并详述重点做法。

必要指标 1 ｜ 符合室内空气品质的最低标准（IEQ, P1）

室内空调在设计上，必须满足美国冷冻空调协会ASHRAE 62.1[5-1]的室内环境品质标准。做法上可分成"机械通风"、"自然通风"两种模式。前者要符合ASHRAE 62.1章节4～7的最小通风规范；后者则应符合ASHRAE 62.1章节5.1开孔位置及大小的要求。

在台湾，为有效改善室内空气品质、维护室内环境品质，"环保署"于2011年发布"室内空气品质标准"[5-2]，规范包括二氧化碳（CO_2）、一氧化碳（CO）、甲醛（HCHO）、总挥发性有机化合物（TVOC）、细菌（Bacteria）、真菌（Fungi）、粒径小于等于10 微米（μm）之悬浮微粒（PM10）、粒径小于等于2.5 微米（μm）之悬浮微粒（PM2.5）、臭氧（O_3）九项。室内环境必须符合这些规定，以增进人员的舒适性与健康，提升员工生产力。

其次，新建筑物设计前得先进行周围环境空气品质调查。依据调查结果，若外气污染严重，则须纳入相对应的空调改善设计。调查项目包含执行日期、时间、测量区域、邻近公共设施、邻近异味及污染物的观察、叙述白烟及空气污染、附近汽车废气来源，以及主要风向，依此决定适当的外气入口，避免吸入异味，增添人员的不舒适、降低员工生产力。

表 5-1 环保署九项室内空气品质标准

项目		标准值	单位
二氧化碳（CO_2）	8小时值	1000	ppm（体积浓度百万分之一）
一氧化碳（CO）	8小时值	9	ppm（体积浓度百万分之一）
甲醛（HCHO）	1小时值	0.08	ppm（体积浓度百万分之一）
总挥发性有机化合物（TVOC，包含12种挥发性有机物之总和）	1小时值	0.56	ppm（体积浓度百万分之一）
细菌（Bacteria）	最高值	1500	CFU/m^3（菌落数/立方米）
真菌（Fungi）	最高值	1000但真菌浓度室内外比值小于等于1.3者，不在此限。	CFU/m^3（菌落数/立方米）
粒径小于10微米（μm）之悬浮微粒（PM10）	24小时值	75	$\mu g/m^3$（微克/立方米）
粒径小于2.5微米（μm）之悬浮微粒（PM2.5）	24小时值	35	$\mu g/m^3$（微克/立方米）
臭氧（O_3）	8小时值	0.06	ppm（体积浓度百万分之一）

注：1. 1小时值：指1小时内各测值的算术平均值或1小时累计采样的测值。
2. 8小时值：指连续8个小时各测值的算术平均值或8小时累计采样测值
3. 24小时值：指连续24小时各测值的算术平均值或24小时累计采样测值。
4. 最高值：依检测方法所规范采样方法的采样分析值。
5. 总挥发性有机化合物（TVOC，包含12种挥发性有机物之总和）：指总挥发性有机化合物之标准值，系采计苯、四氯化碳、氯仿（三氯甲烷）、1,2-二氯苯、1,4-二氯苯、二氯甲烷、乙苯、苯乙烯、四氯乙烯、三氯乙烯、甲苯及二甲苯（对、间、邻）等十二种化合物之浓度测值总和者。
6. 真菌浓度室内外比值：指室内真菌浓度除以室外真菌浓度之比值，其室内及室外之采样相对位置应依室内空气品质检验测定管理办法规定办理。

再者，将室内空气分类并且循环使用，可以减少能源消耗、避免交叉污染。依空气品质的需求不同分为四个等级：

等级一、可循环或传送至其他等级区域的空气，包括休憩室、咖啡厅、设备机房、电器室/电话间、电梯机房、住宅洗衣间。

等级二、可循环或传送至污染等级二、三、四的区域，包括私人厕所/盥洗室、集中式洗衣间、大学实验室。

等级三、可循环但不可传送至其他区域的空气，包括冷冻机房、垃圾收集区、一般化学品/生物实验室。

等级四、不可循环且不可传送至其他区域的空气，例如储藏室、化学品室。

接着，依照ASHRAE 62.1表6-1计算各呼吸区域之外气量，计算公式如下：

$$V_{bz} = R_p \times P_Z + R_a \times A_z \quad \text{...(5-1)}$$

V_{bz}：各呼吸区域的外气流量需求
R_p：每人外气需求量
P_z：人员数量
R_a：单位面积外气需求量
A_z：房间楼地板面积（ft^2）

表 5-2 各呼吸区域最低外气需求量

空间形式	每人外气需求量 R_p cfm/人	单位面积外气需求量 R_a cfm/ft²	预设值 人员密度P_z #/1000ft²	预设值 合并外气需求量R_a cfm/人	空气等级
办公室	5	0.06	5	17	1
接待区	5	0.06	30	7	1
大厅	5	0.06	10	11	1
候车区	7.5	0.06	100	8	1
库房	–	0.06	–	–	2
电脑机房	10	0.12	25	10	1
会议室	5	0.06	50	6	1

依照ASHRAE 62.1表6-4计算排气量需求，设计各区域所需风量。需要补充的外气可以是新鲜空气、循环空气或从其他区域转供。最后，再输入相关通风效率参数及外气需求值，并比对实际外气设计值、外气量，检讨是否符合要求之后，便可以计算出室内空气品质的通风需求量。

表 5-3 排气量最小需求

空间形式	排气率 cfm/单位	排气率 cfm/ft²	空气等级
汽车维修室	–	1.5	–
活动场所	–	0.5	–
商业用途厨房	–	0.7	2
衣物间	–	0.5	2
化妆室	–	0.25	2
车库	–	0.75	2
警卫室/垃圾间/厨余回收间	–	1	3
影印室	–	0.5	2
科学实验教室	–	1	–
公共厕所	50~70	–	2
私有厕所	25~50	–	2

注：厕所依使用频率，决定每具马桶/小便斗的排气量。

〈文接第196页〉

[范例]

详列ASHRAE 62.1基准案例与专案中，各呼吸区域的面积、人员密度、每人外气需求量、单位面积外气需求量，算出各呼吸区域的外气流量需求，然后比较专案之外气设计量是否大于基准案例的外气需求量。

表 5-4　各呼吸区域最低外气需求量试算：ASHRAE 62.1 基准案例

区域		进驻种类	面积 Az (sf)	每人外气补充率Rp (cfm/人)	区域外气补充Ra (cfm/sf)	人员密度 (人数/1000sf) Pz	活动区外气流量Vbz (cfm)	Table6-2 区域有效气流分布Ez	区域外气流量Voz (cfm)	Table6-3 系统有效通风率Ev	最小外气进气流量Vot (cfm)
办公区	1F	办公区	11,884	0	0.06	1	713	1.0	713	0.81	880
库房	1F	库房	5,996	0	0.06	0	360	1.0	360	0.81	444
大厅	1F	大厅	2,756	5	0.06	10	303	1.0	303	0.93	326
工厂	3F	制造区	20,000	0	0.06	5	1,200	1.0	1,200	0.81	1,481
设备区	1F	机房	10,323	0	0.06	5	619	1.0	619	1.00	619
总计							1,819		1,819		2,101

表 5-5　各呼吸区域最低外气需求量试算：专案

区域		进驻种类	面积 (sf) Az	设计外气进气流量 (cfm)	区域主要外气进气量 Vpz (cfm)	主要外气流量百分比 Zp = Voz/Vpz	符合法规？设计外气进气流量大于最小外气进气流量
办公区	1F	办公区	11,884	3,574	122,814	0.0058	是
库房	1F	库房	5,996	1,803	61,965	0.0058	是
大厅	1F	大厅	2,756	829	28,482	0.0106	是
工厂	3F	制造区	20,000	3,574	206,687	0.0058	是
设备区	1F	机房	10,323	2,944	106,682	0.0058	是
总计				6,518	313,369		是

注：V_{Pz} = 面积 × 0.15 × 0.09 × 0.35 × 3600/1.699

各区域设计之外气通风率均大于ASHRAE 62.1之规范，符合此项得分要求。

图 5-1 呼吸区域划分示意图

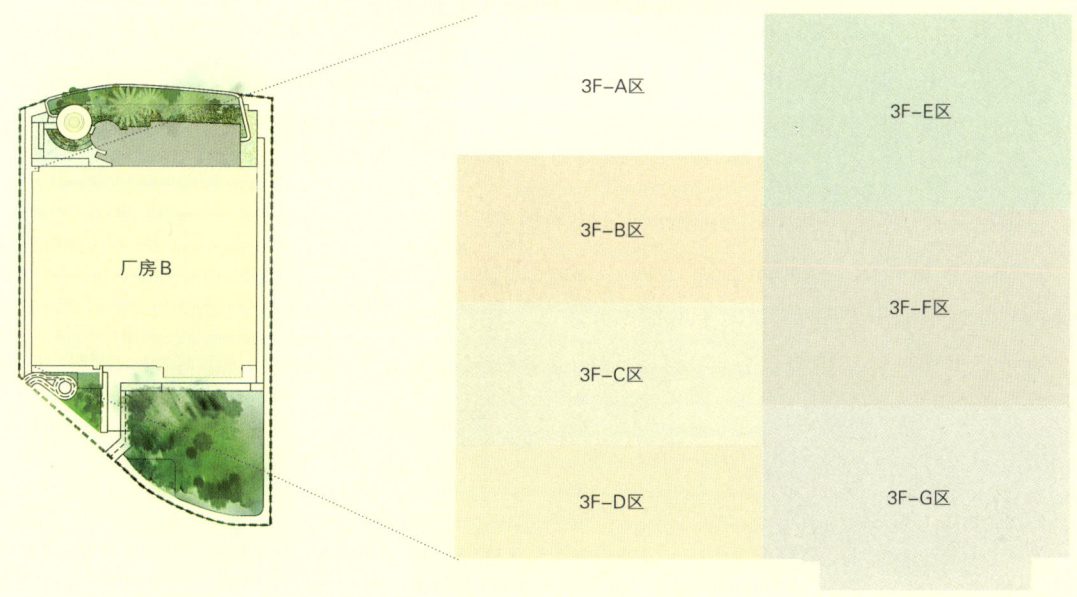

图 5-2 新鲜空气送风图

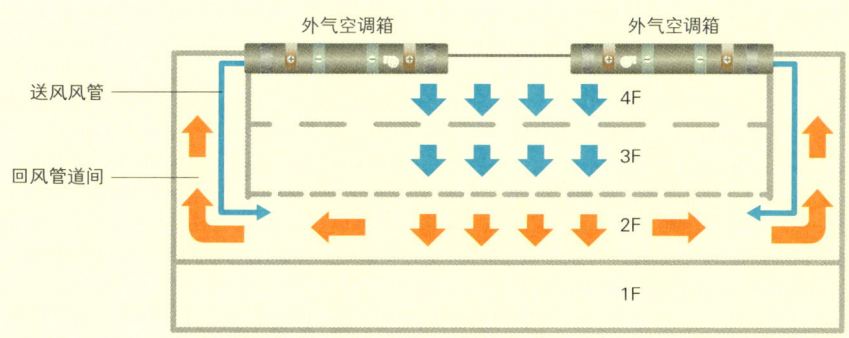

必要指标 2 ｜ 环境烟害控制（IEQ, P2）

烟害控制之目的，在减少建筑物内部人员及空调遭受烟味污染，减低对人员的健康危害。在做法上有两种方式，第一是：执行建筑物内禁烟政策包括设置距离建筑物入口、进气口及窗户至少25英尺（7.6米）的户外吸烟区，提供吸烟区位置图，并说明与入口、进气口等的距离。

第二则是开放特定区域吸烟，并设计特定的吸烟室，禁止距离建筑物入口、进气口及窗户至少25英尺（7.6米）区域吸烟。吸烟室必须有独立之排气系统，可将烟味排至户外，避免被外气吸入，房间须保持与邻近空间压差至少5帕（0.05厘米水柱），关门时仍须有1帕（0.01厘米水柱）的压差。每次量测时须至少10秒钟，持续15分钟以上，以确认吸烟室与邻近空间维持适当的压差，保持空气流通顺畅。

指标 1 ｜ 外气空气品质监控（IEQ, C1）

一栋好的建筑物应当能供应足够的新鲜外气，以增进人员健康与舒适性。在引进外气的同时，外气的品质监控就成为重要的工作。借由安装永久式的外气流量监控仪器，可以确保通风系统的正常运转。当流量或室内二氧化碳浓度变化超过10%，系统将发出警讯提醒运转人员进行检查。

当建筑物采机械通风时，每1,000平方英尺（93平方米）密度大于25人的区域，得设置二氧化碳浓度侦测器，以维持室内的舒适与人体健康。

原则上，人员密度大于上述标准之每区域安装乙具，装置高度于该区地板以上3～6英尺（0.9～1.8米，人员呼吸范围）间，大区域的监控则装设在回风风管上。当空气品质高于设定值10%以上时（警报值900 ppm）则发出警讯，并提高外气送风量。若采自然通风，也要在这些通风区域安装二氧化碳浓度侦测器。一般而言，外气二氧化碳浓度约在400～600 ppm之间，引入外气可有效降低室内二氧化碳浓度。

〈文接第199页〉

[范例]

以下为"必要指标2"的范例。室内为全面禁烟区，设置户外吸烟区，远离大门与进气口，并提供图面说明如下。

图 5-3　专案吸烟区与入口示意图

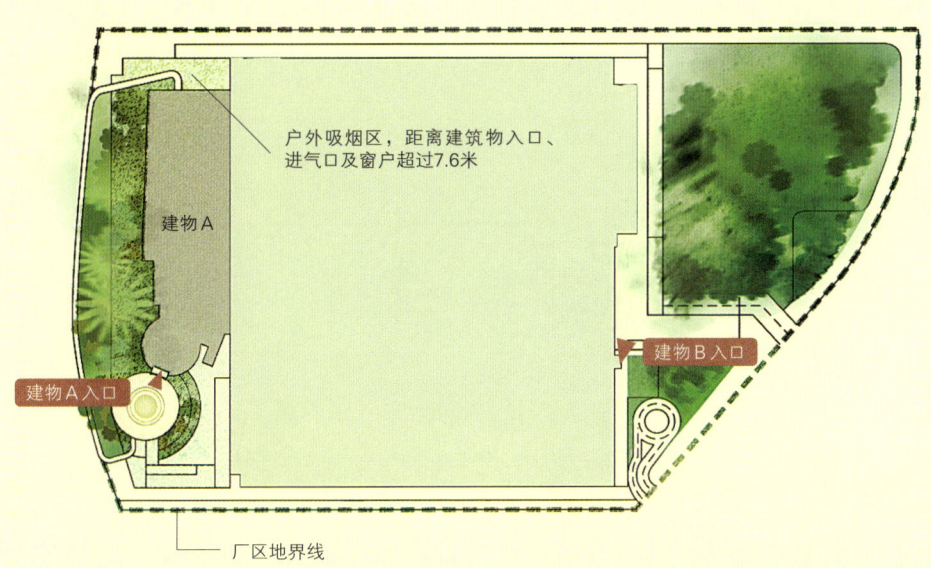

以下为"指标1"的范例。以台积电为例，所有厂房均采机械通风，除了在外气空调箱装设变频器、监控外气送风量，同时还在人员密度高的区域设置二氧化碳浓度侦测器，进行监控。

另外，二氧化碳浓度侦测器装设于每个房间内，设定当二氧化碳浓度高于900 ppm时，将发出警报讯号，提醒运转人员确认系统运转是否正常，并提高外气空调箱的变频器运转频率，以增加外气送风量，直到二氧化碳浓度降至800 ppm以下。

因无尘室之洁净等级较高，且酸碱性废气均需排至户外进行处理，外气补充量大，室内二氧化碳浓度均与外气相近，并不会高至1,000 ppm以上之情况，但仍设置二氧化碳浓度侦测器与外气空调箱外气补充进行连动控制。

图 5-4 二氧化碳侦测系统图

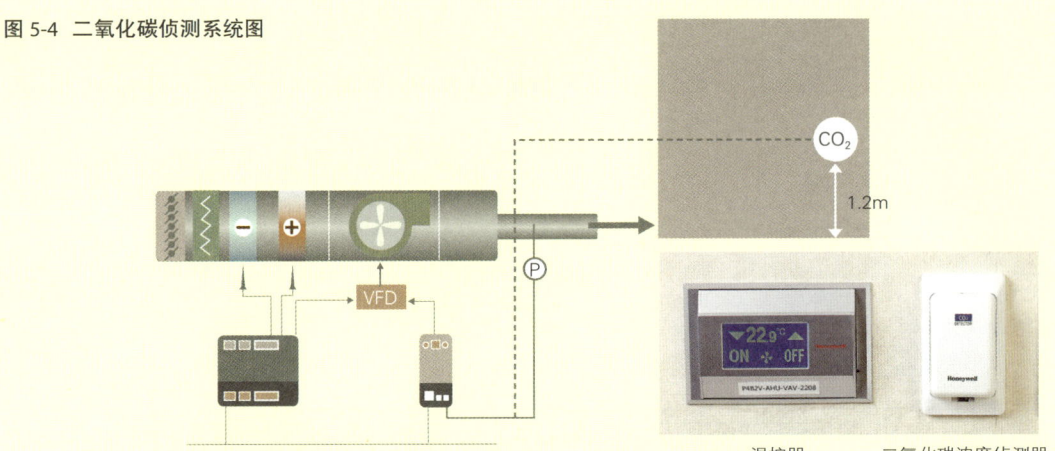

温控器　　二氧化碳浓度侦测器

图 5-5 二氧化碳浓度侦测器装设区域说明

图 5-6 二氧化碳浓度侦测器型录

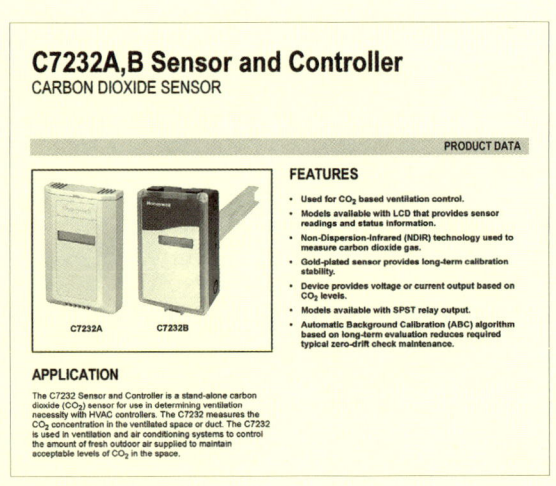

指标 2 ｜ 提高通风换气量（IEQ, C2）

这项指标目的在于提高空间的外气通风量，改善室内空气品质，增加人员的舒适度及提高生产力。

若建筑物为机械式通风形式，空间外气量应较ASHRAE 62.1的室内环境品质标准增加30%，并依季节更迭提高外气量，并由外气温、湿度传感器控制外气风门控制送风量的大小，达到节能效果。

厂房无尘室因制程要求，外气补充量较大，可符合此项规定，但办公大楼因增大外气量相对增加冰水用量，提高能源之耗损，为节能考虑，故不考虑将此方式融入设计中。

若建筑物为自然通风，依照英国碳信托公司（Carbon Trust）1998年制定的《Carbon Trust Good Practice Guide 237》[5-3]进行设计，以及英国建筑设施工程师协会（Chartered Institute of Building Services Engineers, CIBSE）的应用手册第十册[5-4]的设计流程，须验证设置做法是否有效。同时，必须符合以下两项要求之一：用图表与计算证明，自然通风系统的设计符合CIBSE规范中对于非住宅建筑物的通风要求；或者，依照ASHARE 62.1第六章的最小通风率要求，使用巨观、多区域的分析各房间气流方式，证明90%以上的空间能有效的自然通风。

指标 3 ｜ 施工期间及人员进驻前空气品质管理计划（IEQ, C3.1 – C3.2）

施工期间，室内空气品质一定不佳，为了减少对施工人员、建筑物进驻人员的健康造成危害，适当的管理与排净作业非常重要。接下来将分别说明施工期间与人员进驻前的空气品质管理做法。

依据美国国家钣金与空调承包商协会（SMACNA）订定的室内环境品质规范，订出施工期间的执行管理措施[5-5]。包括，施工期间设置临时空调箱，增设进排气风车及风管；施工区域补充新鲜空气，以维护工地的空气品质；对于放置在现场或已安装的空调材料进行妥善包覆；订定施工过程中控制与隔离污染源的计划并确实执行；收集相关防护的现场照片并予以解释，以为证明。其他重点包括：

详述空调设备的防护，包含送回风管出口端的密封、滤网的密封。未被严密保护的风管若遭污染，相关设备于启动前均须一并彻底清洁。

最有效的污染控制就在源头，例如使用低逸散的填缝剂、接着剂、油漆等材料，或者装设局部排气将污染源排至户外，并将现场材料或废弃物进行加盖或密封，减少挥发性有机化合物的污染。

做好施工区域的隔离。施工区域应采负压控制，减少污染源的扩散，人员进驻区域保持正压，使用帘幕隔离污染区，或施工区远离进气口。增加清洁频率，设置脚踏黏毡并定期更换，并且采用滤网过滤脏空气。在人员进驻前，先进行72小时的持续通风与清洁。

图 5-7 专案现场防护及清洁照片

接着，规划并执行人员进驻前的空气品质管理计划，这个步骤的主要目的在于排净室内脏空气。在人员进驻前，空调箱安装滤网进行送风排净，须使用ASHRAE52.2规范的MERV 8[5-6]或更高等级的滤网，以有效去除微粒，达到累计供气每平方英尺地板面积14,000立方英尺（396立方米）外气，并维持室内温度不低于摄氏15.6度、相对湿度不高于60%的送风品质。或者；提供每平方英尺地板面积3,500立方英尺（99立方米）外气，以及每平方英尺0.3 cfm的新鲜外气量，且每天运转至少三小时。人员进驻后持续排净，累计送风量至少达到每平方英尺地板面积14,000立方英尺（396立方米）外气。

〈文接第203页〉

[范例]

以下为"指标2"的范例。工厂采用机械通风方式，故依照ASHRAE 62.1要求计算外气需求量与实际设计量进行比较，是否大于基准30%。实际设计值因无尘室内洁净等级需求，需要大量循环及外气补充，计算其结果，平均大于基准值的210%，符合此项之要求。

表 5-6 外气需求量与实际设计量比较

区域划分			ASHRAE 62.1验证风量程序							设计案例				
区域	进驻种类	面积（sf）	每人外气补充率Rp（cfm/人）	区域外气补充率Ra（cfm/sf）	人员密度（人数/1000sf）	活动区外气流量Vbz（cfm）	Table6-2区域有效气流分布Ez	区域外气流量Voz（cfm）	Table6-3系统有效通风率Ev	最小外气流量Vot（cfm）	设计外气流量（cfm）	区域主要外气进气量Vpz（cfm）	主要外气进气百分比 Zp = Voz/Vpz	是否符合法规	比标准增加（%）
办公室	1F 办公室	11,884	0	0.06	1	713	1.0	713	0.81	880	3,574	122,814	0.0058	Y	306%
库房	1F 库房	5,996	0	0.06	0	360	1.0	360	0.81	444	1,803	61,965	0.0058	Y	306%
大厅	1F 大厅	2,756	5	0.06	10	303	1.0	303	0.93	326	829	28,482	0.0106	Y	154%
工厂	3F 制造区	20,000	0	0.06	5	1,200	1.0	1,200	0.81	1,481	3,574	206,687	0.0058	Y	141%
设备区	1F 机房	10,323	0	0.06	5	619	1.0	619	1.0	619	2,994	35,491	0.0175	Y	375%
总计						1,819		1,819		2,101	6,518	242,179		Y	210%

以下为"指标3"的范例。提供进驻前的送风风量累计图，证明送风量超过其标准。提供空调箱的运转情形照片以为证明。

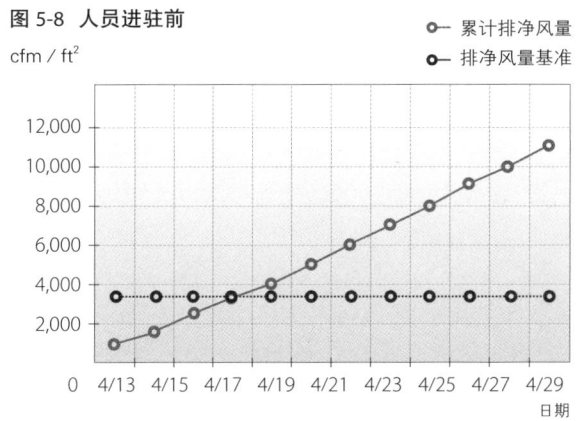

图 5-8 人员进驻前

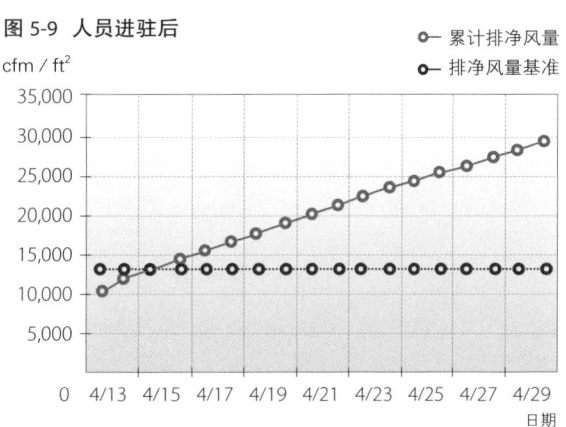

图 5-9 人员进驻后

图 5-10 空调箱运转照片

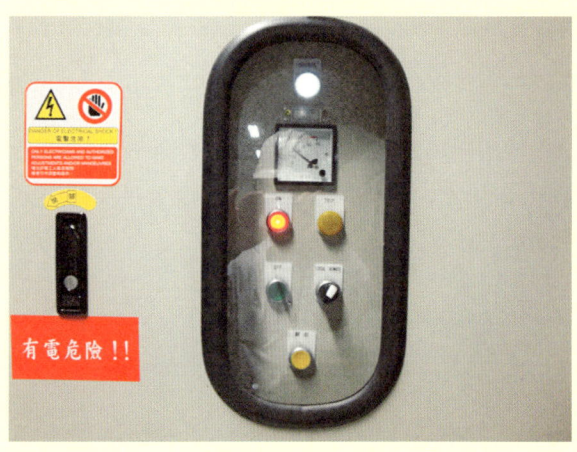

另外，此项指标也可运用空气品质测试（Air Quality Testing），作为另一个检测方式。检测期间须在建造完工后且人员进驻前，依据美国国家环境保护署（EPA）室内空气品质要求的标准，检测环境空气品质。各项标准如下：

表 5-7 美国国家环境保护署室内空气品质标准

污染源	浓度上限
甲醛（HCHO）	50 ppb
悬浮微粒（PM10）	50 mg/m³
总挥发性有机化合物（TVOC）	500 mg/m³
苯基环乙烯（4-PCH）	6.5 mg/m³
一氧化碳（CO）	不超过外气2 ppm，且上限为9 ppm

指标 4 | 使用低逸散材料（IEQ, C4.1 – C4.4）

对室内空气品质危害最大的，就是室内装修所用的建材与家具，其中的甲醛及挥发性有机化合物（Volatile Organic Compounds, VOCs），随着时间逐渐逸散至空气中。不仅对人体健康造成莫大伤害，其中所含的化学物质对地球环境也造成极大破坏。

事前的预防永远比事后的补救来得重要。为避免建材中的挥发性有机化合物污染室内空气，对人体造成伤害，所有用于室内材料，定义为防水层以内，并为现场施作者，使用的接着剂、填缝剂，均须符合美国南加州南岸空气品质管理局（SCAQMD）第1168条[5-7]的挥发性有机化合物含量标准；气状接着剂须符合绿色标章（Green Seal）GS-36[5-8]有关挥发性有机化合物的含量标准。

填写一份所用的接着剂、填缝剂及填缝剂底材等产品类别，包含制造厂商、产品名称、挥发性有机化合物含量（克／升）并比对SCAQMD的容许含量等，并且提供这些物质的第三单位检测报告，所有项目都要符合SCAQMD的要求。

表 5-8 南加州空气品质管制局挥发性有机化合物含量标准

建筑应用	VOC 限制	特殊应用	VOC 限制
室内地毯黏着剂	50	PVC焊接	510
地垫黏着剂	50	CPVC焊接	490
木地板黏着剂	100	ABS焊接	325
橡胶地板黏着剂	60	塑性水泥焊接	250
底层地板黏着剂	50	塑料黏着底漆	550
瓷砖黏着剂	65	接合剂	80
柏油黏着剂	50	特殊用途黏着剂	250
石膏板黏着剂	50	结构的木头构件黏着剂	140
踢脚板黏着剂	50	橡胶衬套操作的薄片	850
多用途建筑黏着剂	70	镶边黏着剂	250
结构釉药黏着剂	100		
底材特殊应用	VOC 限制	填缝剂	VOC 限制
金属对金属	30	建筑	250
泡沫塑料	50	无防水膜屋顶	300
多孔性材质（不含木头）	50	路面	250
木头	30	有防水膜屋顶	450
玻璃纤维	80	其他	420
填缝剂底漆		VOC 限制	
建筑的, 非多孔性	250		
建筑的, 多孔性	775		
其他	750		

（单位：克／升）

表 5-9 绿色标章挥发性有机化合物含量标准

气状黏着剂	VOC 限制
一般用途的喷雾式喷涂	65% VOC（以重量计）
一般用途的网状喷涂	55% VOC（以重量计）
特殊用途的气状黏着剂	70% VOC（以重量计）

（单位：克／升）

〈文接第205页〉

[范例]

说明建筑物内使用的黏着剂、填缝剂，以及VOCs含量必须符合LEED标准。

表 5-10 产品资料表

制造商	产品型号	VOC含量 （g/L）	容许VOC （g/L）	VOC值资料来源
A 厂商	Sealant FS-ONE	75	250	A 厂商
A 厂商	Sealant CP606	71	250	A 厂商
A 厂商	Sealant CP 648E	0	250	A 厂商
B 厂商	Adhesive UF K414	13	250	B 厂商
C 厂商	991 Building Sealant	77	100	South Coast Air Quality Management
D 厂商	221	48	50	VOC（EPA method 24）

图 5-11 VOCs 浓度检验证明

Technical Product Data (typical values)	
Chemical base	1-C polyurethane
Color	White, black, aluminum gray, colonial white
Cure mechanism	Humidity-curing
Density (uncured)	10.8 lb/gal depending on color
VOC (EPA method 24)	0.4 lb/gal
Non-sag properties	Good
Application temperature product	40°F - 105°F (5°C - 40°C)
Tack free time[1]	60 min
Open time[1]	45 min
Curing speed	(see diagram 1)
Shrinkage	5%
Shore A-hardness (ASTM D 2240)	40
Tensile strength (ASTM D 412)	260 psi
Elongation at break (ASTM D 412)	500%
Tear propagation resistance (ASTM D 624)	34 pli
Glass transition temperature	-50°F (-45°C)
Movement accommodation factor	12.5%
Service temperature permanent	-40° - 195°F (-40°-+90°C)
Short term 1 day	250°F (120°C)
1 hour	285°F (140°C)
Shelf life (storage below 77°F (25°C))	12 months

[1] 73°F (23°C) / 50% r.h.

VOC content for Hilti Firestop products

The volatile organic content according to EU directive 1999/13/EG (organic compounds, with vapor pressure ≥ 0.01 kPa at 293.15 K) of the following Hilti Firestop products are listed below in weight percentage.

Hilti Firestop Product	VOC content
FS ONE	< 2 % w/w
CP 601A	< 1 % w/w
CP 606	< 3 % w/w
CP 637	0 % w/w
CP 648E	0 % w/w
CP 657	< 0.1 % w/w
CP 672	< 1 % w/w
CP 679A	0 % w/w

建筑物内使用的油漆及披覆材料VOCs含量，都需符合绿色标章GS-11[5-9]的标准，防腐蚀及防锈漆VOCs含量则应符合绿色标章GS-03[5-10]标准，用于室内的木头面漆、地板面漆、染色剂、底漆、虫胶天然树脂漆，VOCs含量也必须符合SCAQMD第1113条[5-11]的标准。

所有用于室内（定义为防水层以内，并为现场施作者）的面漆、涂料，均须符合以下规定：

建筑用漆、涂料及底材用于墙壁及天花板者，VOCs含量不得超过绿色标章GS-11的规定。其中平光漆为50克/升（依ASTM D523-89 [5-12]测试标准定义，平光漆指面漆光泽小于5者）；非平光漆则为150克/升。

用于室内含铁金属的防腐蚀及防锈漆，VOCs含量不得超过绿色标章GC-03规定的250克/升。用于室内的木头面漆、地板面漆、染色剂、底漆、虫胶天然树脂漆，VOCs含量不得超过SCAQMD第1113条的规定。其中，木头面漆的透明漆为350克/升，亮光漆550克/升；地板面漆是100克/升；防水底漆250克/升，磨光底漆275克/升，其他底漆200克/升；虫胶天然树脂漆类的透明虫胶730克/升，染色虫胶250克/升；染色剂则为250克/升。

最后，填写一份用于室内的油漆及披覆材料等产品类别，包含制造厂商资料、产品名称、VOCs含量及相关标准的容许含量等，并提供这些物质的第三单位检测报告，以上所有项目均须符合相关标准的要求。

地板系统方面，所有地板系统都应符合以下规定，包括建筑物内安装的所有地毯、坐垫均须通过美国地毯协会（CRI）的绿色标章认证[5-13]，以及美国加州健康服务部对地毯VOCs的要求。依据第九条规定[5-14]，地毯接着剂及填缝剂均须符合前面所要求的挥发性有机化合物含量标准（50克/升）；所有硬铺面的地板必须符合FloorScore[5-15]的认证，包含硅胶涂料、亚麻地板、层压板、木地板、瓷砖地板、橡胶地板等。

其中，地板系统若不是地毯，则须采用100% FloorScore认证产品，且应用于超过所有地板面积的25%（不含机械房、电器室、电梯机房）。混凝土、木头、竹子及软木地板完成面的填缝剂、染色、末道漆需符合SCAQMD第1113条有关建筑披覆材料的标准。瓷砖接着剂及水泥浆则要符合南加州南岸空气品质管理局第1168条VOCs含量限制的标准。

图 5-12 亚麻地板

图 5-13 层压板

合成木材及农业纤维（非化学纤维）产品方面，应用在建筑物内部的合成木材，以及农业纤维产品的使用，不可含尿素甲醛树脂，木片间的接着剂也不得添加尿素甲醛树脂。这些产品包括粒片板、中密度纤维板、夹板、麦草板、硬纸板等。灯具、家具及设备等不包含在列。

同样的，将使用的产品列表，提供证明文件以确认产品成分不含尿素甲醛树脂。

指标 5 ｜ 室内化学品及污染源控制（IEQ C5）

为了减少与控制污染物进入室内以及人员进驻区的交互污染情形，必须采取以下的防范措施：

员工入口通道装设至少步行10英尺（3米）的除污设施，例如可定期清洁的格栅、地垫等，当员工由外部进入建筑物内时，可以有效去除脏污与微粒。

使用危险性气体、化学品的房间（如车库、洗衣间、实验室、美术室、影印/冲洗店等），必须有足量的废气排放系统，以维持房间关门时的负压。此外，也必须在上述的房间装设门弓器；隔间需隔至顶板，以确保气体污染源不会外泄至其他区域。废气不可循环且须达每平方英尺至少0.5cfm之排气，与隔壁房间的压差平均须达5 帕（0.05 厘米水柱）以上。当房间门关闭时，压差至少要有1 帕（0.01厘米水柱）以上。

机械通风的建筑物，人员进驻前须在外气空调箱及回风处安装空气过滤网进行通风换气。其滤网等级需为MERV 13以上，以有效去除污染物。

最后，提供室内化学品摆设位置相关图面。

〈文接第209页〉

[范例]

送件时须附上入口通道摆设的除污设备照片、尺寸说明,并详述除污方式与定期清洁的相关说明。

图 5-14 入口通道除尘踏垫

表 5-11 计算化学品储物间之负压

房间编号	面积（m^2）	高度（m）	新鲜空气进气量 cfm	废气排风量 cfm	排气率 cfm/ft^2	平均压差（Pa）	最小压差（Pa）
房间1	207	5	3,576	5,188	2.3	5.0	1.8
房间2	369	5	7,545	10,853	2.7	5.0	3.6

表 5-12 空气滤网使用形式说明

滤网形式	MERV等级	滤网放置位置
W-Pre	8	初级滤网，放在MAU入口
S-系列	13	中级滤网，放在MAU内部

说明各房间摆放化学品种类，可采用计算、量测或由监控系统显示证明，这些化学品的摆放房间为负压。

表 5-13 房间隔间施作及负压说明

房间编号	房间叙述	房间隔离方式说明	是否需要负压
房间1	化学房1	• 到顶板的水泥墙 • 水泥楼板 • 安装门弓器的防火门	是
房间2	化学房2	• 到顶板的水泥墙 • 水泥楼板 • 安装门弓器的防火门	是

图 5-15 负压控制监控图

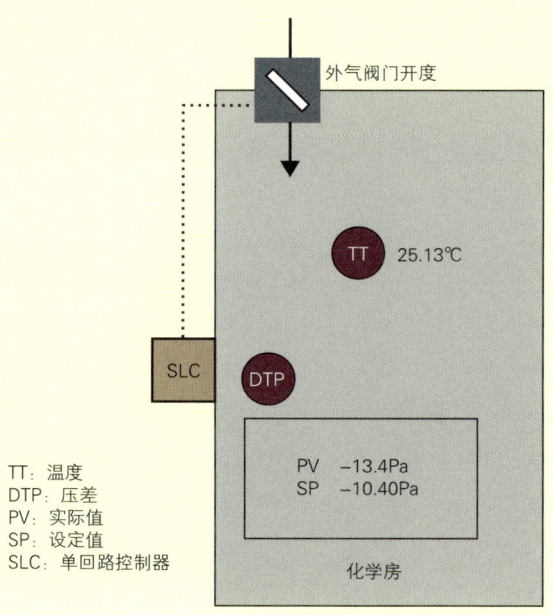

TT：温度
DTP：压差
PV：实际值
SP：设定值
SLC：单回路控制器

图 5-16 隔间墙与楼板衔接方式说明

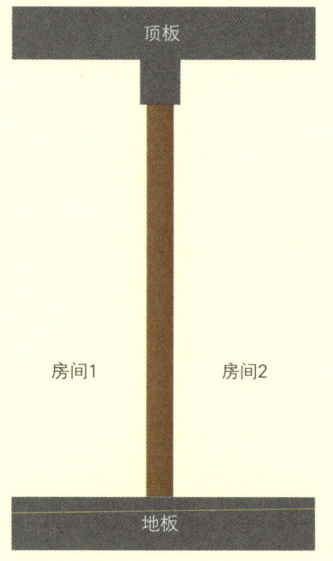

图 5-17 化学品摆设位置

指标 6 ｜照明系统及空调环境舒适之可控制性（IEQ, C6.1 – C6.2）

照明在建筑物的日常耗能中所占比例相当大，除了在设计时从开窗率、座向考虑最佳光线外，照明器具的效率及使用习惯也对耗能影响甚巨。

若能让90%以上的室内办公人员自动控制灯源，将有助于提高环境舒适度与生产力，且符合LEED要求。某些厂房为24小时运作，且为恒温恒湿，因此灯光之控制无法随意操作，但在办公大楼特别引用整栋大楼的灯光自动控制、昼光引进、调光灯具，以及物体感知器（Occupancy Sensor）控制灯光启停。例如，每个座位都配置个人桌灯，座位上方灯具设置拉线开关，离开位置时可立即关闭电灯；公共区域均设置双切开关、自动传感器等，并以时程控制下班后将电灯关至最小需求量。

空调部分的舒适性，必须提供超过50%的进驻人员自行调整空调之舒适性，以符合个人需求。调整项目包括风速、风向、温度、湿度，公共空间如会议室、休息室、演讲厅亦需提供至少一个可调整的控制器。

若为自然通风开窗模式，则个人需在距离窗户10英尺（3米）内可操作到窗户，相关窗户的面积、位置须符合ASHRAE 62.1第五章的规范。空调舒适性之条件须符合ASHRAE 55要求的温度、湿度、风速规范。

台积电无尘室的空调因制程要求为恒温、恒湿，仅由相关人员进行操控，故无法获得此项得分，办公大楼采用空调可变风量（VAV）系统且为天花板供风，由中央自动控制，若欲获得此项得分，需采地板供风，出风口位于座位下方，易于进行调整相关参数。然而，此方式必须考虑天花板与地面之净高，避免造成压迫感。

〈文接第211页〉

[范例]

办公大楼案例的照明系统可控制性说明，以列表方式说明各房间的功能，以及灯光控制方式。

表 5-14 个人工作桌照明可控制统计

个人工作桌数量 （含私人办公室及小隔间）	提供个人工作桌照明控制数量	提供照明控制程度
500	480	96%

表 5-15 公共区域灯光控制说明

功能	灯光控制方式
会议室	15人会议室，双切开关，CO_2及物体感知器开启及关闭空调与照明
接待室	20人接待室，双切开关，CO_2开启及关闭空调与照明

其次，详述室内照明控制方式，包含个人使用桌灯、共用区域的照明操作，昼光的引用说明，物体感知器使用区域以开启和关闭照明，减少能源浪费。

图 5-18 影印室 / 茶水间灯光控制

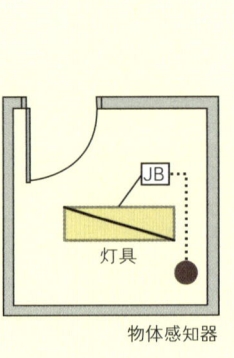

图 5-19 会议室灯光控制

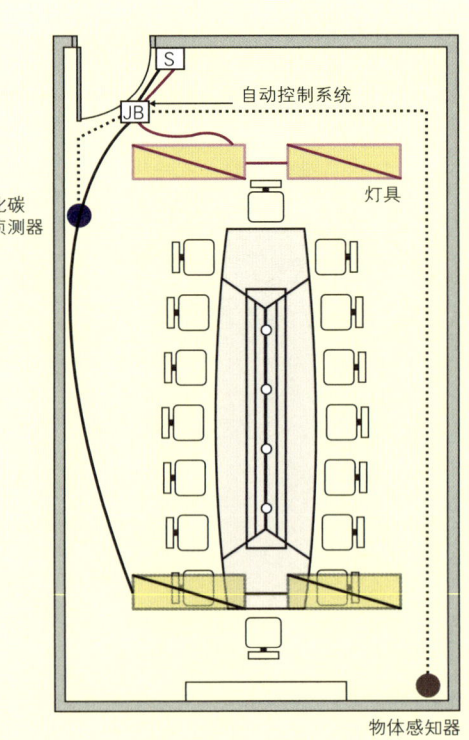

指标7 | 空调环境的舒适性（IEQ, C7.1 – C7.2）

热舒适度设计，对于进驻人员的工作效率有直接影响。空间的温湿度，是人体最能明显感受到的，为维持室内适当空调温度与湿度环境，提高人员舒适度与生产力，在相关的设计阶段，就必须参照美国冷冻空调协会ASHRAE 55[5-16]的人体热环境舒适度标准（Thermal Environmental Conditions for Human Occupancy）来做适当规划，确保内部超过80%以上人员满意此环境。须考虑的因素有温度、热辐射、湿度及风速，个人因素则有活动状况与穿着。

设计舒适的环境大致可分三种方式：机械通风空调系统、自然通风系统或两者混合使用。专案团队可依照专案性质决定做法。依照ASHARE 55标准，利用下列两个指标判断热舒适程度。

舒适度指标（Predicted Mean Value, PMV），它是一个参考平均值，用来衡量人体在某个环境中的舒适度，共分为7个等级，由-3（极冷）至+3（极热），0代表热舒适度适中的状况。PMV介于-0.5 ~ +0.5之间为舒适区间。舒适度不满意度指标（Predicted Percent of Dissatisfied, PPD）则用来评估人体对环境的不满意程度，小于10%为可接受的热舒适环境。

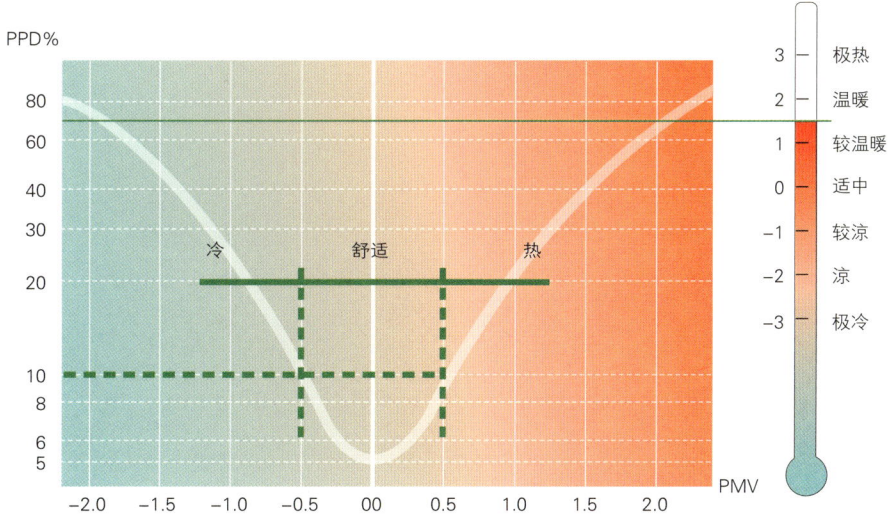

图5-20 舒适度曲线

热舒适度验证，可设置一套环境监控系统，以监视室内环境是否符合当初的设计基准。在人员进驻后六至十八个月，须进行建筑物使用人员舒适度调查，若有20%以上人员出现不舒适的意见反映，就应立即针对不舒适项目提出修正计划，并改善相关的系统设施。

在进行改善时，首先要测量目前环境状况，包含温度、湿度、风速，确认是否符合设计规范要求。然后，依照量测结果调整相对应的空调项目，包括：

调整进入此区域的送风率
调整此区域的送风设定值
调整扩散型出风口位置或形式
调整送风风速
检查周围的热源位置及情形
检查回风口位置与尺寸
检查送风形式是否合适
检查较热区域或较冷区域的表面温度
检查冰水之送、回水温度是否正确

接着，在检查及调整完成后，再次针对前述的项目进行测量，确认是否已符合规范要求。完成后，再择期执行一次空调环境舒适度的调查，确认改善成效。

〈文接第215页〉

[范例]

首先，明列室内规划春、夏、秋、冬四季的最高、最低温湿度，利用空调舒适曲线图或电脑程序模拟分析环境的舒适性。以电脑程序模拟为例，输入新陈代谢率＝1.0～2.0 met，平均风速0～1m/s，衣着量0～2 clo（衣着绝热程度），室内空气温度21～23℃，相对湿度41%～45%，程序显示结果为舒适的环境，即可符合此项规定。

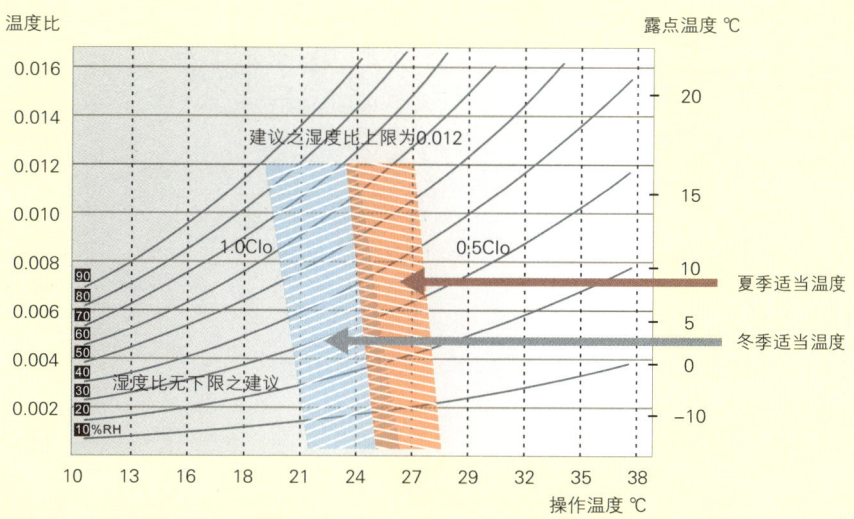

图 5-21　空调舒适曲线图

表 5-16　无尘室之温湿度设计

季节	室内设计最高温	室内设计最低温	室内设计最高湿度
春	23℃	21℃	46%
夏	23℃	21℃	46%
秋	23℃	21℃	46%
冬	23℃	21℃	46%

接着，说明工作环境与舒适度的关系。以无尘室的工作人员为例，其穿着与活动量可得新陈代谢率约在1.0～2.0 met间。假定为1.4 met，穿着长袖及裤子（0.61 clo）的工作服（0.49 clo），依照无尘室工作时间加权平均新陈代谢率：

15分钟在1.0 met状况（坐着、读或写）

15分钟在1.1 met状况（打字）

30分钟在1.7 met状况（行走）

新陈代谢率M＝（0.25×1＋0.25×1.1＋0.5×1.7）＝1.375

衣着量I_{cl}＝0.61＋0.49＝1.1 clo

可计算得出　I_{cl}活动者＝I_{cl}×（0.6＋0.4/M）＝1.1×（0.6＋0.4/1.375）＝0.98

上述数值输入电脑程序中算出PMV为0.34，PPD为7%，符合ASHRAE 55定义的舒适作业环境。

图 5-22 空调舒适度模拟

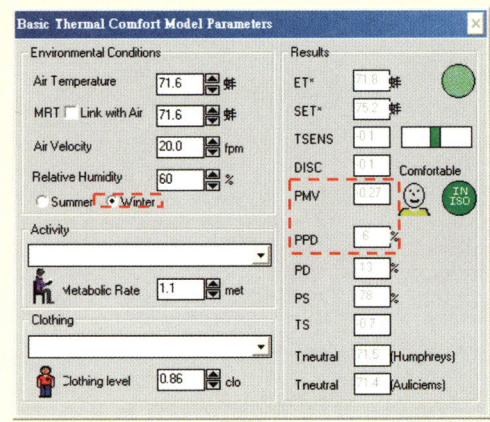 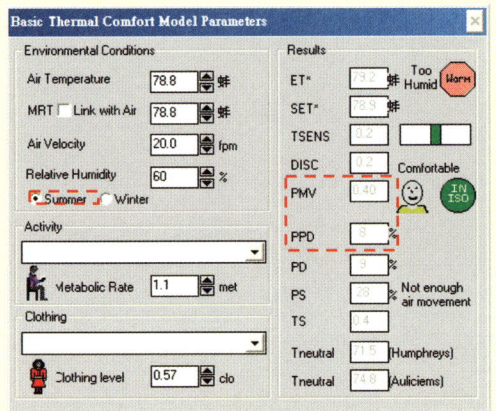

表 5-17 空调环境的舒适度调查表

问卷项目：

1.日期：_____

2.时间：_____

3.问卷的季节：

　□春天　□夏天　□秋天　□冬天

4.环境温度：_____℃

5.环境湿度：_____%

6.工作形式：

　□安静坐着　□安静站着　□站着轻量的活动　□站着中量的活动　□站着大量的活动

7.舒适程度的感觉：

　□极热　□稍热　□温暖　□适中　□一点冷　□稍冷　□寒冷

8.对环境的建议：_____

指标 8 │ 自然采光与视野（IEQ, C8.1 – C8.2）

此指标分为建筑物内人员拥有75%以上的自然采光与90%以上的视野。75%以上之自然采光可提供建筑物室内人员与户外的良好联结性，奖励设计者引用自然采光与良好的对外视野，良好的设计可减少照明使用达50~80%，减少资源的消耗与发电设备所排放的二氧化碳。

然而，须考虑玻璃的热传导可能造成空调之增加、眩光及户外视野品质等问题。75%的空间拥有自然采光则可获得此项得分，有底下三种选项可供选择：

选项一：电脑模拟

采用电脑程序模拟昼光分布情形，计算建筑物在春分或秋分的中午晴朗气候下（台湾时间约在每年3月21日或9月21日早上9点及下午3点），高度在30英吋（76厘米）高的位置、间隔最长5英尺（1.5米）距离模拟绘出详细之室内照度分布图，统计昼光照度最低需达269 lux及最高可达5,382 lux之人员进驻区域面积，至少须达到75%以上才符合要求。

选项二：指定方式

采光形式分为两种，分别是侧面引进昼光及上方引进昼光。建筑物若为侧面引进昼光，必须取得以下相关信息：窗户顶部高度（A）、窗台高度（B）、每个窗柱间距（Bay）的窗户宽度（C）、窗柱间距的宽度（D）、窗户至内墙深度（E）、可见光透视率（Tvis）、每块窗柱间距的面积（FA）。利用建筑物每块窗柱间距的方位进行简单计算（东西向、南北向、转角）。

计算窗户的面积（WA）=（窗户顶部高度A—窗台高度B）×每个窗柱间距之窗户宽度C。若天花板会阻挡光线进入，可画一条与垂直面63度的斜线，如图5-23，以修正适当的窗户顶部高度。

计算每一个窗柱间距之面积（FA）=窗柱间距之宽度D ×窗户至内墙深度E。计算窗户面积WA与窗柱间距面积FA之比值WFR＝WA/FA。

依此算出可见光透视率与WFR之乘积，Tvis×WFR，当此乘积值介于0.15及0.18之间，表示此窗柱间距符合规定，必须检讨所有的窗柱间距均符合，才可得分。

图 5-23 修正窗户顶部高度及昼光区示意图

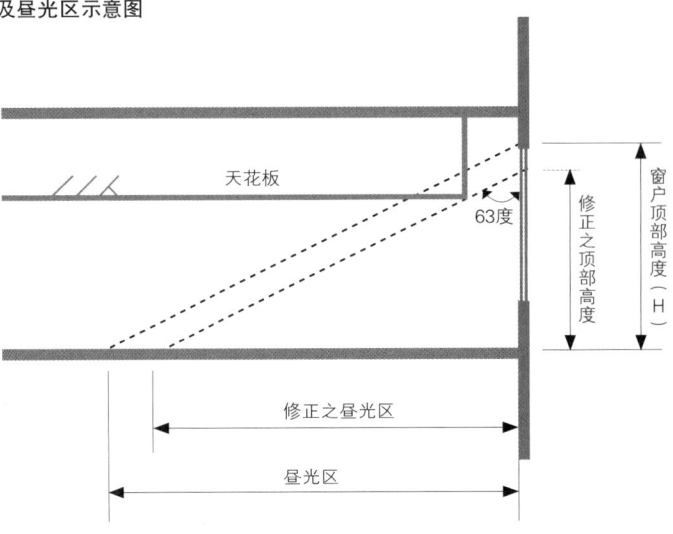

表 5-18 指定方式计算范例

	东西向	南北向	转角
窗户顶部高度（A）	250	250	250
窗台高度（B）	25	25	25
每个窗柱间距之窗户宽度（C）	280	280	280
窗柱间距之宽度（D）	500	500	500
窗户至内墙深度（E）	680	680	680
可见光透视率VLT（Tvis）	0.86	0.86	0.86
窗户的昼光高度（A-B）	225	225	225
窗户的面积WA=（A-B）×C	63000	63000	63000
每块窗柱间距之面积FA=D×E	340000	340000	340000
窗户面积与窗柱间距面积FA比值WFR=WA/FA	0.18529	0.18529	0.18529
可见光透视率与WFR乘积（Tvis×WFR）	0.15935	0.15935	0.15935

建筑物若为上方引进昼光方式，必须取得以下相关信息：天窗面积（SA）、可见光透视率VLT（Tvis）、屋顶面积（RA）、天窗间的距离、天窗扩散板的雾度值。

首先，计算出天窗的覆盖比例。天窗面积与屋顶面积的比值（SA/RA）×100。确认天窗扩散板的雾度值大于90%。依照指定方式计算昼光区域面积，若此面积占平常办公面积的75%以上即可获得此分。

若建筑物包含侧面引进昼光及上方引进昼光两种方式，则可利用此两方式合并检讨。

图 5-24 上方引进昼光区域

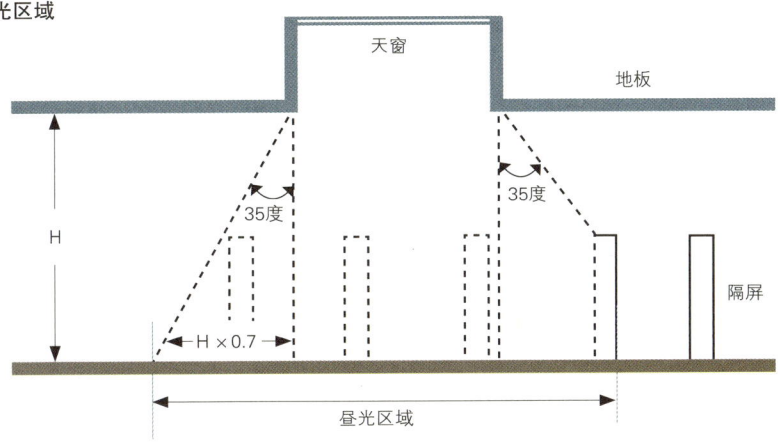

选项三：实际量测

实际量测-测量所有楼地板之照度，以10英尺（3米）间隔；高度在30英吋（76厘米）处量测，并记录室内75%以上之量测点照度之昼光照度超过269 lux以上，并须记录量测时之日期、时间、天气及量测仪器说明。

采用此选项之专案，必须设置导光板或防止眩光之装置，以避免高反差之环境，影响内部人员工作。

90% 以上的视野依照外墙窗户的高度分两种：2.5～7.5英尺（0.76～2.3米）与3.5英尺（107厘米）的水平视野。

外墙窗户在2.5～7.5英尺（0.76～2.3米）高度范围，建筑物经常使用区域的室内人员可直视户外之面积占所有经常使用区域的90%以上，可获得此项得分，必须符合底下二条件之面积才可计算在内：

1. 以平面图检视，直线视野可透过窗户看到室外的涵盖面积。于各楼层平面图，将各窗户可及视线范围标于图上，以决定那些区域面积可直视窗外。

2. 以立面图检视，这些室内可直视户外的直线区域所构成的范围。透过内部隔间窗户可直视户外的区域也可计算在符合条件的面积内。

将可直视室外的各区域及无法直视室外的面积列表，计算可直视室外面积与经常使用区域面积的比例，若大于90%，则可获得此项得分。

计算之视野区域规范

经常使用区域定义为工作或居住的空间，包含办公区、会议室、餐厅、客厅、起居室，不包含影印室、储藏室、机械室、洗衣间、厕所、走道、门厅、休息室、厨房、楼梯间等附属空间。在多人使用之区域，如大办公区或会议室，计算可直视窗外之实际面积。视线得穿越室内玻璃，但不得穿越具有实墙的走道。有一例外条件，在建筑物内部私人办公室中若有大于75%之面积可直视窗外，则可视为房间全部面积均符合此要求，若小于75%面积可直视窗外，则以实际面积计算，以奖励办公室可透过内窗的设置仍保有对外视野及使用窗帘以保有隐秘性。

图 5-25 自然视野区域示意

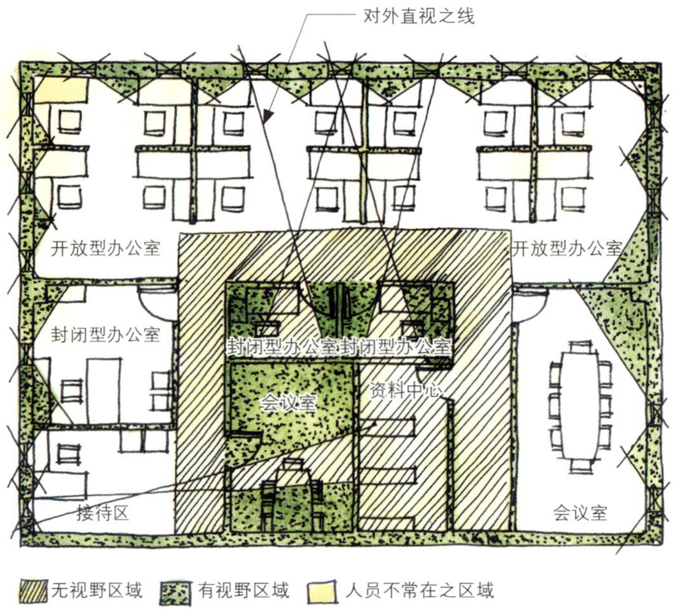

高度3.5英尺（107厘米）之水平视野，确认前述可直视窗外的区域范围是否仍符合水平视角之要求。在标准剖面图上，取某视点高度为3.5英尺（107厘米，即座位平均视线高度），绘制该点至窗户的剖面视线，高度范围2.5～7.5英尺（0.76～2.3米），以检视该视线与上述窗户范围间有无阻碍物。若视线被阻碍，则此面积不可计算在内。

制表填入各经常使用区域的名称编号、平面图标示直视户外之面积、立面直线视野面积及水平视野。3.5英尺（107厘米）高可直视户外且无阻碍物阻挡，则在表格中水平视野栏内填符合，否则填入不符合（此面积不得计入合格直视面积）。

图 5-26 自然视野示意

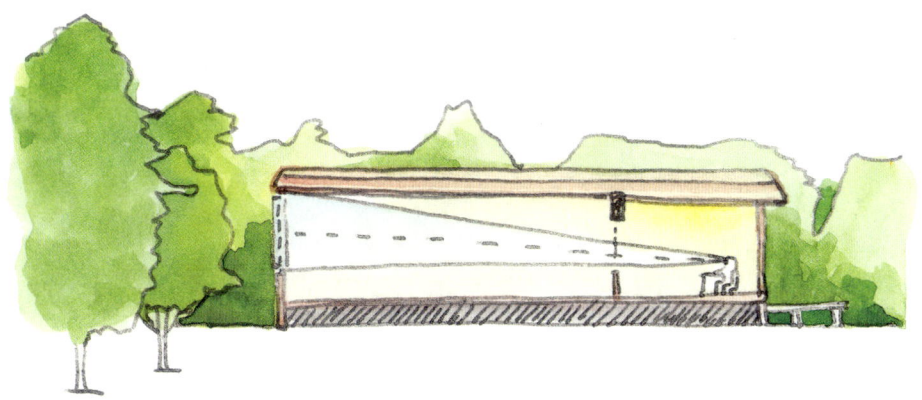

6

创新设计
Innovation in Design, ID

指标		项目	LEED 3.0 版
			6分
指标 1	ID C1.1	创新设计 – 自订题目	1
	ID C1.2	创新设计 – 自订题目	1
	ID C1.3	创新设计 – 自订题目	1
	ID C1.4	创新设计 – 自订题目	1
	ID C1.5	创新设计 – 自订题目	1
指标 2	ID C2	LEED认证专家（LEED AP）参与	1

永续发展是绿建筑追求的精神与目标。随着科技日新月异，LEED为鼓励将先进科技应用在建筑物的创新与永续上，以减少对地球环境的破坏，特别设置创新设计项目，并提供加分奖励，其核心价值即在于主动创造与更广泛的应用推广。基本的创新基准为下列三项：

- 针对改善案例提出量化的数据，以证明一般做法与设计方案对环境改善的效益。
- 流程及规格必须是容易理解的，仅限单一特定区域的应用手法则不恰当。
- 专案提出的创新观念可以应用于他案，并可获得验证其显著效益。

指标 1 ｜ 创新设计 （ID, C1.1 – C1.5）

提出创新设计项目时，必须提供其对环境实质可量测的效益评估，例如，开发一套教育软件倡导绿建筑对人体健康及整体环境的好处，大自然环境将如何受益。内容可包括窗户的选择对能源的节约效益、水回收的好处、实时的能源消耗监控、室内环境品质在各楼层的实时显示系统等。或者，设立网站提供在线绿建筑导览，同时倡导推广绿建筑的好处等。超出LEED标准要求相当多的得分点数，也可成为加分。另外，以ISO 14040的生命周期评估来研究各式产品或材料，从原物料取得、生产、使用到弃置（即威廉·麦克唐纳、迈克尔·布朗嘉特著作《从摇篮到摇篮》的概念）整个生命周期的环境考虑与潜在冲击，可作为建筑物选择材料的依据，也可是一创新设计。除此之外，优良表现可加分项目有：

生活用水减量，自来水用量比基准值节省40%以上
营建废弃物管理，废弃物的回收比例大于95%以上
材料再利用，再利用的材料比例达到15%以上
回收再利用建材，再利用的建材比例达到30%以上
使用当地材料，当地材料使用比例达到40%以上
使用快速再生材料，使用比例达到10%以上
使用FSC认证木材，使用比例达到95%以上
自然光的引进，建筑物各居室的空间昼光可见度达95%以上
停车位百分之百地下化

以上的加分项目最多仅能提出三项（ID, C1.1—C1.3），作为申请创新设计。台积电则额外提出两项做法，包括"台积电绿建筑实务与应用"之教育训练推广，以及"替代性交通管理"的创新手法。以台积交通网为例，主旨在于减少员工开车的频率、有效减少二氧化碳的排放。前提是在基地永续发展之替代性交通需获得3分以上，才可增加此一交通方面之加分。台积交通网使员工易于获得各种交通信息，详细内容包括：

交通车家族系统：上下班交通车、厂区区间车、出租车服务等。
公务自行车系统：厂区间设有公务自行车，鼓励往返各厂厂区之员工使用，并提供固定车位停放。
汽车共乘系统：提供专属共乘停车位，奖励员工上下班采取共乘制度。

[范例]

交通车家族系统

台积电厂房分别位处竹科与南科,竹科约有20,000名员工、中科约有3,000人,南科约有9,000名员工,累积多年经验发展出一套服务与转运系统。其中包含网站系统提供四班二轮的线上人员搭乘,厂区区间车则提供新竹–台中–台南来往的服务及额外的上下班出租车服务。

厂区指引一

台南厂区指引地图

厂区指引二

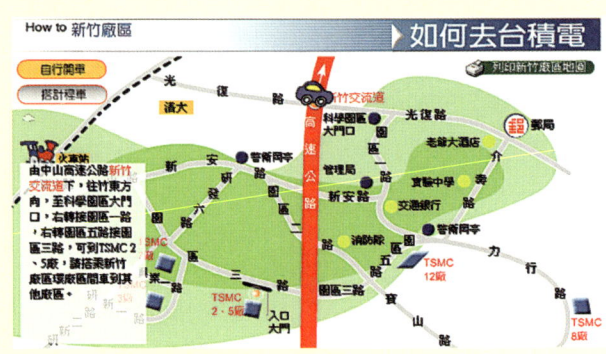

新竹厂区指引地图

上下班交通车

设计员工通过交通车网站取得路线及停靠站、接送点与时间等信息,甚至交通车接洽人员、电话、公司名称等也都能找到。以台南厂区为例,六厂、十四厂第一期、第二期、第三期、第四期共计有18条路线、24台大型交通车,提供二千二百多个座位服务9,000名员工。提供四班二轮线上人员搭乘,每日搭载约2,200人次,新竹厂区有44条,每日搭乘3,700名员工,与员工自行开车相较,每年可减少4,500公吨的二氧化碳排放。

台南厂区交通车路线图

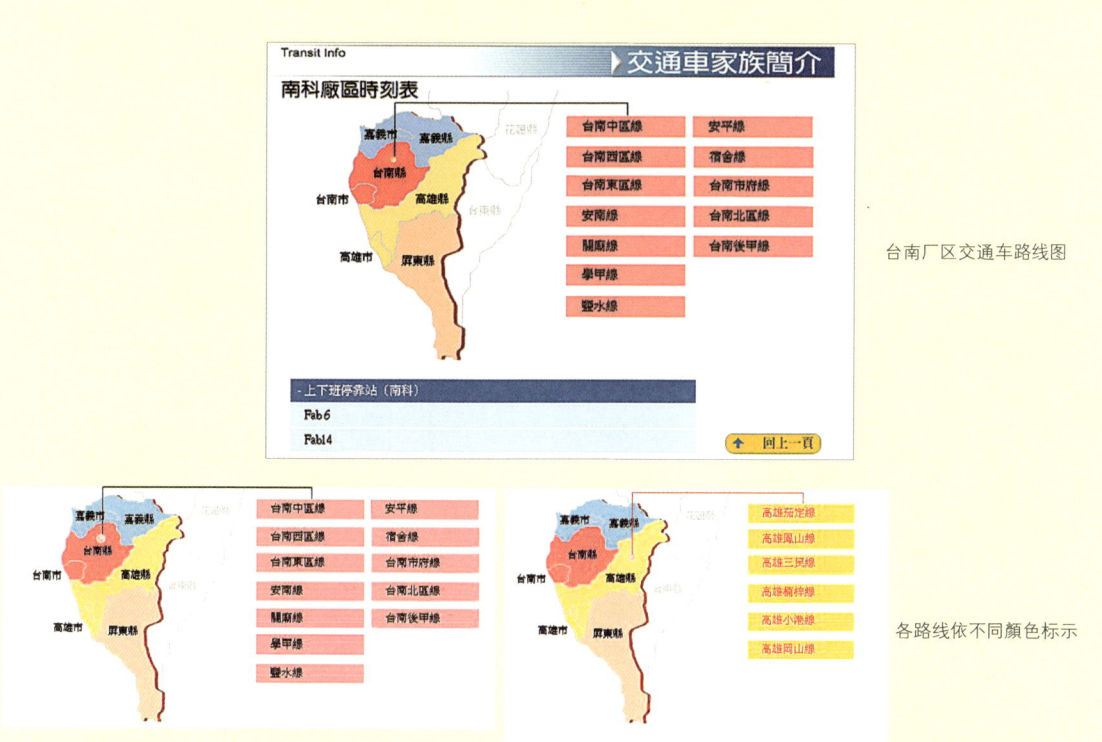

台南厂区交通车路线图

各路线依不同颜色标示

厂区区间交通车

厂区区间车提供衔接各厂的环厂交通服务,一为当地区域路线,即新竹厂区与台南厂区之交通车;另一为跨区域路线,即往返台南–新竹之长途交通车。台积电与交通车公司签订合约,提供完全免费的上下班交通及跨厂区的交通,鼓励同仁搭乘,减少个人开车往返。区间车由GPS定位,电脑显示行驶抵达之厂区及到达下一厂时间,同仁可由个人电脑查出到站时间,减少等车时间。

厂区区间交通车介绍

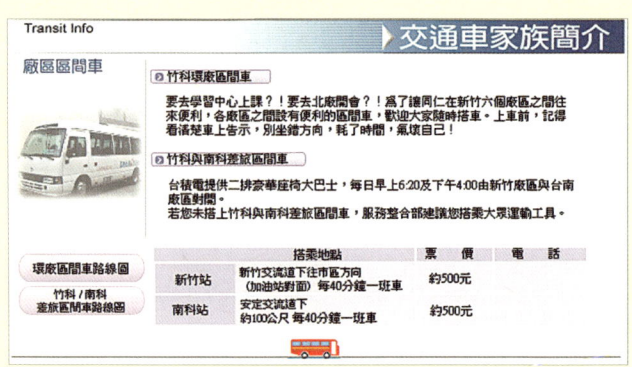

台南—新竹与新竹各厂区衔接交通车选择

相关搭乘信息

新竹厂区区间车从早上8点至晚上6:30 每十分钟一班车，晚上6:30～7:30每十五分钟一班车，最后一班车为晚上八点分别由八厂与三厂对开。另外提供社区域循环区间车则从早上9:10至晚上5:40每三十分钟一班车，路经矽导研发中心至七厂。台南厂区区间车从早上8:10至晚上7点，每20分钟一班车，巡回各厂区。每日搭载约一千六百余人次，与员工自行开车相较，每年可有效减少400公吨的二氧化碳排放。2012年6月向台中市政府租用10辆电动车并建置电动汽车充电站，作为同仁往返竹科及中科的公务车使用。估计一年将可减少22公吨的二氧化碳排放，相当于2千棵树一年的碳吸收量。

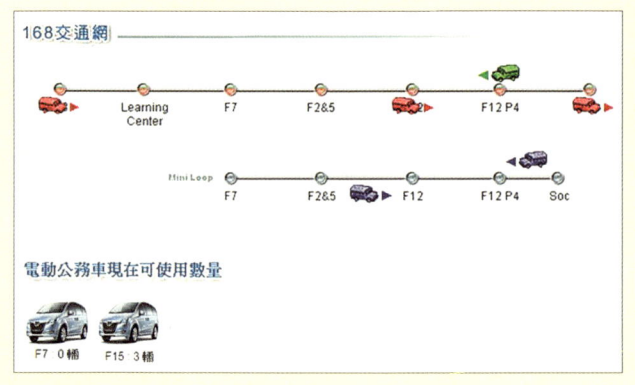

去程，八厂至三厂
回程，三厂至八厂

社区域循环区间车

电动公务车现在可使用数量

　　新竹–台中–台南长途交通车提供公务及私人搭乘，员工可经由网络预定搭乘时间、座位，所有详细的信息，包括时刻表、停靠地点、相关地理位置等，均可由网站获得，新竹–台中–台南交通车每日早晚各一班，分别在早上及傍晚发车，提供长途搭乘返家或回公司上班。若为公务搭乘由部门支付费用，若为私人搭乘则从个人薪资扣除。新竹–台南间的交通车自费费用仅四百元，每日搭载约五十人次，与员工自行开车相较，每年可减少600公吨的二氧化碳排放。

　　上述交通车系统提供台积员工及合作伙伴使用，另外搭配交通部门主管机关的路线，于南科设置公车站，纾解往返高铁与南科之间。时刻表可由下列网站取得：http://www.stsipa.gov.tw。公共汽车亦可连接善化或台南火车站，时刻表可由下列网站取得：http://snnew.myweb.hinet.net/main.htm。

南科巡回巴士
北环直达线

出租车服务

当员工搭乘人数大于交通车乘车人数时,提供出租车叫车服务,费用由公司支付。

出租车服务

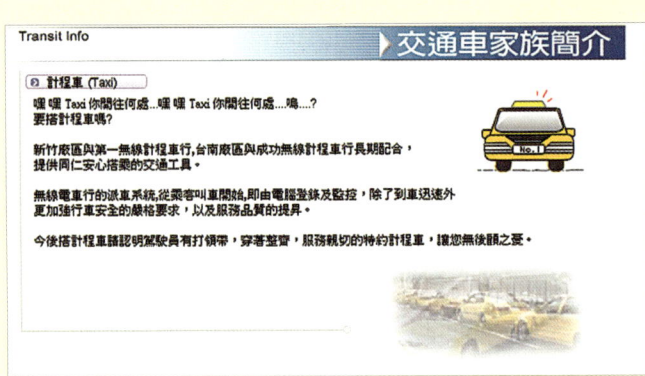

新竹与台南各有合作之出租车服务,并附有厂商及联络电话

交通管理办法

台积电为建构此交通车系统,明定了一套管理办法,建立交通车契约厂商的评比管理准则,供筛选管理合作厂商参考。同时利用本管理办法对合作厂商有一致的管控标准,以建立长期合作伙伴关系。日常管理重点包含以下项目:

1. **厂商自我管理**:厂商应做好自我管理,并做成稽核报告,自我管理重点包含以下项目:

   人员管理　厂商应对所属驾服员定期予以绩效考核,并施予奖励及惩罚。

   教育训练　厂商应对所属驾服员定期予以教育训练。

   车辆管理　提供服务之车辆应依监理单位规定,定期检验及保养。

   安全管理　驾服员于每日出车前应做好自我检查。

   品质稽核　遵守"驾服员工作规范"。厂商并应定期施行稽核。

   客户诉怨　对于客户抱怨的处理,应于收到通知后24小时内回复给业务承办单位,并须调查事情原委,提出改善报告。

2. **厂商绩效评比**

   评比时机　依各评比项目的检查频率定义区分为月、季、半年、年。

   评比指标　包括品质、交期、服务,其总和百分比为100%。

   品质　平均绩效评比结果。

已进驻服务的厂商,应进行日常绩效评比,作为续约及厂商遴选考评的依据。年度总平均分数须达80分以上,方可考虑续约。

3　行驶规定

行驶车辆为签约厂商所有或其关系企业所属车辆,未经本公司同意,不得转包其他厂商行驶。车身外观须明显标示签约厂商的公司名称,驾驶座正面须有制式明显路线功能标示。承揽厂商得负责制作各路线之制式标示牌,上述标示牌由本公司制定统一的规格、颜色;以固定车辆行驶固定路线,同一路线上下班为同一车辆行驶;行驶路线及发车时间,由台积电提供。

公务自行车系统

台积电提供公务脚踏车给员工骑乘,台南厂区六厂约有17台,十四厂约有31台。

新竹厂区的二厂、三厂、五厂、七厂率先提供公务脚踏车,免费骑乘,响应环保减碳。开放借用时间为上班日的上午9点至下午5点止,假日及雨天则不开放。同时于各厂设置完善的淋浴更衣室,鼓励员工骑乘自行车。

公务自行车借还说明

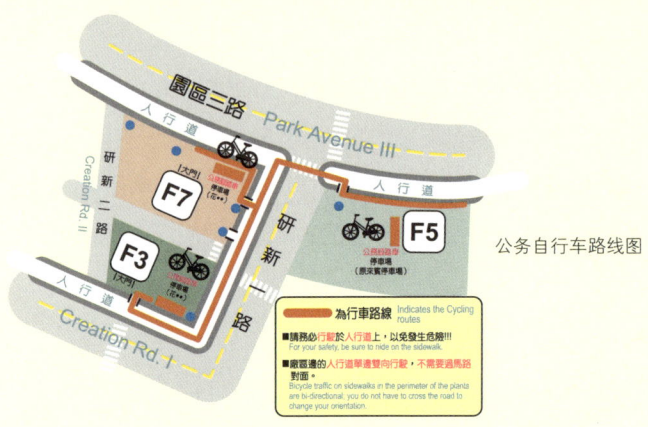

公务自行车路线图

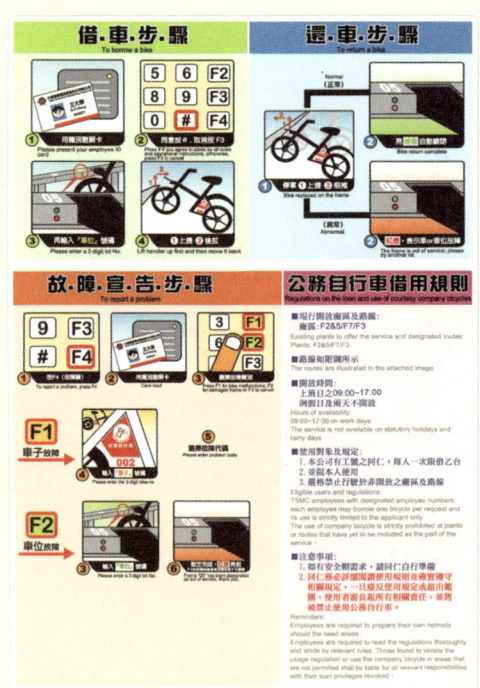

汽车共乘系统

成立汽车共乘网站平台"CAR POOL卡补网",提供共乘信息以利员工响应共同上下班。网站信息包含找驾驶、找乘员、刊登共乘等,同时,亦提供相当数量的专属共乘车位,以为奖励。新竹厂区提供71个专属车位,台南厂区提供35个专属车位。

卡补网共乘信息

刊登共乘信息

经由前述提供员工上下班交通车、厂区区间车、鼓励骑乘自行车、奖励汽车共乘等措施,有效减少了员工自行开车的需求,进而大幅降低二氧化碳排放量。包含南部科学工业园区、新竹科学园区二区域所提供的各项公共交通措施,一年共可减少约9,570,277公斤燃烧汽油所产生的二氧化碳排放量,相当于五十三万棵水黄皮树一年所吸收的二氧化碳量[6-1],或者相当于十座台北市大安森林公园一年所吸附的二氧化碳量[6-2],效果相当显著。

指标 2 | LEED认证专家参与（ID, C2）

为了使申请认证的过程流畅，LEED奖励建筑整合设计过程中，至少一位LEED认证专家（Accredit Professional, AP）参与工程之设计与施工，可获得创新设计奖励一分。LEED AP 需通过 GBCI 的专业认证测验，于专案的规划、设计与执行提供绿建筑方面的知识与经验，促使团队深刻了解评分项目的内涵。

台积电绿建筑专案，除了外部顾问团队成员拥有LEED AP参与外，员工亦有三位取得LEED AP专业认证，如此，内外相辅相成，对于专案整体进行有正面帮助。

7

绿色行者
Green Advocates

怀抱着将环境问题转换为创新机会的气概与想象力，
四位绿色行者，
代表着台积电与专家顾问组成的绿建筑团队，
一心将信念灌注到所做的事情上，
也引领着更多人有着共同接受挑战的勇气。
恰如一幢真正好的建筑，
必须不断面对阻力与极限，
在踏出不安与期待的步履时，
依旧坚定探测着未来。

观念不是问题
行动才有意义

庄子寿
台积电新厂工程处处长
台湾大学土木工程研究所博士

问　庄处长是台积电建厂的先锋,对于工厂与绿建筑之间的关系,你的看法如何?

答　实务上,现行绿建筑规范主要适用于住宅或一般办公室建筑,厂房建筑由于必须考虑功能上的需求,未必能够完全符合绿建筑规范的要求。所以对厂房建筑而言,在绿建筑评分中获得多少分数并不是重要的议题。重要的是,绿建筑规范可以提供厂房能源管理一个完整的骨架、一套整合性的管理工具,只要用心经营,不只是厂房节能减碳的成效而已,相信整个绿建筑的知识产业和绿建材产业都将受益,非常值得推广。

有人问我:"你怎么知道哪个绿建筑的规范好?"我觉得现行的绿建筑规范是否完美并不重要,因为规范可以经由学习过程逐步获得修正。重要的是绿建筑规范提供一个逻辑,帮助大家找到做事的方法,让厂房设施环境和能源效益管理,有个依循的标准、可以持续进步。例如,进行LEED的能源效率评估时,首先必须通过基本的能源效率查核后,才能提出提升能源效率的做法。这样的做事方法,让我们在节能改善过程中不会重复投入资源,或是做一堆虚工,如果企业工厂愿意认真执行,我相信对台湾的环境问题会有很大的改善。

问　有人说,"失败是化了妆的祝福"。在申请LEED认证过程中所遭遇到的最大困难是什么,如何克服挑战?

答　台积电申请LEED认证最大的困难是对LEED完全没有经验、不知道如何进行符合LEED的绿建筑设计、施工和验证。有许多环节其实是不断尝试错误的学习过程,例如,认证过程中最重要也最复杂的能源模拟项目审查,曾遭到审查委员两次退件,的确让我们执行专案的绿团队倍感煎熬。这个问题主要的困难点在于,过往申请LEED的绿建筑几乎都是住家或是办公室用途,台积电南科十四厂是LEED第一次接到的境外半导体厂房案件,包括产业、语言文化以及气候条件的差异,都增加了沟通的难度。例如,没有洁净室营运经验的审查委员难以理解,为什么厂房可以不装锅炉,以为我们是刻意规避热能耗损问题。我想,或许对LEED的审查委员来说,也在学习厂房建筑和现有绿建筑规范的差异吧。所幸经由双方来来回回的耐心磨合，送审过程愈来愈顺遂，终于在 2008 年 8 月一个台风天的下午，退件两次的能源模拟项目亮灯了，让绿团队放下心中的大石。（LEED 每项评分的审查结果，都会公布在网站上，只要登入后就可看到是否亮灯过关）

不过我们的辛苦也有回报，事实上，LEED 的认证审查也仿效美国法律的 CIR 判例援用制度，台积电晶圆十四厂与十二厂的案例做法，都成为日后半导体产业以及厂房申请美国绿建筑 LEED 认证的参考依据。

问 兴建绿厂房与申请 LEED 过程中，印象最深刻或有趣的小故事。

答 诚如前面提到的，虽然在 LEED 退件以及提出申诉的等待过程是种煎熬，但是最让我们感动的是，一个有 LEED 申请经验的印度团队，通过外籍顾问得知台积电的情形后，随即主动联系我们，提供如何与审查委员沟通的经验与建议。其不求回报且毫无保留的倾囊相授，真的让台积电绿团队非常感心！他们的热诚，反应在电子邮件实时回复的互动中，尽管实质建议的内容因事隔多年已经不记得了，但是那种无私分享的心意，到现在还感受得到温度。

而不管是前面提到的赴美考察绿建筑时，德州仪器公司工程师的大方接待分享，或是从素未谋面的印度团队身上学习到的热忱，都更激励台积电分享美国绿建筑 LEED 认证经验的决心，使之成为人人都可以受惠的公共财产。

问 很多企业认为绿建筑贵又难，台积电推动绿厂房的实质效益如何？最有收获的学习是？

答 一般人都以为盖绿建筑很贵，事实上台积十四厂的工程费用仅仅增加 1%！但因节能的设计，每年可省下 2,000 万元的电费支出，估计 5 年内就可以回收。在申请绿建筑的过程中，最大的收获是让我们了解回收能源的意义与机会，这个经验是我们在能源管理上的突破。

以洁净室空气为例,台积电的半导体制程洁净室必须维持在22度恒温,里头有近千部机台,每个机台都会发热,使得洁净室回风温度上升到26度左右,同时洁净室内也会安装"一般排气系统"将部分较高温的热气直接排出洁净室外,以降低空调系统的热负荷。这些热排气除了温度稍高之外,其空气品质还是优于室外空气,因此若能将其集中收集,提供洁净等级较低的化学房、气体房等区域使用,不但符合LEED将区域循环的好空气再生利用的评分,一年更可以节省700万元的电费。因此,台积电在2006年以后,所有的厂房都逐步加入了这样的设计。

再者,由晶圆十四厂开始,台积电的新建厂房都取消了锅炉设备,同时也省下了6,000万元的投资,这个大胆的举动也来自于申请绿建筑认证过程的计算与检验。由于半导体洁净室必须维持22度恒温,而冬天室外气温往往只有十多度,必须利用热水将冷空气加热,才能提供厂房使用。虽然半导体厂在冰水主机废热应用的例子已经屡见不鲜,但是完全不使用锅炉补充热水的设计却是台积电的创新。虽然这项做法在LEED的评估中无法取得分数,但符合台湾绿建筑的标准,更重要的是在过程中,不管是绿团队、顾问、厂商,不断测试寻找最有效的节能方法,这份在意永续环境的心情,以及学习创新节能的精神,都已经超越评分或认证的目的。

问 对于有意导入绿厂房企业的建议。

答 可以肯定的说,绿建筑成功的关键在于业主的态度。目前台湾对绿建筑的概念还不够完整,绿建筑不只是建筑物套上绿色植物的外衣而已。举例而言,绿厂房的能源模拟必须将建筑物一年365天、一天24小时的使用行为都加以定义规范,才能做出最适合使用目的和能源效率的设计。唯有业主全力投入与支持,加上绿建筑团队中具有机电背景的成员,将本身的使用行为说清楚讲明白,才能让建筑发挥其最佳的能源效率,"当人对了,事情就对了"。

我觉得最可怕的就是大家都在观望,如果老是要等别人先做的话,也许过了5年、10年还是见树不见林。所以,我相信产业的领导者应该积极扮演"拓荒者"的角色，关于绿建筑，不必问前人为何不做，也不要等待来者接手，尤其是大企业更应该主动站出来，观念人人都有，但重要的是要行动才有意义。

问　经济诱因是建筑事业的真正动机，但永续设计的手法却能为建筑创造出有意义的社会成效。绿厂房对台积电的意义是什么？你觉得绿建筑完成了什么？

答　我记得当台积电还是小公司时，董事长便教导我们，台积电要成为一个很棒的公司（to be a great company），意思就是要成为一个受人尊敬的公司。

台积电兴建绿厂房，除了要善尽产业领头羊的责任之外，我们也非常在意对于员工的影响。台积电的员工十分优秀，绝大部分都是拥有专业能力的工程师，但是考虑组织的金字塔结构，可能让个别员工的发展停滞在某个位置上，因此如何协助员工喜欢这个公司、喜欢自己的工作，其实是激励员工和留住人才的重要策略。例如，鼓励员工参与节能与生态志工，将绿建筑经营的经验分享到社区、学校。如果通过志工服务帮助人群，可以找到自己的定位，体验人生完整的价值，我相信员工会从内心认同这是一家关怀人文环境、令人尊敬的公司，我想这对于台积电全体上下是非常有意义的。

问　未来台积电的绿厂房计划。

答　未来，台积电盖的每幢厂房都会是绿厂房！目前正在兴建的中科十五厂厂房，也将导入 LEED 认证。事实上，台积电不断地在学习新的经验，新厂房在建筑语汇上，将更符合社会大众对绿建筑的期待。例如在外观上设计了"绿色四重奏"——包括生态渠道、植生绿墙、遮阳节能以及太阳绿能，相信会让大家对厂房的印象大幅改观，有助加速推动绿厂房的普及脚步，也希望更多企业一齐投入。

心念对，
做出来的事就对

潘冀
潘冀联合建筑师事务所主持人
美国建筑师协会院士（FAIA）

台积电三、四、六、十二厂第一、二、四、五期，
十四厂第一、二、三、四、五、六期，十五厂第一、二、三、四期，
松江厂与总部建筑设计者

问　潘建筑师对于建筑"作品"的定义是——"当认真地把事情做好，得到很好的成果，提升环境，对使用者友善，自己也能引以为荣"，也道出了绿建筑的价值与意义。对于台积电晶圆十二厂第四期绿厂房这项作品，在设计思维与执行上最重要的核心精神是？

答　"绿"代表着与自然有关的事物，回归自然是再"自然"不过，也是最好的。过去设计者为了彰显自我，将很多事情弄得太刻意，做了过度的设计，往往造成不必要的浪费。而现在的绿建筑与环保的风潮，其实就是一种追求自然的召唤，我想不管是美国 LEED 或台湾 EEWH 绿建筑认证与过去的差别，除了节能减碳的目的外，重要的是尽量把周遭环境的条件、因素放进来，有利于所有自然生物生态的融合。像竹科晶圆十二厂第四期边上设计了一个生态渠道，其实在做法上并没有那么困难，就是利用了一块原本的退缩空地，做成水池。据我了解，过了不久，青蛙、蝴蝶等动物昆虫竟然都回来了，真的让人难以想象一座刻板印象中冷硬又庞大厂房旁，竟有如此的环境。

问　建置一幢绿厂房，如何整合协调兼顾厂房效率、使用者与自然环境三者。

答　人本来就属于自然的一部分，绿建筑对于人的活动空间考虑自然也更加讲究。我们特别在十二厂第四期厂内增加了很多人的停留空间，让人与人的互动接触关系，很自然的往上提升，同时激发创意。此外，也增设了许多室内植栽，人还可以走到阳台，有更多接触阳光、绿意的机会，这是以往管理严格、洁净度要求极高的环境中所不容易见到的，我想，台积电在这个部分是与时俱进的，也更有弹性。这样的做法绝对是正面的，尽管很难量化，直觉上对于产能产值一定有所帮助（笑）。

话说回来，人不是生产工具，有其生活上的基本期望，绿建筑的概念让环境不只是单一的目标与功能，更趋于多元。任何人都不喜欢长时间在一种要求之下和刻板环境下做事，从这点来看，绿建筑本身相当符合人的本性。人也是自然的一部分，本来就有这方面的追求，其意义不只是省了多少电、回收了多少水、隔绝多少热而已，当然这些是很重要的量化指标，帮助我们评估执行；但绿建筑最重要的精神，是符合自然的概念，这样就不会将绿建筑的执行当成一种操作指数，以及停留在纯技术层面。我觉得 LEED 的精神很棒的是，不只是用一项项指标来衡量，他引导业主从最前面的建筑选地就开始全面思考，包含兴建过程、所有计划，都包括在评估条件中。提醒着我们平常是否就有以自然概念为前提来设想。如果心里随时都有这样的思维，做的事情自然就会符合这样的方向。

问　业主是建筑师的共同创作者，在合作过程中，感受台积电的企业文化特质是？

答　我想这点绝对是没有话讲，台积电一贯的精神是，一旦决心做，就全力以赴，执行得彻底。身为合作伙伴，这样的配合是再好不过，大家目标非常清楚一致。过去经常遇到的情况是，建筑师有好的想法，认为怎样做比较好，但碍于经费不够，或是对口单位怕麻烦，希望省事而让事情打了折扣。但是台积电新工处的同仁，上头充分授权支持，全体努力以赴，过程中的配合，有时候比我们还积极、还认真，我想对于这样能够兼顾使用效率并对自然环境友善的作品，绝大部分的功劳都要归于台积电，我们只是做建筑师该做的事。

问　潘建筑师曾经说过："好的建筑是里程碑，一幢建筑不只是影响业主、里面生活的人、行经的路人，还会影响所在的环境，甚至整个城市，影响层面十分广泛。"相较于台湾，在欧美，一般大众对建筑的公开讨论相当普遍，请谈一下对于建筑社会责任的看法。

答　这个问题，我想举台积电的十二厂第四期厂房与企业总部为例来说明，比较容易了解、不那么抽象。台积电的企业总部结合了办公环境与厂房，在有限的基地里，必须容纳重要的主角——庞大的厂房，并且作为具备象征意涵的企业总部大楼，自有相当的挑战性。一般想象中的企业总部，尤其是像台积电这样指标性的公司，一定非得是雄壮伟大的建筑物。然而当时我们考虑到，由于剩下的空地不多，一幢霸气凌人的地标建筑加上硬邦邦的大厂房，与紧邻的马路关系是紧张的，对周围环境势必形成强力的压迫感。

因此在思考过程中，就想办法将尺寸相当庞大的事物予以碎化，尤其接近马路的建筑立面相当的长，如何让其看起来不那么僵硬规矩，减低对环境的冲击，又能够展现台积电的企业精神。于是我们想到晶圆生产的过程，让原本规矩的立面，碎化成片状且具层次感的外墙，利用高高低低、层层相叠的墙面去处理，也象征集成电路逐层蚀刻的制程。当我们用这样概念与张忠谋董事长简报，他马上就接受了。

而这样的设计在意象上更可以彰显出台积电龙头的内在意涵，气势不一定要靠比高、比大、比声势来烘托，就像一列火车的火车头或是联结卡车的车头，并非特别高大雄壮，却可以灵活的带领着列车前进转动，内化提炼后的意象，更能够凸显台积电的企业文化，也展现台积电与社会环境的关怀。

这样的精神也灌注在许多细节上。像在十二厂第一期与总部之间有一点空隙，特别设计了天窗与植栽，让行人经过时，可以沾染自然气息。另外总部上面是高阶主管的办公室，下面是入口大厅和会议厅，我们将大厅和可容纳三百多人的会议空间做成一个 20×20 立方体的透明玻璃盒子，会议厅外头是一圈走廊，透过明亮的大厅，形成内外穿透开放的感觉，白天是通透的玻璃盒子，晚上使用时，照明打出去，看起来像个灯笼，给周边带来温暖明亮的感觉。

尽管可利用的腹地不大，也尽量把自然带进去，来访者在等候或会谈时，从大厅往外头看去，落地窗外有带状的水池，让室外的自然延伸入内，打破里外界线；内部的挑高空间还种了竹子，靠着台积电的细心维护，现在室内竹子也生长得极好，这是很不容易的事。我想就是尽量在有限的空间，里里外外都强调人与自然的和谐，从建筑语汇中透露着一种视觉与心灵上的自然关系，我想对于整个环境、使用者与周边的人都是友善的，很直接的就减低了工业生产给予环境造成负担的印象，这是企业通过建筑所传达的一种社会责任，是可以具体看得见的。

目前的中科十五厂第一、二期厂房，我们与台积电双方都觉得必须让绿的延伸在建筑语汇中更加彰显，是很好的信念，第一次简报就得到董事长的支持，达成很棒的共识。台中厂的整个建筑立面有长达五、六百米，授权我们放手去做，让绿色景观大方地在厂房建筑外观展现出来，被公众看见，对于一个永续环境的发展经营，是深具社会教育与宣示意义的。

问　目前在台湾积极提倡推动永续绿建筑是否看到一些迷思？您有什么建议？

答　台湾的绿建筑推广经过积极推动，确实引起大众的注意关心，甚至变成强制性执行（五千万以上的公共建筑必须取得 EEWH 台湾绿建筑候选证书），但是台湾的绿建筑指标的设计是否够周全、合理，有待检核讨论，目前的现况是大家执行时觉得理想性太高，心里不太以为然，而台湾人太聪明，形成"上有政策、下有对策"，造成执行上有所偏差。例如关于省水，规定要装多少省水马桶，小便斗，有些建筑并没有那么多使用者，为了符合规范要求，反而多装了不必要的设备，造成资源浪费。我想关于维护永续环境这件事还必须要有更多倡导，让公众了解内在的价值与益处，并配合实际的诱因政策等配套措施，才能形成自发性的风气，让大家一起来做。

常觉得台湾的政策缺乏配套措施，导致很多事情表面化，行政事权不统一，不同公部门单位就有很多不同障碍，不是一个单一命令就可以克服。譬如再生能源的运用，有些单位花钱做了节电设施，省下来的电，台电却不愿意回购，无法久存的电力形成浪费，就是很明显的例子。

目前民间对于绿色环保永续的概念，逐渐愈来愈强烈，我看到的是部分指标性的企业已经开始在动，我想必须先付出一些成本代价，虽然短时间还没办法回收，但是长远下来却是有利的，也考验着企业必须要有更长远的眼光与使命。

问　有人说，"现代建筑运动史上最剧烈的变革，或许就是具生态意识的建筑"，请谈谈你对这句话的看法。

答　严格来说，古老的建筑，都是非常绿的，像是台湾的原住民、马来西亚、泰国的高脚屋，甚至中国的老宅院都符合现代人所说的绿建筑，雨水从屋檐落下，地面都铺上了卵石，引雨水流入地底，而不是盖水沟直接排入河川，更不用说以前没有空调，所以通风性都极为良好。我想所谓的现代建筑运动是指从工业革命之后，因应工业化的大量生产，用了很多玻璃、混凝土、钢料建材，让施工又快速又便宜，且需要很多人工空调来控制环境的条件，这是工业化后，现代建筑的状况。

而目前主张的绿建筑其实是一种复古，回归于人与自然的整体结构，不再是对立的关系。身处于当代，施工的方法与生活方式无法回头，但是依然可以在两者间努力寻找平衡点，既兼顾工业化后的需求，又回到人和自然的本来和谐面貌，彼此加以融合，这也是现代建筑师必须承担的挑战与责任。

绿建筑，
才是信守品质
的最高承诺

凯斯・威廉斯博士（Dr. Kath Williams）
前美国绿建筑协会副会长、LEED 院士
台积电 LEED 顾问

问　请向读者介绍自己的背景、所学、经历与目前的专业领域。从何时关心永续性议题？

答　九十年代初期，我在一所重点大学担任"绿建筑"计划的负责人。这栋学生们称为"EPI 中心"的建筑物没有电线网络、可以自行运作，是栋货真价实的"有生命的建筑物"。这项实验计划可以说是 LEED 的第一个版本。我本身不是建筑师或设计师，主要从设施管理面来关心绿建筑；建筑在过多的运作与维修上耗费稀有资源，是毫无意义的事。对我而言，人与计划更加重要。绿建筑已被证实是遏止地球资源耗竭的重要解方——不论就短期的利益，或者长期对地球、人类来说。

也因为拥有这样经验心得，我受邀参加其他学校、法人团体与企业的绿建筑专案担任顾问角色。凯斯威廉斯联合事务所（Kath Williams + Associates）于 1999 年创立。在担任美国绿建筑协会（US Green Building Council）副会长之后，我被选入世界绿建筑协会（World Green Building Council）担任副会长、会长，前后共有三年的时间。任职期间，我有幸协助世界各地建立绿建筑协会，包括印度、阿拉伯联合酋长国，当然还有台湾。我曾协助澳洲推展"绿色之星"专业认证考试，目前则为危地马拉的绿建筑协会提供协助。我很荣幸能在世界各地工作，为有心人与优秀团队的绿建筑方案贡献心力。

问　美国绿建筑 LEED 认证推动的核心精神是？

答　美国绿建筑协会推展 LEED 作为支持设计与营建业永续导向的工具。它是个自发性的评级制度，为前 20% 最优良的建筑物提供认证。业主与设计或营建团队都是志愿性地参与，计划要求将建筑规划与相关文件予以整合，前者包括设计、建造及之后的运作维修，后者说明完工建筑物的资源运用会更有效率、更有益健康，对使用者、访客与所在社区来说更加安全。并不是每一建案都能达到 LEED 的高标准，表现卓越的先行者则可获得证书，分别有银级、黄金级与白金级认证。

问　在什么样的机缘下担任台积电绿建筑团队顾问。

答　早在 2004 年以前，潘冀联合建筑师事务所的建筑师就已接受永续建筑的训练，有设计永续建筑的丰富经验。当时，LEED 推广到美国本土之外后，潘冀建筑师将 LEED 介绍给台积电的建厂团队——新厂工程处。2005 年时，新工处团队邀我参与当时的 FAB 计划，评估 LEED 能不能成为有帮助的准则，协助台积电实现理想目标，例如减低能源消耗量、创新节水、提供员工有益健康及安全的工作场所、减少破坏环境。由于之前在美国以及特别是印度的 LEED 计划的工作内容，我因此能将学习到的宝贵经验传递给台积电的专案小组。获得亚热带工业设施的 LEED 黄金级认证是种伟大的成就，台积电已经取得好几个黄金级认证了！

问　担任绿建筑顾问一职，如何与台积电一起走过从零开始的草创期，给予的主要协助在哪些部分？

答　LEED 的挑战在于建筑物须符合标准，并以完善文件记录通过审核。LEED 建构在美国专业机构的标准之上（例如美国冷冻空调学会 ASHRAE、美国国家钣金与空调承包商协会 SMACNA、美国环境保护署 EPA 等等），有的时候它并没有适用于某一专案的衡量标准。举例来说，亚热带气候特点、特定建筑物类别、专案规模、建地条件、当地政府法规，这些都是申请 LEED 繁复因素过程中的衡量方法。至于文件审核，LEED 并没有特定的审核或督察人员。LEED 认证在世界各地仰赖第三方的认证（建立在完整的文件基础上），事实上，申请者需取得足够积分证明该团队的的确确有做到自己声明达到的——设计建造永续建筑。台积电的专案复杂，需要大量资料、叙述和 LEED 文件记录的搜集。

问　厂房要通过 LEED 标准比一般建筑更困难，困难点在于？观察台积电团队得以成功的关键是？

答　LEED 始于九十年代初期，当初是为了推行到美国商业市场而发展的。没想到它能成功套用在世界各地几乎每种建筑物上面。原因在于 LEED 标准设置专案目标必须符合以下几类：基地永续、用水效益、能源与环境、建材使用以及室内环境品质。如何通过深思熟虑的设计、合适技术的实行与策略整合来完成目标，这需要创意、创新和真正的团队合作。相较于一般办公大楼的建筑物，半导体高科技厂办有着独特的特质与复杂性，也说明了为何对台积电团队而言是个相对挑战。从业主、承包商到顾问，每个人确实都尽心尽力，每一位参案成员高度信守承诺是台积电 LEED 计划成功的主因。过程中也看到，不同凡响的专案需要团队勤奋不懈的努力，与独特的领导能力。

问　在合作过程中感受到台积电的企业文化特质是？

答　我亲眼看到与切身体会到的是台积电信守最高品质的承诺。无论是在人力、实行还是程序上，他们的成就随处可见。经由对环境所形成的影响，用所得利润造福人群与未来、回馈社会，台积电在行业内外都展现出它的领导实力。我已经见识到台积电的领导风范，它超越了营销范畴，它是名副其实的企业龙头、真正的世界级领导者。该领导地位的条件正是不停推进绿色旅程，因为永续发展其实是个没有止境的目标，就如同对完美的追求一样，唯有每天努力不懈才能成为最好的那一个。每一个人、每一家企业都应坚持寻求更好的方法、尽力做得更好。永续发展是条不断演进的道路。

问　台积电推动绿厂房对于产业与台湾的意义与影响是？

答　倡导对的议题是领导者必须做到的。常见的情形是：企业很容易在学到经验、实际应用之后，将这一切保密，当成公司的制胜秘诀。台积电则愿意将企业凝聚在一起，与大家分享学到的经验，敦促政府、激发诱因，奖励为环境努力的员工，这一切都体现台积电信守促进全球永续发展的承诺。

问　对于有意申请 LEED 认证的企业，认为最重要的准备、条件与建议。

答　LEED 建案的成功在于业主信守承诺、专责尽心的团队乐于思索、合作与成就不同事物，还有认同绿色领航者、愿意谦虚学习的社群。永续发展是种思维，它引领影响人类、利润与厂房的稳当决策。

问　你经常到亚洲各地协助绿建筑的认证与推广，对于台湾推动绿建筑的成果与行动的观察，与美国及亚洲各地的比较。

答　在台湾，通过企业的努力不懈、台湾绿建筑协会的通力合作，致力于"生态、节能、减废、健康"四大指标（EEWH）的体现，以及大学教育与学术研究、各领域的绿色领导，许多成就已然完成。虽然如此，未来还是有很多挑战，例如提高资源效益的契机、减轻环境破坏、台湾城乡各地永续生活方式的改进。我们确实有关注台湾的努力与成就，并且从中汲取经验；这种关心的程度与经验学习的深度，远远超过规模上与数字上所看得到的。

问　你认为绿建筑对于创造永续产业、永续城市及永续国家的意义是？

答　绿建筑只是永续地球愿景全貌的一小部分。从建造绿建筑整个过程所学习的经验可以、也应该套用到企业、城市和国家的永续发展上。这些经验包括对"人类、地球与全体利益"的承诺，采用最高标准与特定评估方法，设计、建造与运作的协调整合，证明达成最远大目标与最高标准的文件管理；地球上的每一个实存物体都有可以扮演的角色。它始于个人，也终于个人；也就是说，无论住家、学校、公司、政府还是社会都需要绿色斗士。绿化重点不在判别谁是绿色的、谁不是。没有任何人、任何机构是永续的，不过我们全都可以从目前所在的位置出发，婴儿学步也好、大步跃进也罢，一起向永续发展的旅程迈进。

问　对有志从事绿建筑的人来说，最大的挑战是？

答　我本身并非建筑设计出身。在我的经验中，真正的绿色革命不是呈现在设计里，而是在设计团队共同寻求创意手法、挑战建筑议题的方式中。欲达到世界各种绿建筑评级制度设定的高标准，需要将向来以线性方式加诸在建案上的手法加以整合；一般建案的决策依照领域分门别类，而在绿建筑案件里，决策须由团队全员共同制定，因为这是建筑物的长期效率与效益所需要的。

分享，
让未来更美好

台积电志工社

第七章──绿色行者 Green Advocates

秉持"环保爱地球、节能护台湾"的信念，台积电"节能志工"于2008年成军。三年来，这些拥有绿色节能经验的专业工程师，协助改善新竹与台南地区中学的校园用电安全，并提出节能减碳检测与计划。2010年，台积电的节能志工团队同时着重于节能硬件检测与知识教育，到新竹尖石乡原住民小学落实扎根，通过自身的专业及热忱具体地贡献，成为台积电最佳的绿色代言人。以下专访台积电志工社副社长钟振武。

问　台积电成立节能志工的原因？

答　2007年的时候，我与庄子寿处长谈到台积电拥有许多优秀的机电同仁，对社会来说，等于是这方面的专家。尤其从2005年以来，台积电内部因为推动兴建绿厂房，在节能环保上学习了许多先进且具效率的做法；由于台积电一直非常关注社会公益活动，于是我们想到了组织节能志工的做法，运用同仁的专长，将宝贵的经验分享出去，一种发自内心的自愿行动，利益众生，是最适合的。

当时，台积电的志工社已经有导览志工、导读志工，2008年增加节能志工，起初招募了25位同仁。一开始的服务区域锁定于新竹的学校，来年增加了南科厂的所在地——台南，这样的方式有着"make a wish"的想法，希望借由我们起个头，引发其他拥有大量机电人员的大型企业投入，从各自所在的乡里开始，在节能减碳、减缓地球暖化的教育分享上，共同尽一份力量。

问　节能志工主要的服务内容。

答　节能志工首期服务目标，以邻近社区的学校为服务对象，2008年选定新竹市的新竹高中以及竹科实验高中，于每校各设一组服务团队；服务内容包括电力节费、空调节能、电信费用节费、节水、环境安全等五大方向。通过各校设备勘查、资料量测搜集、节能效益评估等步骤，拟定相关节能计划及方法，提供校方参考。第一年的服务时数就超过 1,200 小时，共提出 168 项安全改善建议、降低约 360 吨二氧化碳排放的改善建议。

因台积节能志工服务态度及绩效良好，专业能力受到校方肯定。2009 年度扩大招募，志工人数达五十多人，增加台南区域。整体服务的学校包括新竹地区的竹东高中、新竹女中、宝山国中，以及台南一中、台南女中。

2010 年，我们将服务触角深入新竹尖石乡的山区小学，包括锦屏国小、五峰国小、尖石国小，也调整了服务的方向。以往较着重于硬件部分，互动对象以学校的总务处人员为主；今年则是节能设备与教育倡导并重，落实往下扎根的观念教育，为了加强与孩子的互动性，还特别招募了两名女性志工，一组团队进行校园电力检测，另一组则留在教室里，让学童们了解为什么要节能减碳，以及如何从生活中来节能。

问　对于服务的学校在节能减碳方面，改善成效如何？

答　在节能之外，首重的是环境安全改善问题。通过志工服务的接触，发现社会大众普遍对于用电安全的警觉性不足，像是曾发生清大学生捡篮球遭遇触电的事件，让人非常难过，如果校方能早点发现，将裸露在外的电线插座修理好，就不会有遗憾发生了，这也让节能志工队友们更体认到自身的责任感。

在学校较常发生的情况像是饮水机因为潮湿，特别容易导电、漏电，或是宿舍脱水机未安装漏电断路器、电力开关外箱老旧损坏，经过提醒，校方都会立即改善，也意识到用电的安全细节是每天要确认的事。

至于在节能减碳方面，经由节能志工实地检测，提出建议报告，各校再依照自己的经费状况编列预算，逐步地改善。其中以新竹高中最具成效，从 2008 年 9 月起，志工团队持续了十个月对学校能源使用状况实施全面性的调查及辅导，建议项目包括电力节费（电力系统运转现况勘查、电费计价系统检讨）、空调节能、电信费用节费、节水、环境安全、电力设备安全检测（红外线温度感测仪）、环境安全观察，并协助撰写企划案向"经济部"能源局提出补助申请，今年初"节能绩效保证示范推广专案"通过后，该校教务主任还特别写了一封信感谢台积电节能志工，大家都非常为其感到开心。

问　针对机关学校，在节能减碳上有哪些具体做法值得参考？

答　像是将学校的宿舍及餐厅热水系统改为热泵工程，每年可节省三十余万元，减少4.5万公斤的碳排放量；全校共有330个水龙头，其中80%改为省水龙头并加装省水器，每年就可减少5,564吨水的用水量，省下近七万元水费，并减轻1,099公斤的碳排放。汰换老旧灯具改成电子式灯具，每年可节能18.8%，省下电费二十九万多元，减少排碳放56,320公斤；此外，全校冷气以交替运转并设置刷卡管制，一年可节省电费三十多万元，减少碳排放64,512公斤；而设置全校电力及空调监控工程，一年可节能14.3%，节省二十余万元，碳排放减少42,880公斤。另外在电信费用上，经过整合精算，可节省45%的通话费，省下近八万元。

问　在服务的过程中，有什么有趣或难忘的事情？

答　2010年节能志工的服务方式，是花一个整天的时间待在学校里，为相关设备做检测，并帮小朋友上课。当志工团队到达新竹尖石乡山上的锦屏国小，都感受到当地风景非常美丽。校内的师生都是原住民，因为父母很早就外出工作，所以小朋友们不到七点就在校门口等着上学。

由于山上不需要冷气，用电十分简单，但是用电知识就比较不足，我们发现主电盘在户外淋雨，还有太多电器设备挂在同一开关上，当电力超载，电盘跳电时，就直接切回去，是满危险的，我们还在厨房看到有一条蛇被电死，这些都是节能志工们特别加强协助的部分。当天也是山上的小朋友们第一次看到红外线检测仪器，非常兴奋、好奇，自然也使得志工们的节能倡导特别顺利。

问　谈谈节能志工经验对个人及同仁的影响。

答　我想，当志工很棒的地方是可以踏出原本习惯的领域，接触更多社会不同层面。尤其在科学园区内，公司、工厂所使用的设备都是最新的，但是在园区之外的环境就不是这样，不一定想要改善就立即有经费，也会让大家更懂得惜福。而台积电在各个层面都满照顾同仁，相对地大家也都会去思考如何回馈社会，这些经验将汇聚成一股正面的能量，使得节能志工在服务的过程中散发出更大的热情与耐心。

问　台积电节能志工未来的计划。

答　通过媒体的报导，最近有许多单位来电表达需求，其中不少还是公家机关，希望我们能够为其机电人员上课，因为未来政府将要求公家单位、学校必须达到节能7%的用电量，使得我们得招募更多志工，继续节能与倡导的工作。另外一方面，我们也希望有更多拥有专业机电背景员工的企业，一起投入节能志工的服务，让台湾节能减碳成绩大幅进步！

附录
Appendix

附录一　案例得分表

LEED-NC 3.0版：合格级 40-49分　银级50-59分　黄金级 60-79分　白金级 80分以上		配分	厂房	办公栋
基地永续发展　Sustainable Sites, SS		26 分	23 分	23 分
必要指标 P1	营建基地的污染防治	必要条件	必要条件	必要条件
指标 C1	基地场址的选择	1	1	1
指标 C2	开发密度与社区连结性	5	5	5
指标 C3	污染土地再开发	1		
指标 C4.1	替代性交通 – 公共运输	6	6	6
指标 C4.2	替代性交通 – 淋浴更衣空间与脚踏车停车位	1		
指标 C4.3	替代性交通 – 环保车位设立	3	3	3
指标 C4.4	替代性交通 – 停车位数量	2	2	2
指标 C5.1	基地开发 – 保护或恢复原生动植物栖息地	1	1	1
指标 C5.2	基地开发 – 空地最大化	1	1	1
指标 C6.1	减缓暴雨径流的设计 – 水量的控制	1	1	1
指标 C6.2	减缓暴雨径流的设计 – 水质的控制	1	1	1
指标 C7.1	降低热岛效应 – 非屋顶区域	1	1	1
指标 C7.2	降低热岛效应 – 屋顶区域	1	1	1
指标 C8	降低光害污染	1		
用水效能　Water Efficiency, WE		10 分	10 分	10 分
必要指标 P1	生活用水减量20%	必要条件	必要条件	必要条件
指标 C1.1	景观浇灌用水减量50%	2	2	2
指标 C1.2	景观浇灌用水不使用自来水或免浇灌	2	2	2
指标 C2	创新的废水回收与省水新技术	2	2	2
指标 C3	生活用水减量30% ~ 40%	4	4	4
能源与大气环境　Energy and Atmosphere, EA			14 分	7 分
必要指标 P1	基本建筑能源功能验证	必要条件	必要条件	必要条件
必要指标 P2	最低能源效率要求	必要条件	必要条件	必要条件
必要指标 P3	基本冷媒管理	必要条件	必要条件	必要条件
指标 C1	能源效率优化	1 ~ 19	7	
指标 C2	现地使用可再生能源	1 ~ 7		
指标 C3	加强建筑物之功能验证	2	2	2
指标 C4	加强冷媒控管	2	2	2
指标 C5	系统量测与验证	3	3	3
指标 C6	使用绿色电力	2		
建材与资源利用　Materials and Resources, MR		14 分	6 分	6 分
必要指标 P1	资源回收储存与收集地点设置	必要条件	必要条件	必要条件
指标 C1.1	既有建筑物再利用 – 既有之墙、地板及屋顶55% ~ 95%	3		
指标 C1.2	既有建筑物再利用 – 非结构隔间50%	1		
指标 C1.3	建筑物非结构性材料再利用50%	1		
指标 C2.1	营建废弃物管理 – 回收50%	1	1	1

指标 C2.2	营建废弃物管理 – 回收75%	1	1	1
指标 C3.1	既有材料再利用 – 5%	1		
指标 C3.2	既有材料再利用 – 10%	1		
指标 C4.1	回收再利用的建材 – 10%	1	1	1
指标 C4.2	回收再利用的建材 – 20%	1	1	1
指标 C5.1	使用区域性材料 – 10%	1	1	1
指标 C5.2	使用区域性材料 – 20%	1	1	1
指标 C6	使用快速再生材料	1		
指标 C7	使用认证木材	1		
室内环境品质 Indoor Environmental Quality, IEQ		15 分	7 分	8 分
必要指标 P1	符合室内空气品质的最低标准	必要条件	必要条件	必要条件
必要指标 P2	环境烟害控制	必要条件	必要条件	必要条件
指标 C1	外气空气品质监控	1	1	1
指标 C2	提高通风换气量	1	1	1
指标 C3.1	施工期间空气品质管理计划	1		
指标 C3.2	人员进驻前空气品质管理计划	1	1	1
指标 C4.1	使用低逸散材料 – 黏着剂、填缝剂	1		
指标 C4.2	使用低逸散材料 – 油漆及披覆材料	1	1	
指标 C4.3	使用低逸散材料 – 地板系统	1		
指标 C4.4	使用低逸散材料 – 合成木材及农业纤维产品	1		
指标 C5	室内化学品及污染源控制	1		1
指标 C6.1	照明系统之可控制性	1		1
指标 C6.2	空调环境舒适之可控制性	1		
指标 C7.1	空调环境的舒适性 – 设计	1	1	1
指标 C7.2	空调环境的舒适性 – 验证	1	1	1
指标 C8.1	自然采光与视野 – 75% 以上之自然采光	1		
指标 C8.2	自然采光与视野 – 90% 以上之视野	1		
创新设计 Innovation in Design, ID		6 分	6 分	6 分
指标 C1.1	创新设计 – 自订题目	1	1	1
指标 C1.2	创新设计 – 自订题目	1	1	1
指标 C1.3	创新设计 – 自订题目	1	1	1
指标 C1.4	创新设计 – 自订题目	1	1	1
指标 C1.5	创新设计 – 自订题目	1	1	1
指标 C2	LEED认证专家参与	1	1	1
区域奖励 Regional Priority Credits, RP		4 分	4 分	4 分
指标 C1.1	区域奖励 – 特定点数	1	1	1
指标 C1.2	区域奖励 – 特定点数	1	1	1
指标 C1.3	区域奖励 – 特定点数	1	1	1
指标 C1.4	区域奖励 – 特定点数	1	1	1
总得分		110 分	70 分	64 分

附录二 常用网站

"经济部"能源局（MOE）: http://www.moeaboe.gov.tw/

财团法人台湾建筑中心 Taiwan Architecture & Building Center: http://www.tabc.org.tw/

财团法人环境与发展基金会网站: http://www.edf.org.tw/index.asp

台湾电力公司: http://www.taipower.com.tw/

The U.S. Green Building Council, USGBC: http://www.usgbc.org/

The Green Building Certification Institute, GBCI: http://www.gbci.org/homepage.aspx

American Society of Heating, Refrigerating and Air-Conditioning Engineers, ASHRAE: http://www.ashrae.org

1 基地永续发展 Sustainable Sites, SS

台北科技大学水环境研究中心，生态工法: http://www.cc.ntut.edu.tw/Xwwwwec/eco/eco_index.htm

EPA Erosion and Sediment Control Model Ordinances: http://www.epa.gov/owow/nps/ordinance/erosion.htm

Society for Ecological Restoration International: http://www.ser.org

American Council for an Energy-Efficient Economy, ACEEE: http://www.greenercars.com

Green Roofs for Healthy Cities: http://www.greenroofs.org/

National Climate Data Center: http://www.ncdc.noaa.gov/oa/ncdc.html

Pennsylvania Department of Environmental Protection, Technology Acceptance and Reciprocity Partnership: http://www.dep.state.pa.us/dep/deputate/pollprev/techservices/tarp/

Maryland Stormwater Design Manual, Maryland Department of the Environment, October 2000: http://www.mde.state.md.us/Programs/Water/Pages/Programs/WaterPrograms/index.aspx

Stormwater Best Management Practice Design Guide (EPA/600/R-04/121A) (U.S. Environmental Protection Agency, September 2004): http://www.epa.gov/nrmrl/pubs/600r04121/600r04121.htm

Northern Virginia Regional Commission—BMP Handbooks for stormwater: http://www.novaregion.org/index.aspx?nid=250

U.S. Department of Transportation, Federal Highway Administration, Stormwater Best Management Practices in an Ultra-Urban Setting: Selection and Monitoring: http://www.fhwa.dot.gov/environment/ultraurb/index.htm

U.S. EPA, Heat Island Effect: http://www.epa.gov/heatisland

U.S. EPA, ENERGY STAR Roofing Products: http://www.energystar.gov/index.cfm?c=roof_prods.pr_roof_products

Whole Building Design Guide, WBDG, Extensive Green Roofs: http://www.wbdg.org/resources/greenroofs.php

Illuminating Engineering Society of North America, IESNA: http://www.iesna.org

2 用水效能 Water Efficiency, WE

International Association of Plumbing and Mechanical Officials Publication, IAPMO, American National Standards Institute UPC 1–2006, Uniform Plumbing Code 2006, Section 402.0, Water-Conserving Fixtures and Fittings: http://www.iapmo.org

U.S. EPA, Water Efficient Landscaping, Preventing Pollution and Using Resources Wisely: http://www.epa.gov/watersense/docs/water-efficient_landscaping_508.pdf

3 能源与大气 Energy and Atmosphere, EA

节约能源园区：http://www.energypark.org.tw/index.asp

财团法人台湾绿色生产力基金会节能服务网：http://www.ecct.org.tw/

"经济部"全方位节能服务系统：http://energyservice.ecct.org.tw/

American Society of Heating, Refrigerating and Air-Conditioning Engineers: http://www.ashrae.org/

ANSI/ASHRAE/IESNA Standard 90.1-2007 User's Manual: http://www.ashrae.org/education/page/1834

ASHRAE Service Life and Maintenance Cost Database: http://www.ashrae.org/database

ASHRAE Guideline 0–2005: The Commissioning Process: http://www.ashrae.org

ASHRAE Guideline 1–1996: Guideline for the Commissioning of HVAC Systems: http://www.ashrae.org

Building Commissioning Association: http://www.bcxa.org/resources/index.htm

California Commissioning Collaborative: http://www.cacx.org

California Energy Commission: http://www.energy.ca.gov/index.html

Center for Resource Solutions, Green-e Product Certification Requirements: http://www.green-e.org

DOE-2, Building Energy Use and Cost Analysis Software: http://www.doe2.com

Federal Energy Management Program: http://www.eere.energy.gov

International Energy Agency, IEA: http://www.iea.org/index.asp

International Performance Measurement and Verification Protocol, IPMVP: http://www.evo-world.org

Renewable Energy Policy Network for the 21th Century, REN21: http://www.ren21.net/

Residential Manual for Compliance with California's 2001 Energy Efficiency Standards (For Low Rise Residential Buildings), Chapter 4: www.energy.ca.gov/title24/archive/2001standards/residential_manual/res_manual_chapter4.PDF

The Treatment by LEED of the Environmental Impact of HVAC Refrigerants: http://www.usgbc.org/DisplayPage.aspx?CMSPageID=154

U.S. Department of Energy, Building Energy Codes Program: http://www.energycodes.gov

U.S. Department of Energy, DOE: http://www.energy.gov/

附录二　常用网站

U.S. Department of Energy, Green Power Network: http://www.eere.energy.gov/greenpower

U.S. Department of Energy, National Renewable Energy Laboratory, NREL: http://www.nrel.gov/

U.S. Energy Information Agency, Commercial Building Energy Consumption Survey: http://www.eia.doe.gov

U.S. EPA, Green Power Partnership: http://www.epa.gov/greenpower

U.S. EPA, Ozone Layer Protection: http://www.epa.gov/ozone/strathome.html

4　建材与资源 Materials and Resources, MR

"行政院环境保护署": http://www.epa.gov.tw/

California Integrated Waste Management Board. http://www.ciwmb.ca.gov

California Integrated Waste Management Board Construction and Demolition Debris Recycling Information: http://www.ciwmb.ca.gov/ConDemo

Construction Specification Institute (CSI), Green Format: http://www.greenformat.com

Environmental Design + Construction, Highlights of Environmental Flooring: http://www.edcmag.com

Forest Stewardship Council, FSC: http://www.fsc.org/

Resource Venture, Construction Waste Management Guide: http://www.resourceventure.org/free-resources/get-started/green-building-publications/CWM%20Guide.pdf/view?searchterm=construction%20waste%20prevention

5　室内环境品质 Indoor Environmental Quality, IEQ

室内空气品质全球资讯网: http://www.iaq.org.tw/

A Field Study of Personal Environmental Module Performance in Bank of America's San Francisco Office Buildings: http://www.cbe.berkeley.edu/research/pdf_files/bauman1998_bofa.pdf%20

American National Standards Institute (ANSI)/ASTM E-779-03, Standard Test Method for Determining Air Leakage Rate by Fan Pressurization: http://www.astm.org

ASHRAE 62.1–2007 Users Manual: http://www.ashrae.org

ASTM-D-6245-1998: Standard Guide for Using Indoor Carbon Dioxide Concentrations to Evaluate Indoor Air Quality and Ventilation: http://www.astm.org/Standards/D6245.htm.

Chartered Institute of Building Services Engineers (CIBSE) Applications Manual 10–2005, Natural Ventilation in Non-domestic Buildings: http://www.cibse.org

Chartered Institute of Building Services Engineers, CIBSE: http://cibse.org

Carpet and Rug Institute, CRI Green Label Plus Testing Program: http://www.carpet-rug.com

Center for the Built Environment, Research on Indoor Environmental Quality: http://www.cbe.berkeley.edu/research/research_ieq.htm

Daylight in Buildings: A Source Book on Daylighting Systems and Components, Chapter 5, Daylight-Responsive Controls: http://gaia.lbl.gov/iea21/

Do Green Buildings Enhance the Well-Being of Workers? Environmental Design + Construction: http://www.edcmag.com/Articles/Cover_Story/fb077b7338697010VgnVCM100000f932a8c0

Building Assessment Survey and Evaluation (BASE) Study: http://www.epa.gov/iaq/base/index.html

Floorscore: http://www.rfci.com/index.php?option=com_content&view=article&id=80&Itemid=79

Green Seal: http://www.greenseal.org/

GreenGuard: http://www.greenguard.org/

Green Format: http://www.greenformat.com

Indoor Air Pollution in California，California Air Resources Board: http://www.arb.ca.gov/research/indoor/ab1173/finalreport.htm

Janitorial Products Pollution Prevention Project: http://www.westp2net.org/janitorial/jp4.cfm

Resilient Floor Covering Institute, RFCI: http://www.rfci.com

South Coast Air Quality Management District, SCAQMD: http://www.aqmd.gov

South Coast Air Quality Management District Rule 1168 Adhesive and Sealant Applications: http://www.aqmd.gov/rules/reg/reg11/r1168.pdf

Scientific Certification System, Inc., SCS: http://www.scscertified.com/

Sheet Metal and Air Conditioning Contractors'National Association, Inc. , SMACNA: http://www.smacna.org

The Whole Building Design Guide, Enhance Indoor Environmental Quality: http://www.wbdg.org/design/ieq.php

The Whole Building Design Guide, Daylighting: http://www.wbdg.org/resources/daylighting.php

The Art of Daylighting: http://www.edcmag.com/Articles/Feature_Article/10e5869a47697010VgnVCM100000f932a8c0

The State of Washington Program and IAQ Standards: http://www.aerias.org/DesktopModules/ArticleDetail.aspx?articleId=85

U.S. EPA Building Air Quality: A Guide for Building Owners and Facility Managers: http://www.epa.gov/iaq/largebldgs/baqtoc.html

U.S. EPA Indoor Air Quality website: http://www.epa.gov/iaq

U.S. EPA Indoor Air Quality Design Tools for Schools: http://www.epa.gov/iaq/schooldesign

U.S. EPA Indoor Air Quality in Large Buildings: http://www.epa.gov/iaq/largebldgs/#Building%20Air%20Quality%20Action%20Plan

附录三 名词解释

前言

能源与环境设计先导
Leadership in Energy and Environmental Design
缩写：LEED

美国绿建筑协会（USGBC）在 2000 年制定的绿建筑评量认证系统，用以评估建筑绩效是否能符合节能与永续。这套标准逐步修正，截至 2010 年，已发展适用于新建物、既有建物、商业内装、建筑结构体、校园、零售商店、社区发展、医疗院所、一般住宅等。这些系统着重在建之设计、建造与日后的营运符合永续观点，评分主要项目包括人员与环境的健康、永续基地发展、省水、能源效率提升、建材选用与室内空气品质等。

台湾绿建筑评估系统
Ecology, Energy Saving, Waste Reduction and Health
缩写：EEWH

由"内政部"建筑研究所委托财团法人台湾建筑中心承办，全球第一个为亚热带地区量身打造的评量系统。区分为"候选绿建筑证书"与"绿建筑标章"，共有九大指标，分别为生物多样性、绿化量、基地保水、日常节能、CO2 减量、废弃物减量、室内环境、水资源、污水垃圾改善等指标，设有四项合格指标的最低门槛，其中必须通过"日常节能"与"水资源"二项必要基本指标。

能源与环境设计先导 - 新建物、既有建物
LEED-NC, LEED-EB

能源与环境先导设计（LEED）是美国绿建筑协会在 2000 年制定的绿建筑评分认证系统，用以评估建筑绩效是否符合永续性。其中 LEED-NC、LEED-EB 分别是针对新建案及既有建筑物之评量标准。

美国绿建筑协会
U.S. Green Building Council
缩写：USGBC

非营利组织，旨在推动建筑物能具有永续性的设计、建造与运转维护。美国绿建筑协会以推动能源与环境设计先导（Leadership in Energy & Environmental Design, LEED）而著称。美国绿建筑协会拥有来自于建筑业超过 14,000 名成员，共同促进住宅对环境友善，确保适合居住与办公的健康处所。

美国冷冻空调学会
American Society of Heating, Refrigerating and Air-Conditioning Engineers
缩写：ASHRAE

为国际上冷冻空调领域之领导组织，具有五万名会员，为美国及国际上冷冻空调科技与标准重要之推手，已有多项标准列入美国国家标准，并受到国际上广泛之采纳，为国际上共同之技术参考。常引用的条例包含：ASHRAE 52 为达到室内空气品质规范之滤网效率测试方法与分级。ASHRAE 55 为人体环境热舒适度标准，要求设计室内适当的空调温度与湿度环境以提高人员舒适性及生产力。包含空调温度、湿度、风速之规范，并进行量测与验证，进行问卷满意度调查以为改善之根据。ASHRAE 62 针对室内空气品质制订的通风标准，包含外气品质要求、空调通风设计基准、设备器具之规范、施工及初始运转之规则及后续操作维护等要项。ASHRAE 90.1 针对建筑物能源消耗制订最低需求标准，包含建筑外壳、加热、通风、空调、电力、照明等耗能基准，为目前国际较普遍接受之设计准则。

美国绿色标章
Green Seal

独立、非营利组织，成立于 1989 年，鼓吹更健康清洁的环境。借由产品认证与倡导服务，以减少毒素污染、减少废弃物，保留资源与原栖息绿地、减缓全球暖化和臭氧层破坏等。绿色标章致力于环保标准的制定与产品认证，广告诉求和落实公共教育。

森林管理委员会
Forest Stewardship Council
缩写：FSC

非营利之国际机构，针对森林管理提出一套环境认证标准。其认证目的在于促进森林经营能维持森林的多样性、产量与自然生态；重视当地居民与社会发展，以共同利益与当地居民建立长期维续森林资源的计划；建立林业的经济发展及森林管理模式。

绿建筑认证机构
The Green Building Certification Institute
缩写：GBCI

为美国绿建筑协会（USGBC）旗下，实际执行 LEED 认证作业的单位。

LEED 认证专家
LEED AP

LEED AP 需通过 BGCI 的专业认证测验，了解 LEED 于专案的规划、设计与执行之规定，提供绿建筑方面的知识与经验给业主，促使团队深刻了解评分项目的内涵，并将其深植于开发案中。

自评点数表
Scorecard

美国绿建筑协会（USGBC）提供的预估评分表格，提供设计者简易之自我评断得分状况。

绿建筑指引手册
LEED Reference Guide

美国绿建筑协会（USGBC）出版的指引手册，最新版本为 2009 年出版的 3.0 版。

LEED 线上系统
LEED Online

为申请认证的网络平台，通过此网站注册、审查、申诉、资料上传与最终送审，并可随时观看审查结果。

评分点数释义
Credit Interpretation Request
缩写：CIR

美国绿建筑协会（USGBC）成立的一个机制，对于不确定或者有疑虑的评分点数，通过 CIR 机制询问，若取得协会认可，即可依循前例获得评分。目前最新版本为 LEED Interpretations and Addenda Database。

建筑外壳
Building Envelope

建筑结构体的外表，包含外墙、窗户、屋顶及地面。

建筑外壳耗能量
ENVLOAD

为 Envelope Load 之简称，乃"营建署"委托成功大学建筑研究所设立之建筑节能设计指标，其规范了各式建筑物，如办公室、百货商场、旅馆、医院、学校、大型空间等耗能基准。

性能系数
Coefficient of Performance
缩写：COP

性能系数 COP 乃能源使用效率的比较基准，即输入的每单位消耗功率能产出多少单位的制冷能力，COP 数值越高代表消耗功率愈小，也就是愈省电。COP= 空调设备带走的热量 / 空调设备消耗的功率 = 冷却能力（W）/ 冷却消耗功率（W）。

冷热水变流量
Variable Water Volume
缩写：VWV

以固定的水温供应空调设备以提高热源机器的效率，并以泵浦台数控制或变频器来改变送水量，达成节约泵浦用电的功效。

空调可变风量
Variable Air Volume
缩写：VAV

利用改变风量来调节室内温湿度的空调系统，以达到节能效果。变风量空调系统是一全风系统故能提高室内空气品质，借由改变风量达到室温需求及节能效果，无冷凝水凝结问题，减小维修机会，系统可变动性高，而变风量空调系统噪音主要集中在机房，使用端噪声较小，使用寿命长。

建筑能源管理系统
Building Energy Management System
缩写：BEMS

将建筑物内的配电、照明、电梯、空调、供热、给排水、能源使用状况及节能管理，进行集中监视和分散控制的建筑物管理与控制系统。

绿构造系数
CCO_2

建筑物本体所使用之建材对于地球环境之冲击程度。以建材生产所需排放之 CO2 量为基础，该建筑物构造体以 CO2 排放系数修正计算后之 CO2 排量，相对于 RC 建筑本体之 CO2 排放量比值。

1 基地永续发展
Sustainable Sites, SS

污染土地
Brownfield

亦称褐地。根据美国联邦环境保护署的定义，就是一块被污染或被认为可能有污染而导致低度利用甚至废弃的土地。

暴雨径流
Stormwater Runoff

下雨之后，经由地表或地下汇集之水，统称为径流，暴雨时所产生的径流以地表径流为主，流至下水道及雨水收集设施之水量称为暴雨径流量。

热岛效应
Heat Island Effect

都市地区因人工构造物较多，蓄积大量太阳热能，散热不易，造成温度较郊区为高的现象。

附录 Appendix 275

附录三 名词解释

全时相当人数
Full-time Equivalent
缩写：FTE

系指从事某项工作的人数，经换算为全时间（8小时）从事该项工作的人数。

美国能源效率经济委员会
American Council for an Energy Efficient Economy
缩写：ACEEE

非营利组织，专注于先进之能源效率应用研究，期能提升经济的繁荣和环境之保护，ACEEE 所执行的任务有：1. 更深入之技术与政策面评估。2. 对政府与工厂提出建议。3. 和企业及其他组织一起研究。4. 发行相关之期刊，协商会议之诉讼及相关报导。5. 安排讨论会议。6. 告知消费者相关之消息。

总悬浮固体物
Total Suspended Solids
缩写：TSS

废水中粒子经滤器过滤后残留之量，一般天然水体之水或废水均含有固体物，若将水样过滤，则保存在过滤设备上之固体物，经一定温度干燥后，所残留之部分称为总悬浮固体物。单位为毫克／公升（mg/L）表示。

硬质敷地
Hardscape

景观美化设计之人工设施，将地面层之泥土与使用区域分隔开之铺面，可减少基地开发之土壤侵蚀做法。除了绿化区域、水体与建筑物以外之人工构造物均可称之，例如人行道、马路、混凝土、砖及石墙等。

太阳反射系数
Solar Reflectance Index
缩写：SRI

为表示材料反射太阳热量之数据，数值愈高，表示材料在太阳照射下，能反射较多能量返回大气，其表面温度愈低、蓄积热量愈少。

北美照明工程协会
Illuminating Engineering Society of North America
缩写：IESNA

美国照明工程专业协会，有 8,000 多名会员，出版上百份技术刊物，以为政府及业界参考，制定之规范包括照明手册、委员会报告、能源管理服务、测量和测试指南 以及推荐方案。

最佳管理方案
Best Management Practices
缩写：BMPs

最优化的设计、系统操作的控制与管理措施。

汽车共乘
Carpool

为了到达同一个目的地，多人同时使用同一辆汽车的骑乘方式。

未开发土地
Green Field

尚未开发且无污染的绿地。

2 用水效能
Water Efficiency, WE

新水源
New Water

鉴于世界性的用水危机衍生的创新水源开发，一般常见的新水源技术为中水回收再利用。

美国能源政策法案
The Energy Policy Act
缩写：EPAct

为 1992 年美国国会通过之能源法案包含能源效率、节能、能源管理、天然气进出口、替代能源、电动车、放射性废弃物与再生能源等议题，其中针对九项商业部门耗能与耗水设备、电动机、照明器具、建筑物配管及办公室设备订定效率标准，LEED 以其为基准耗量标准。

省水标章

"经济部"水利署为鼓励消费者选用省水产品、推动节水器材的使用与研发，于 1998 年推动省水标章制度，并由工研院能资所协助进行各项产品检测，以提供消费者易于辨示之省水产品标志。通过消费者对省水标章产品的支持，进而激励制造厂商更重视省水产品的研发与制造，而达到节约用水之目的。

中水回收
Grey Water

将建筑基地内的生活杂排水（如洗澡水、洗手水、洗碗水或轻度使用过之污排水）或制程用水回收，汇集处理后，达到政府规定的水质标准，在一定范围内重复使用为非与身体接触用水、非饮用之再生水处理系统。

雨水贮集系统
Rainwater Catchment Systems
缩写：RWCS

主要是将雨水以天然地形或人工方法予以截取、储存，经过简单净化处理后，作为生活杂用水的来源。多以屋顶、地面集留，提供家庭生活供水之补充水源、工业区之替代用水、防洪贮水及减低城市尖峰负荷量等多目标用途的系统。

冲水量
Gallons Per Flush
缩写：GPF

即每次冲水的加仑数，用于检讨马桶的耗水量。

3 能源与大气环境
Energy and Atmosphere, EA

国际节能绩效量测与验证规则
International Performance Measurement and Verification Protocol
缩写：IPMVP

为美国能源部提出之改进建筑物能源效能评估实务指南，用来确定专案执行时的能源使用效率和水资源使用效率等效益。IPMVP 分为三册，第一册主要是说明测量与验证（Measurement and Verification, M&V）的观念、节能的概念与方案，第二册主要是说明室内环境品质（Indoor Environment Quality）的影响，第三册说明对新建筑物和再生能源的测量与验证。

能源效率比
Ratio of Energy Expended to Efficiency
缩写：EER

系依 CNS12575 容积式冰水主机组及 CNS12812 离心式冰水主机组规定试验之冷却能力（kcal/hr）除以规定试验之冷却消耗功率（W），测试所得能源效率比值，EER＝冷却能力力（冷冻能力）/ 输入功率（单位 kcal/hr/w），COP 与 EER 之关系：1COP= 1.163EER。

能源技术服务公司
Energy Service Company
缩写：ESCO

主要业务可为能源的买卖、供应及管理、节能效益保证工程承揽、设备运转维护与管理、节能诊断与顾问等。它是以客户的立场，运用新技术与新观念，通过能源效率诊断，节能措施规划，与客户寻找能源使用合理化方向，找出可以节能的机会，并提供资金之协助，为客户节省能源花费，并从节能效益中收取一定比例之酬劳。

跨政府气候变迁小组
Intergovernmental Panel on Climate Change
缩写：IPCC

1988 年世界气象组织（WMO）与联合国环境规划署（UNEP）成立之跨政府气候变迁小组，研究人类活动所造成的气候变迁并提出评估报告，以分析气候变化潜在的问题，作为各国环境变迁因应的参考。

温室气体
Greenhouse Gas
缩写：GHG

大气中会造成温室效应之气体，乃引起地球持续升温之主因，主要的温室气体（Greenhouse Gas, GHG）包括：水蒸气（H_2O）、臭氧（O_3）、二氧化碳（CO_2）、氧化亚氮（N_2O）、甲烷（CH_4）、氟氯碳化合物（CFCs，HFCs，HCFCs）、全氟碳化物（PFCs）及六氟化硫（SF_6）等。水蒸气是最主要的温室气体，但因水蒸气可以凝结成水，大气中的水蒸气含量相较稳定，不会出现如其他温室气体的累积现象，故一般不将水蒸气纳入考虑。臭氧因其分布变化较大，不易控制，因此 1997 年联合国通过的京都议定书，仅把二氧化碳、氧化亚氮、甲烷、氢氟碳化物、全氟碳化物、六氟化硫等六种温室气体列入管制。温室气体的增温效应以二氧化碳为基准，甲烷为其 10 倍，氧化亚氮为 100 倍，氟氯碳化合物为 10000 倍。温室气体除了造成温室效应之外，另一个特性是它们在大气中的生命周期相当的长，二氧化碳的生命周期为 50～200 年，甲烷为 12～17 年，氧化亚氮为 120 年，氟氯碳化物为 102 年，这些气体一旦进入大气，几乎无法消除，只能靠时间让它们自然消失。温室气体排放量常以百万公吨碳当量（millions of metric tons of carbon equivalents, MMTCE）为单位。

全氟碳化物
Perfluorinated Compounds
缩写：PFCs

为温室气体之一，常用于半导体业设备与元件制造过程之化学汽相沉积（Chemical Vapor Deposition, CVD）的反应腔清洗（Chamber Clean）及干蚀刻（Dry Etching）两项制程，其废气须以高温将其裂解并经水洗成不具威胁之废气排放。自 2005 年起，世界半导体产业协会（WSC）认知维持产业在全球环保与工业安全卫生的良好形象，是永续发展必要条件，因此

附录 Appendix　277

附录三 名词解释

主动以温室气体排放减量为各会员国共同努力的目标。减量的温室效应气体包括半导体产业的六种特殊的化合物 SF6、CF4、C2F6、C3F8、CHF3 和 NF3。一般称之为 Per Fluorinated Compounds，简称 PFCs。PFCs 为温室气体之一，常用于半导体业设备与元件制造过程之化学汽相沉积（Chemical Vapor Deposition, CVD）的反应腔清洗（Chamber Clean）及干蚀刻（Dry Etching）两项制程，其废气须以高温将其裂解并经水洗成不具威胁之废气排放。台湾半导体产业协会（TSIA）积极参与 PFCs 减量活动，并在 1999 年同意 2010 年时将 PFCs 的排放量降低至基准年的 90% 以下，并以 1997 年和 1999 年排放值的平均为排放减量基准值，排放基准年则简称 1998*。

全球暖化潜势
Global warming potential
缩写：GWP

测量温室气体对全球暖化之效应。每一种温室气体造成的全球暖化效应并不相同，为了方便比较，国际间以全球暖化潜势（Global Warming Potential,GWP）代表该气体相对于二氧化碳而言（即设 CO_2 的 GWP = 1），其暖化强度是多少。GWP 愈高，即意味着该气体对环境所造成的危害愈高。

臭氧层破坏潜势
Ozone Depletion Potential
缩写：ODP

是指各类臭氧层损耗物质对全球臭氧破坏的相对能力，该物质于大气层寿命期间内，造成的臭氧损害相对应于相同品质的 CFC-11 的排放所造成的臭氧层损害的比值。

设计基准
Basis of Design
缩写：BOD

设计基准为业主或设计团队对专案之设计要求，一般分为建筑、空调、消防与电力四部分，详列各系统须遵守之法规规范与设计标准。

业主专案需求
Owner's Project Request
缩写：OPR

业主对专案说明其目的与使用需求、未来的扩充性、材料品质、建造与运转成本的目标。

功能验证
Commissioning
缩写：Cx

一个团队对建筑物各系统从设计规格检视、安装、测试、调整与平衡之功能确认，运转维护之训练、操作手册之督导与内容审核。建筑物能源消耗之单机、个别系统、整合系统、自动监控等进行全面的检查与测试，比较是否符合采购规范及设计需求，以及运转参数调整与建议，以达能源使用之优化。

功能验证计划书
Commissioning Plan
缩写：CxA Plan

提出专案之功能验证计划，包括整个工作流程、时程、组织、责任，以及所需检视之相关文件。

建筑能耗分析软件
DOE-2

DOE-2 是由美国能源部所开发作为建筑物能源分析所使用之动态模拟软件，能够精准地计算全年建筑负载之耗能变化，因此被另称为动态分析程序（Dynamic Analysis Program）。DOE-2 广泛地被空调专业人员应用于建筑物的能源分析上，进而改善能源效益且同时保持建筑物本身的舒适度，就工程分析而言，DOE-2 能正确地概估出建筑物的耗能情形、内部环境情况及能源设备（空调、照明……）的运转费用，同时能以每小时为单位来模拟建筑物在一年中的耗能情形。因此，DOE-2 可用以辅助作为建筑能源使用分析。而该程序之运算，不仅要提供建筑设计的完整信息，包含建筑体、动力、空调、照明、瓦斯及人员进驻数量等设计资料，且需要参酌经验丰富的建筑师与工程师之判断，以确保分析结果的正确性。

快速能源模拟工具
Quick Energy Simulation Tool
缩写：eQUEST

eQUEST 为一套以 DOE-2 为核心所开发之免费工具软件，为建筑能源电脑动态模拟程序，广为世界各国学界与业界所采用。

中央设施供应中心
Central Utility Plant
缩写：CUP

工业厂房中供应生产与主要设备的水、电、气等动力来源，将其与主生产厂房分隔开来以减少风险。

无尘室
Cleanroom
缩写：CR

亦称洁净室，是一个为了对生产环境内空气中的微粒做控制，所建造的特殊封闭区域。一般而言，无尘室也会对温湿度、气流流动模式与震动、噪音等环境因素做控制。无尘室依等级的不同，对一定空间内的微尘粒子最大容许量亦有一定规范，在国际标准中最常用到的规范有 Fed-Std-209E 及 ISO-14644 的等级定义。

洁净等级
Class

洁净室的干净程度依照不同制程线宽,以及不同制程机台的要求分成许多等级,其定义为"每立方英尺含有大于制程线宽的灰尘数目",即称为等级(Class)。每立方英尺之空气中所含有小于或等于 0.5μm 粒径的微尘粒子数不超过 1 颗,即为 Class 1。常见的洁净等级为 Class 1、10、100、1000。

用电电力密度
Lighting Power Density
缩写:LPD

建筑物各区域单位面积之照明耗电量。

物体感知器
Occupancy Sensor

可为光电、超音波、红外线及激光等方式侦测有无人员进出,作为灯光或空调等自动控制之启停。

外气空调箱
Make-up Air Unit
缩写:MAU

一般处理外气,也就是新鲜空气的设备称为外气空调箱,主要的功能,就是克服外在环境的变化,使进气可以调整到符合无尘室规格(包含温湿度、微粒等),补充至无尘室品质稳定的新鲜进气。处理过程设置有初级滤网、中级滤网、预热盘管、预冷盘管、加湿器、冷却除湿盘管、再热盘管、风机及高效滤网。

一般空调箱
Air Handling Unit
缩写:AHU

在空调箱内装置预冷、预热、加热、冷却、再热、加湿、除湿及滤网等设施。一般回风含有外气补充与室内回风,为空调的送风方式之一,因有新鲜空气补充, 对室内环境品质有较大帮助。

滤网风机
Fan Filter Unit
缩写:FFU

是一种结合送风机与高效率滤网(HEPA/ULPA)的气流循环与过滤设备,作为无尘室二次侧循环过滤系统的主要设备,同时也是整个无尘室气流处理的终端设备。

循环空调箱
Recirculation Air Handling Unit
缩写:RCU

将从 MAU 处理过的外气,多为室内条件所需的露点温度,进入循环空调箱来调整室内的干球温度,以高于露点温度的中温冰水盘管来做温度的调整,以维持湿度的稳定。送入室内再经由 HEPA 或 ULPA 过滤与控制无尘室内的洁净度。现在的技术多以干盘管(Dry Coil)搭配循环滤网机(Fan Filter Unit)取代 RCU+HEPA BOX 等,来节省风管的配管空间与气流的稳定分布。

小型盘管送风机组
Fan Coil Unit
缩写:FCU

室内空调冷却送风设备,不使用外气,一般会搭配冰水盘管一起规划、设计。

干式冷却盘管
Dry Cooling Coil
缩写:DCC

适用于高显热发热量的空调系统,提供显热冷却而不除湿之功能,无尘室之回风可采用此方式进行降温至所需温度,并与处理后之干净外气混合送至生产区域。

制程冷却水
Process Cooling Water
缩写:PCW

提供制程机台冷却降温之冷水系统,减少废热排放及空调处理需求,达到节约能源的目的。

一般废热排气
General Exhaust
缩写:GEX

建筑空间内的设备、人员会产生热源,考虑生产区域的空调与滤网装施负荷,及生产环境温度的舒适性,将此废气以一般风车抽出排放至大气中,不需做任何处理。

酸性排气
Acid or Scrubber Exhaust
缩写:SEX

厂房生产过程中,设备会使用化学品进行制程需求,若是酸性化学物质,排放前,必须将此类废气加以分类处理,通过主要设备 – 湿式洗涤塔(Scrubber),利用碱性(NaOH)循环水冲洗排放的酸性废气,借由酸碱中和原理将排气中和至不具腐蚀性,安全无虞后排放至大气环境中。

附录 Appendix

附录三 名词解释

碱性排气
Alkali Exhaust
缩写：AEX

处理制程设备所使用之碱性气体排气。处理设备是湿式洗涤塔（Scrubber），利用酸性（H_2SO_4）循环水冲洗排放中所含的碱性废气，废气中的化学物质经冲洗而溶于循环水中，借由酸碱中和原理将排气中和至不具腐蚀性，安全无虞后排放至大气环境中。

挥发性有机废气
VOC exhaust
缩写：VEX

挥发性有机化合物其特征和酸碱排气不同，处理更为困难。若未处理直接排至大气环境，会有污染空气，造成空气品质下降之风险。常见的去除法有冷凝法、洗涤塔吸附法、活性炭吸收法、焚化法、生物处理技术与光分解搭配臭氧处理等技术。

美国国家消防协会
National Fire Protection Association
缩写：NFPA

1896 年成立，其宗旨为减少全球对于火灾或其他相关灾害所带来的损失，并致力于倡导防火灭火的共识，提供防火消防相关训练与设备，以及制订安全相关的标准的规范和维护。

美国电工法规
National Electrical Code
缩写：NEC

亦称 NFPA 70，系早在 1897 年美国颁布的法规，由美国国家消防协会（NFPA）负责，约每隔 2 到 3 年即修订一次迄今，借此法规得以提供各项建筑及房产之电气安全防范措施，俾能避免因使用各种电气设施所可能引起之各项灾害。

低辐射玻璃
Low Emissivity Glass
Low-E Glass

称为低辐射玻璃，乃在玻璃表面溅镀多层不同材质之金属膜或不同化合物组成的膜。其镀膜层具高可见光穿透性，却反射大部分的紫外线与红外线，有效隔离紫外线和太阳热能，减少空调与照明的用电。

热泵系统
Heat pump

热泵借由吸取大自然的热能或废热，进行冷热之交换，热泵主要由蒸发器、冷凝器、膨胀阀、冷煤压缩机所组成，经由热交换进行热量转移，将自然环境中的热转换成可用的热能及冷能。它具有高效率、高安全性、操作简单及运转成本低廉等特性，适合应用于需要热水及冷气的地方。

不断电系统
Uninterruptible Power System
缩写：UPS

为避免因电源异常所造成的生产设备、资料与设备的损坏及生产中断，有效保护设备内部元件，确保设备之使用寿命所增设之电源供应装置。

现场实际检测
Field Inspection & Verification
缩写：FIV

设备现场安装之功能检查，包含厂牌、规格、按图施工、预留维修保养空间且可进行启动测试之检测。

单机运转功能测试
Operation Performance Test
缩写：OPT

设备现场启动检查，启动测试需符合规格要求、初次之维护保养完成且需要测试、调整及平衡项目均已完成。

系统运转功能测试
Function Performance Test
缩写：FPT

系统之相关设备完成 FIV 与 OPT 检验后之运转功能测试，包含相关之软硬件控制、相互连锁功能，须符合设计之要求，随时可移交给业主使用。

遮蔽系数
Shading Coefficient
缩写：SC

指玻璃、贴膜复合层相对于玻璃的总太阳能穿透率。一片玻璃的遮蔽系数代表该玻璃的太阳能因子与在相同的环境情况下一片 3mm 透明清玻璃的太阳能因子的比值。遮蔽系数的数值较小，代表通过该玻璃的热量较低，也就是该玻璃对太阳热能有较佳的"遮蔽"效果。

帕斯卡
Pascal
缩写：PA

国际单位制（SI）的压力单位。可简称帕。它等于 1 牛顿 / 平方米。

太阳热负荷系数
Solar Heat Gain Coefficient
缩写：SHGC

指测量该门窗阻挡了多少从屋外进入屋内的太阳热量的指标，

通常SHGC在0至1之间，该系数愈小则表示愈少太阳热量进入屋内，即隔热效果愈好。

美国国家穿透评定协会
National Fenestration Rating Council
缩写：NFRC

美国联邦政府授权用来认证门窗节能特性的机构，制定并实施全国统一的节能等级的门窗产品。评量等级以热传导系数（U-factor）、太阳热负荷系数（SHGC）和可见光透射率（VLT）评定，为一强制性的评量等级系统。

氟氯碳化合物
Chlorofluorocarbons
缩写：CFCs

是一群由氟、氯及碳组成的卤化物。因为活性低、不易燃烧且无毒，半导体制程及光电产业之制造与清洗产生之衍生气体，且广泛应用于冷气系统的冷媒。它的化学性质相当稳定，生命周期长达数十年至百年之久，因此会在大气中不断累积，最后上升至平流层。在这里受到紫外线照射而分解产生氯原子与臭氧反应，使臭氧分解消失。一个氯原子在失去活性以前，足以破坏一万个臭氧分子，因此对臭氧层造成莫大的威胁。

劳伦斯柏克莱国家实验室
Lawrence Berkeley National Laboratory

柏克莱实验室（BerkeleyLab）系1931年设立于加州柏克莱大学校区，创设人为厄尼斯特奥·劳伦斯（ErnestO.Lawerence），属于美国国家能源部历史最悠久的实验室之一。劳伦斯1939年以粒子回旋加速器实验获得诺贝尔物理学奖，故此实验室亦常被称为劳伦斯国家实验室。自劳伦斯之后，共计有八位科学家获得诺贝尔奖，研究成绩辉煌，学术地位崇高。"中央研究院"院长李远哲先生即出自此一实验室，并于服务期间获得诺贝尔化学奖。柏克莱实验室研究范围包括生物、物理、化学、材料、能源等，其中包括磁融合能、核磁共振、电子、计算机、机械、医药、地球科学、表面科学、重离子线性加速器、原子科学、核子科学、电镀、有害废弃物处理、室内空气污染、激光、辐射、资料处理、触媒等多方向研究室。

美国加州公共设施委员会
California Public Utilities Commission
缩写：CPUC

美国加州公共设施委员会（California Public Utilities Commission, UPUC）规范州内民营事业，包括电力，电信，天然气和自来水公司之供应及确保使用者安全。此外，更监管公共承运人，包括家庭用品搬运工，客运公司（如豪华轿车服务）和铁路道口安全等职务，总部位于旧金山。

美国能源之星
Energy Star

美国为减缓日趋严重的温室效应现象，由美国环保署与能源部共同合作推动一系列自发性"节约能源伙伴方案"之一，主要为鼓励企业界及民众选择经认证之设备，节省能源开支，进而减少二氧化碳等温室气体排放。在台湾与世界各地的各项合作计划中，"行政院环保署"于1999年7月与美国环保署签订第四号执行办法，将美国"能源之星"计划正式引进台湾，目前台湾认证之产品大多为电器及照明用品。

全球风力能源协会
Global Wind Energy Council
缩写：GWEC

为国际风能行业之权威，具公信力和代表性。其使命是确保风力本身为一世界领先的能源来源，可提供巨大的环境效益和经济效益。该协会主要的工作区分为四个方面：1.政策制定：参加论坛，政策和监察架构的工作，创造风电发展。2.业务领导：提供策略和业务领导，聘请外部利益相关者。3.全球推广：转移知识至新兴市场和加强世界各地的风能发展。4.信息与教育：作为一个专业知识平台，提供高品质有关风能的讯息，分析和数据。

生质能
Biomass

生质能也被称做有机物，能直接或间接地充当燃料使用，也是目前相当广泛使用的再生能源。

挥发性有机废气
Volatile Organic Compounds
缩写：VOCs

VOCs为有机化合物成分之总称，常见的污染来源为汽机车废气、工业废气、石油燃料燃烧、工业有机溶剂之涂装或清洗用途等。因沸点较低，容易挥发存在于大气中，这些物质容易引起细胞病变导致癌症，也会引起免疫缺陷、肝肾及中枢系统等中毒现象。

4 建材与资源利用
Materials and Resources, MR

高炉水泥
Slag Cement

高炉水泥系指使用高炉石粉作为添加剂或直接使用高炉水泥与细粒料、粗粒料及水泥拌成的混凝土，CNS 3654 规定在卜特兰高炉水泥中炉石粉所占之重量百分比应在25%至65%范围之内。

附录三　名词解释

消费后物料
Post-consumer Material

物料已不能再作为原用途使用，包含营建废料、废弃物、回收材、废板材、丢弃物（家具、柜子、地板）、都市景观维护废弃物（树叶、草、杂枝）等，但可将其转换成其他用途之废弃物。

消费前物料
Pre-consumer Material

物料制造过程中被废弃的材料、碎片或不良品，不包含同一生产流程中所再利用之材料。

飞灰
Fly Ash

为燃煤火力发电厂在燃煤发电的过程中，或焚化炉燃烧所排出废气，利用静电集尘器将灰烬吸附下来的产物。

炉石
Slag

为炼钢厂炼钢过程熔融矿渣经水淬冷却后所得之炉碴，其成分包含钙、硅、铝、铁等氧化物，与水泥熟料相当，以水淬方式冷却再经研磨而成为高炉石粉，与水泥混合成为高炉水泥。

美国施工规范协会
Construction Specifications Institute
缩写：CSI

为专业建筑协会，制定编印营建施工标准操作手册（CSI）给建筑业之施工规范，主要发展的规范有施工纲要规范编码系列（Master Format）及编撰架构（Section Format），兼具广度、深度及灵活度等系统化及结构化优点，为国际间普遍采用之准则。

低逸散材料
Low-Emitting Materials
缩写：LEM

室内装修材料使用大量的化学物质作为胶合、黏着剂、填缝剂、防腐及表面处理等，大部分为挥发性有机化合物（VOCs），主要有甲醛、甲苯、烷类、芳香族碳化氢等，会造成呼吸道的刺激与不舒服，严重者可能会致癌，绿建筑要求使用低挥发、低污染、低臭气及低生理危害等对人体健康无害之建筑材料，并须经过第三公正单位之验证，符合台湾绿建材或绿色标章之要求才可称为低逸散材料。

5　室内环境品质
Indoor Environmental Quality, IEQ

病态大楼症候群
Sick Building Sydromes
缩写：SBS

1970年左右，欧美医界首先发现一种没有确定病兆的症候群。后来的研究发现，该症候群与室内空气品质有关，发生的建筑物通常密闭、没有窗户、但是有空调系统。这种大楼被称为"病大楼（Sick Building）"，该种症候群就被称为"病态大楼症候群"（Sick Building Syndrome，SBS）。症状有：1. 刺激性症状，包括喉咙干燥、黏膜及皮肤起红斑发痒；2. 神经毒性症状，如头痛、易累；3. 呼吸道症状，如咳嗽、流鼻水。整体而言，病态大楼症候群是空间使用者对室内工作环境的一种症状反应，不代表一种明确疾病，其发生率尚无正式统计，但根据世界卫生组织的估计，大约30%新的或重新改建的建筑物有该症候群的问题，而在这一些有"症候群"的建筑大楼，约有10—30%的员工有病态大楼症候群的症状。

二氧化碳侦测器
CO2 Sensor

利用红外线侦测环境中之二氧化碳浓度，若超出设定值时（800～1000 ppm）可增加新鲜外气之补充以增进人员之健康与生产力。

英国碳信托公司
The Carbon Trust

英国政府于2001年创立之非营利独立公司（Company Limited by Guarantee），其营业所得利润不得用于员工/股东分红，必须使用于后续公司营运，性质类似台湾非营利性质之财团法人。成立宗旨是借着与政府和民间部门合作来发展商业化低碳技术，及协助减少碳排放量等方式，来加速英国转向低碳经济。依据2005年京都议定书规范各国温室气体减量的目标，对于无法达成减量目标的国家或企业，则可以通过交易的方式，向超额达成、或排放量低而有多余排放额的国家，购买"温室气体排放权"。因此，二氧化碳也变成商品，形成全球的碳交易市场。碳交易每年市场价值估计达到每年120～180亿美元。

英国建筑设施工程师协会
Chartered Institute of Building Services Engineers
缩写：CIBSE

英国的建筑设施专业机构，总部设在伦敦。在英国CIBSE被视为建筑设备的主要机构，并通过政府咨询有关事宜、建筑、工程和可持续发展。它同时也获得了英国工程委员会（ECUK）认可，以评估候选人列入ECUK的注册专业工程师。

美国国家钣金与空调承商协会
Sheet Metal and Air Conditioning Contractors' National Association
缩写：SMACNA

美国国家钣金及空调承包商协会，订定钣金及空调制作标准及施工规范，包含建筑防火材料、风管制造及安装标准、防火 / 防烟风门、风管气密 / 保温 / 泄漏测试等之标准规范以为相关承揽商遵循。

美国南加州南岸空气品质管制局
South Coast Air Quality Management District
缩写：SCAQMD

前身为空气污染机构，主要制定南加州之空气污染规范、长期空气品质监控与现场稽核。

美国地毯协会
The Carpet and Rug Institute
缩写：CRI

是一个非营利性组织，结合全美 95% 的制造商，以及他们的供应商和服务商。该组织设置地毯之技术服务与使用建议，并检测各家地毯所含的挥发性物质，对于通过检测的地毯，给予绿色标章认证。

美国地板认证系统
FloorScore

美国地板认证系统，由美国弹性地板协会（Resilient Floor Covering Institute，RFCI）与科学认证协会（Scientific Certification Systems，SCS）测试地板材料及其接着剂的挥发性有机化合物逸散浓度，须符合美国加州 01350 对建筑物及公共卫生之规范，以符合室内空气品质的要求。

舒适度指标
Predicted Mean Vote
缩写：PMV

用来衡量人体在一个环境中的舒适度，PMV 指标的产生是来自于许多受测试者，在特定的测量环境里，对一些环境条件所做出的主观评估，共分为 7 个阶段，范围由 -3（极冷）延伸至 +3（极热），中立点 0 代表热感适中的状况，介于 -0.5 ～ +0.5 之间为舒适区域。

热舒适不满意度
Predicted Percentage Dissatisfied
缩写：PPD

为人体对环境不满意度的评估指标，小于 10% 为可接受的热舒适环境。

衣着绝热程度
Clothing insulation
缩写：Clo

衣着量能为衡量衣着绝热程度的单位，1 clo 系指在 21.2℃，相对湿度 50%，0.1 m/s 空气气流下，人体感觉舒适时的衣着量。夏天绝热值范围约为 0.35 ～ 0.6Clo_0，冬天为 0.8 ～ 1.2Clo_0。
1 clo = 0.155 $m^2h℃$ /kcal。

新陈代谢率
Metabolic Rate
缩写：met

人体之新陈代谢率主要借由肌肉活动而释放热量，体重越重需要更多之热量来维持身体正常运作。met 为测量人体新陈代谢的标准单位，依性别、年龄、胖瘦、环境等因素而有不同，以体表面积 1.8 平方米的男子而言，静坐时的新陈代谢率为 58.2 W/m^2，称为 1met。

呼吸区域
Breathing Zone

使用空间距离地面 0.9 ～ 1.8 米、距离墙壁至少 0.6 米之活动范围。

自然采光
Daylighting

建筑物引进自然光辅助室内人工照明，可节省能源与较佳的室内照明环境。

可见光透射率
Visible Light Transmittance
缩写：VLT/Tvis

透过玻璃之可见光与射在玻璃表面之总可见光比值称之可见光透射率。大多数介于 0.3 和 0.9 之间。数值较高的玻璃可引进更多采光减少白天照明之使用。

最低效率测试值
Minimum Efficiency Reporting Value
缩写：MERV

ASHRAE 52.2-1999 定义空气滤网对于不同粒径的微粒去除效率，它使用氯化钾（KCl）为测试之微粒，量测滤网对粒径介于 0.3 ～ 10um 的 12 个等级微粒之滤除效率及最小终端压损，最后将不同粒径微粒之最低滤除效率结合成总最低效率测试值（Minimum Efficiency Reporting Value，MERV），以比较不同滤网去除微粒之效率。MERV 值从 1 至 16，MERV-13 其去除微粒效果为：1.0 ～ 10 um 其去除效率须达 90% 以上，且最小终端压损为 1.4 英寸水柱（350 帕）。

附录四 参考文献

前言

0-1 BREEAM (2009) BRE Environmental & Sustainability Standard 3.0, BREEAM Industrial 2008 Assessor Manual. The UK: BRE Global Ltd.

0-2 The International Initiative for a Sustainable Built Environment (2007) An Overview of SBTOOL. The International Initiative for a Sustainable Built Environment.

0-3 Institute for Building Environment and Energy Conservation (2008) CASBEE for New Construction. Japan: Institute for Building Environment and Energy Conservation.

0-4 林宪德（2005）台湾 EEWH 与美国 LEED 绿建筑分级评估系统比较研究。台北："内政部"建筑研究所。

0-5 The U.S. Green Building Council (2005) LEED-NC for New Construction Reference Guide, Version 2.2. The U.S., Washington DC: The U.S. Green Building Council, Inc.

0-6 The U.S. Green Building Council (2009) Green Building Design and Construction: LEED Reference Guide for Green Building Design and Construction, 2009 Edition. The U.S., Washington DC: The U.S. Green Building Council, Inc.

0-7 "内政部"建筑研究所（2010）绿建筑解说与评估手册 2009 年新版。

1 基地永续发展
Sustainable Sites, SS

1-1 EPA Construction General Permit , National Pollutant Discharge Elimination System, NPDES program: http://CFPUB.EPA.GOV/NPDES/STORMWATER/CGP.CFM

1-2 "内政部"（2007）土地使用分区管制要点：科学工业园区特定区细部计划。台北："内政部"。

1-3 新竹科学工业园区管理局（2004）新竹科学工业园区：土地使用分区管制要点。新竹：新竹科学工业园区管理局。

1-4 南部科学工业园区管理局（2004）http://www.stsipa.gov.tw/download/public_info/rule/rule_0101_14.DOC 南科土地使用分区管制要点：土地使用分区暨都市设计管制计划。台南：南部科学工业园区管理局

1-5 中部科学工业园区（2004）中部科学园区土地使用分区管制要点：中部科学工业园区第四期，二林园区。台中：中部科学工业园区。

1-6 "经济部"水资源局、台大生工系（2001）水文设计应用手册。台北："经济部水利署"。

1-7 "内政部"（2004）建筑物雨水贮留利用设计技术规范。台北："内政部"。

1-8 台北科技大学水环境研究中心（2005）集水区生态工法最佳管理作业。水、环境与社区研讨会资料。台北：台北科技大学水环境研究中心。

1-9 "行政院农业委员会"水土保持局（2000）水土保持技术规范。台北：http://open.nat.gov.tw/OpenFront/gpnet_browse_search_result.jspx?classType=5&orgId=345050000G ""行政院农业委员会"水土保持局。

1-10 Maryland Department of the Environment (2000) 2000 Maryland Stormwater Design Manual Volumes I & II. The U.S., Washington Boulevard: Center for Watershed Protection.

1-11 Northern Virginia Planing District Commission & Engineers and Surveyors Institute (1992) Northern Virginia BMP Handbook: A Guide to Planning and Designing Best Management Practices In Northern Virginia. The U.S.: Northern Virginia Planing District Commission & Engineers and Surveyors Institute

1-12 Maryland Department of Natural Resources (1986) Wetland Basins For Stormwater Treatment: Analysis And Guidelines. The U.S., Washington Boulevard: Center for Watershed Protection.

1-13 American Society of Heating, Refrigerating and Air-Conditioning Engineers (2004) ANSI/ASHRAE Standard 90.1-2004: Energy Standard for Buildings Except Low-Rise Residential Buildings. The U.S., GA: American Society of Heating, Refrigerating and Air-Conditioning Engineers, Inc.

1-14　The Illuminating Engineering Society of North America (2000) The IESNA Lighting Handbook Recommended Practices, RP-33-99: Lighting for Exterior Environments. The U.S.: Iluminating Engineering Society of North America

2　用水效能
Water Efficiency, WE

2-1　The United States Congress (1992) Energy Policy Act, EPAct. The U.S.: http://en.wikipedia.org/wiki/102nd_United_States_Congress The United States Congress.

2-2　The United States Congress (2005) Energy Policy Act, EPAct. The U.S.: http://en.wikipedia.org/wiki/102nd_United_States_Congress The United States Congress.

2-3　中央大学通讯系统研究中心（2009）卫星遥测台湾地区土壤含水量与降雨量之研究。"交通部中央气象局"。

2-4　叶信富、李振诰、陈忠伟、张格纶（2008）评估蒸发皿系数以推估台湾南部地区蒸发散量之研究。农业工程学报，第54卷，第3期，27-35页。

3　能源与大气环境
Energy and Atmosphere, EA

3-1　EA P1 2010年能源产业技术白皮书（2010），取自"经济部能源局网站：http://www.moeaboe.gov.tw/Download/Policy/files/2010年能源产业技术白皮书.pdf

3-2　杨谦柔、黄信翔、张世典（2004），影响办公大楼耗能费用各种因素之探讨。建筑学会第十六届第二次建筑研究成果发表会论文集。台北：建筑学会。

3-3　蔡尤溪（2002）空调系统与节能。台北：财团法人中卫发展中心。

3-4　余荣彬（1998），全球半导体工业全氟化物排放减量蒙特利会议报告。蒙特利尔议定书信息速报，第24期，45-46页。

3-5　余荣彬（1999）半导体工业全氟化物排放控制技术与机会。新竹：台湾半导体产业协会。

3-6　American Society of Heating, Refrigerating and Air-Conditioning Engineers (2007) Advanced Energy Design Guide for Small Office Buildings. The U.S, GA: American Society of Heating, Refrigerating and Air-Conditioning Engineers, Inc.

3-7　New Buildings Institute (2005) Advanced Buildings Benchmark: Basic Criteria and Prescriptive Measures of the Advanced Buildings Benchmark. The U.S.: New Buildings Institute, Inc.

3-8　James J. Hirsch (2003) eQUEST, Quick Energy Simulation Tool. The U.S.: eQUEST.

3-9　Assess Building and Plant Energy Efficiency, Energy Star: http://www.energystar.gov/index.cfm?c=tools_resources.bus_energy_management_tools_resources

3-10　Renewable Global Status Report 2010, Renewable Energy Policy Network for the 21th Century: http://www.ren21.net/REN21Activities/Publications/GlobalStatusReport/tabid/5434/Default.aspx

3-11　欧文生、何明锦、陈瑞铃、陈建富、罗时麒（2008）台湾太阳能设计用标准日射量的研究。建筑学会建筑学报，第64期，103-118页。

3-12　蔡诗珊（2008）浅谈生质能。绿基会通讯，第10期，12-15页。

3-13　Working Group I Intergovernmental Panel on Climate Change (1990) Climate Change: The IPCC Scientific Assessment. Australia: Intergovernmental Panel on Climate Change.

3-14　International Performance Measurement & Verification Protocol Committee (2002) International Performance Measurement & Verification Protocol: Concepts and Options for Determining Energy and Water Savings Volume 1. The U.S.: International Performance Measurement & Verification Protocol Committee.

3-15　Green Power Partnership, Green Power: http://www.epa.gov/greenpower/

附录四 参考文献

4 建材与资源利用
Materials and Resources, MR

4-1 "行政院"公共工程委员会技术处,公共工程规划设计阶段相关法令与施工纲要规范. 台北:"行政院"公共工程委员会技术处.

4-2 International Organization for Standardization (1999) ISO 14021. Switzerland, Geneva: International Organization for Standardization

5 室内环境品质
Indoor Environmental Quality, IEQ

5-1 American Society of Heating, Refrigerating and Air-Conditioning Engineers, (2007) ANSI/ASHRAE Standard 62.1-2007: Ventilation for Acceptable Indoor Air Quality. The U.S., GA: American Society of Heating, Refrigerating and Air-Conditioning Engineers, Inc.

5-2 室内空气品质管理法(2011),取自"行政院环境保护署"网站:http://ivy5.epa.gov.tw/epalaw/docfile/200010.pdf

5-3 Carbon Trust (1998) Good Practice Guide 237: Natural Ventilation in Non-Domestic Buildings. The UK: Carbon Trust.

5-4 Chartered Institute of Building Services Engineers (2005) Application Manual 10-2005: Natural Ventilation in non-Domestic Buildings. England, London: Chartered Institute of Building Services Engineers.

5-5 Sheet Metal and Air Conditioning Contractors' National Association, INC (2003) IAQ Guidelines for Occupied Buildings Under Construction. The U.S.: Sheet Metal and Air Conditioning Contractors' National Association, INC.

5-6 American Society of Heating, Refrigerating and Air-Conditioning Engineers (1999) ANSI/ASHRAE Standard 52.2-1999: Method of Testing General Ventilation Air-Cleaning Devices for Removal Efficiency by Particle Size. The U.S., GA: American Society of Heating, Refrigerating and Air-Conditioning Engineers, Inc.

5-7 Rule 1168, South Coast Air Quality Management District, SCAQMD: http://www.aqmd.gov/rules/reg/reg11/r1168.pdf

5-8 Green Seal Standard 36 (GS–36), Green Seal: http://www.greenseal.org/certification/standards/commercial_adhesives_GS_36.cfm

5-9 Green Seal Standard GS-11, Green Seal: http://www.greenseal.org/certification/standards/paints_and_coatings.pdf

5-10 Green Seal Standard GC-03, Green Seal: http://www.greenseal.org/certification/standards/anti-corrosivepaints.pdf

5-11 Rule 1113, Architectural Coatings , South Coast Air Quality Management District, SCAQMD: http://www.aqmd.gov/rules/reg/reg11/r1113.pdf

5-12 ASTM International (1999) ASTM D523-89 Standard Test Method for Specular Gloss. The U.S.: ASTM International.

5-13 Adhesive Program, CRI Green Label Plus ™ : http://www.carpet-rug.org/pdf_word_docs/091104_GLP_Adhesive_Criteria.pdf

5-14 California Department of Health Services (2004) Standard Practice for the Testing of Volatile Organic Emissions from Various Sources Using Small-scale Environmental Chambers. The U.S., Department of Health Services.

5-15 FloorScore ™ , Resilient Floor Covering Institute, RFCI: http://www.rfci.com/index.php?option=com_content&view=article&id=80&Itemid=79

5-16 American Society of Heating, Refrigerating and Air-Conditioning Engineers (2004) ANSI/ASHRAE Standard 55-2004: Thermal Comfort Conditions for Human Occupancy. The U.S., GA: American Society of Heating, Refrigerating and Air-Conditioning Engineers, Inc.

6 创新设计
Innovation in Design, ID

6-1 王亚男、刘秀卿、萧英伦（2005）行道树水黄皮二氧化碳固定效益之研究。中华林学季刊，第 38 期，第二卷，151-161 页。

6-2 能源局 1997 年年报（2009），取自"经济部"能源局网站：http://www.moeaboe.gov.tw/Download/Policy/files/ 能源局 97 年报 .pdf

图书在版编目（CIP）数据

台积电的绿色行动：高效能绿厂房的实务应用 /
台湾积体电路制造股份有限公司著.
——北京：中央编译出版社，2014.6
ISBN 978-7-5117-2150-1

Ⅰ．①台… Ⅱ．①台… Ⅲ．①电力工业－工业企业
管理－环境管理－台湾省 Ⅳ．①F426.61②X322.2
中国版本图书馆CIP数据核字(2014)第089447号

【本書由台灣遠見天下文化出版股份有限公司正式授權出版】

台积电的绿色行动

出 版 人：	刘明清
出版统筹：	贾宇琰
责任编辑：	廖晓莹
责任印制：	尹 珺
出版发行：	中央编译出版社
地 址：	北京西城区车公庄大街乙5号鸿儒大厦B座（100044）
电 话：	（010）52612345（总编室） （010）52612342（编辑部）
	（010）52612316（发行部） （010）52612315（网络销售）
	（010）52612346（馆配部） （010）66509618（读者服务部）
传 真：	（010）66515838
印 刷：	利丰雅高印刷（深圳）有限公司
成品尺寸：	188毫米×250毫米 18印张
版 次：	2014年6月北京第1版
印 次：	2014年6月第1次印刷
定 价：	120.00元

网　　址：www.cctphome.com　邮箱：cctp@cctphome.com
新浪微博：@中央编译出版社　微信：中央编译出版社（ID:cctphome）

本社常年法律顾问：北京市吴栾赵阎律师事务所律师 闫军 梁勤